Margret Greiner

MARGARET STONBOROUGH-WITTGENSTEIN

Grande Dame der Wiener Moderne

K&S

Bildnachweis:
Bildarchiv der Österreichischen Nationalbibliothek: S. 15 (294384D); 21 (LSCH0147); 23 (E9148B); 31 (LSCH0289); 35 (LSCH0294); 48 (294378D); 90 (466732C); 92 (466734C); 174 (448700B, © Hubert Urban); 179 (532224B); 268 (204180D).
APA-PictureDesk/IMAGNO: S. 19 (19000101_PD6348); 117 (19170101_PD9367).
Alle anderen: Privatarchiv Pierre Stonborough

www.kremayr-scheriau.at

ISBN 978-3-218-01110-5

Schutzumschlaggestaltung: Sophie Gudenus
Unter Verwendung eines Fotos von IMAGNO/Austrian Archives (00120366)
Lektorat: Paul Maercker
Satz und typografische Gestaltung: Sophie Gudenus
Druck und Bindung: FINIDR, Český Těšín

für David

Verwandlung ist Leben des Lebens, ist das eigentliche Mysterium der schöpferischen Natur, Beharren ist Erstarren und Tod. Wer leben will, der muß über sich selbst hinwegkommen, muß sich verwandeln: er muß vergessen. Und dennoch ist ans Beharren, ans Nichtvergessen, an die Treue alle menschliche Würde geknüpft.

Hugo von Hofmannsthal

INHALT

PROLOG

Pierre Stonborough liebte es, seine Großmutter in der Villa Toscana in Gmunden zu besuchen. Das Leben in dieser Idylle verlief so anders als in New York, dort intonierte das gellende Aufheulen von Polizeisirenen die Melodie der Stadt, hier waren es Schubert-Walzer und von fern die Bootsglocke der Ausflugsdampfer auf dem Traunsee. Seine Mitschüler im Internat beneideten ihn, wenn er jedes Jahr vor den Sommerferien vermeldete: Ich fahre nach Europa. Das klang nach dem Glamour der alten Welt, nach Paris, London, Wien, und Pierre hütete sich, zu erzählen, dass er in ein kleines österreichisches Bauerndorf fuhr. Dabei war Gmunden Ende der vierziger Jahre des 20. Jahrhunderts eine Kleinstadt mit mehreren Tausend Einwohnern, für Pierre aber blieb es „das Dorf". In der Villa Toscana gab es natürlich nichts Dörfliches, nichts Bäuerisches, außer, dass das Dienstpersonal Milch, Käse, Honig und Eier von heimischen Erzeugern kaufte. Es gab viel Besuch, Familie kam in Scharen, Künstler gaben sich ein Stelldichein, an vielen Abenden klang durch die offenen Fenster Musik in den Park, manchmal saß nur die Dame des Hauses am Klavier, manchmal fand sich spontan unter den Gästen ein Trio oder ein Streichquartett zusammen.

An diesem verregneten Julinachmittag war Pierre ganz allein mit seiner Großmutter Gretl im Haus. „Komm mit in die Bibliothek, junger Mann", hatte sie befohlen. „Statt in den Regen können wir auch in Bücher schauen." Sie nahm ihre Teetasse mit in den ersten Stock, Pierre war frische Buttermilch verordnet worden, damit das New Yorker Stadtkind ein bisschen Farbe annehme. Pierre verabscheute Buttermilch, aber hatte jemals jemand seiner Großmutter zu widersprechen gewagt? Margaret Stonborough-Wittgenstein suchte in den Regalen nach passender Ferienlektüre für ihren Enkel. „Hatten wir nicht jüngst mit Hofmannsthal begonnen?" „Nicht schon wieder Hofmannsthal", seufzte Pierre. Er erinnerte sich mit Schaudern, wie ihm seine Großmutter im letzten Jahr den „Jedermann" vorgelesen hatte: Er hatte nichts verstanden, nicht nur, weil seine Deutschkenntnisse immer noch mangelhaft waren, dieses Drama von Tod und Teufel und Buhlschaft war ihm völlig wirr und dunkel vorgekommen, trotz ausschweifender Erklärungen. Ach, was war es nur ein paar Jahre zuvor in New York schön gewesen, als er Kiplings „Dschungelbuch" lesen durfte – und das auf Englisch. Aber seine Großmutter Gretl behandelte ihn jetzt als Erwachsenen, was im Prinzip in Ordnung war, aber bei ihrer Auswahl geeigneter Lektüre eine Plage. „Wir könnten es ja vielleicht mit Erzählungen von Arthur Schnitzler versuchen." Gretl ging an den Mahagoni-Bücherschränken entlang und zog Bücher heraus, blätterte ein paar Seiten, las die Widmungen in den Erstausgaben, schüttelte den Kopf, stellte sie wieder ins Regal. „Ach nein, nicht Joseph Roth, der ist so furchtbar sentimental, wie alle Alkoholiker. Vielleicht versuchen wir es einmal mit Stefan Zweigs ‚Ungeduld des Herzens', oder magst du keine Liebesgeschichten? Musils ‚Törless', ja, das wäre auch eine Idee."

„Und wann darf ich etwas von Großonkel Ludwig lesen?", fragte Pierre, den der Hafer stach. Er wusste, dass er damit seine Großmutter von Pflichtlektüren für sechzehnjährige Amerikaner mit österreichischem Hintergrund abbringen konnte. „Noch lange nicht", sagte diese dann auch prompt. „Da musst du noch groß und stark werden, um ein Schwergewicht wie Luki begreifen zu können. Aber du wirst noch einmal stolz sein, Ludwig Wittgenstein zu deinen Großvorderen zu zählen. Zu deinen Verwandten, meine ich."

Der Nachmittag zog sich hin. Der Regen hatte aufgehört, der Rasen im Park leuchtete unter der durchbrechenden Sonne wie eine Kunstwiese für ein Bühnenbild. Pierre stand an den hohen Fenstern und sehnte sich plötzlich nach einem Football-Match.

Oder einer Rafting-Tour in Colorado, wie sie Jeff und Finn, seine Freunde, jetzt gerade unternahmen. Vielleicht kamen ja in den nächsten Tagen Tante Mariechen Stockert und Onkel Fritz mit den gleichaltrigen Cousins und Cousinen, oder die Sjögren-Kinder, mit denen er im Traunsee baden könnte. Das war jedes Mal ein Spaß – oder eine „Hetz“, wenn die Jungen die hübschen Cousinen über den steinernen Steg ins Wasser trieben und diese jedes Mal laut aufkreischten, der See war auch im Juli viel kälter als erwartet.

Seine Großmutter riss ihn aus seinen Träumen. „Hilf mir mal!“ Sie lotste ihn in den kleinen Abstellraum neben der Bibliothek. „Hier hinter der Chaiselongue liegt seit Langem ein Bild, ich wollte es dir immer schon einmal zeigen, lass es uns an der Wand aufstellen.“ Es war ein großes Bild, nicht leicht durch die enge Tür zu bugsieren. „Wie findest du das?“ Pierre nahm sich Zeit. Das musste er. Wenn seine Großmutter etwas hasste, dann waren es vorschnelle Urteile über Malerei und Literatur. Er ging ein paar Schritte vor, ein paar zur Seite, als müsse er die richtige Beleuchtung für das Bild finden, kniff die Augen fachmännisch zusammen, öffnete sie wieder. Was er sah, war ein ungerahmtes, staubiges Ölbild in verblassten Farben, das lebensgroße Porträt einer Frau mit dunklem, fast schwarzem Haar, markanten Augenbrauen und sehr weißer Haut in einem fließenden hellen Kleid.

„Das bist doch nicht du?“, fragte Pierre.

„Ja, doch, das sollte ich sein. Vor mehr als 40 Jahren. Zu der Zeit, als ich deinen Großvater heiratete.“

„Das hat überhaupt keine Ähnlichkeit mit dir. Du bist auch gar nicht schön darauf. Es ist zu viel Kleid auf dem Bild. Und du siehst gar nicht jung aus. Also, mir gefällt es nicht.“ Pierre war sich sicher, genau das Richtige gesagt zu haben. Wenn seine Großmama das Bild schätzte, hätte sie es doch nicht so nachlässig hinter dem Sofa herumliegen lassen, Wände zum Aufhängen von Gemälden gab es schließlich in der Villa Toscana genug.

„Das war sicher kein besonders guter Maler, dem du da Modell gestanden hast. Ihr kanntet doch Gott und die Welt, da hättet ihr doch einen erstklassigen Künstler engagieren können. Oder?“

Margaret Stonborough-Wittgenstein lächelte amüsiert. Der Maler hätte die Einschätzung seines Bildes durch einen ahnungslosen amerikanischen Burschen mit Humor ertragen.

Sie müsste das Gemälde dringend rahmen und restaurieren lassen. Aber aufhängen wollte sie es wirklich nicht. Als Sechzigjährige jeden Tag in das Gesicht ihres zwanzigjährigen Selbst zu blicken – dazu gehörte ein gewisses Maß an Selbstverleugnung. Oder eine Eitelkeit, die sich von der Vergangenheit nährte.

Beides ging ihr ab.

„Genug Stubenhockerei für heute, Pierre, ab in den Garten. Die junge Gretl wird wieder eingemottet. Hinter dem Sofa sei ihr ein langer Schlaf gegönnt.“

„Du kannst das Bild natürlich auch verkaufen. Aber viel bringen wird es wohl nicht“, konstatierte selbstbewusst der junge Kunstkritiker im Hinausgehen.

MUSIK WEHT DURCH ALLE RÄUME

Durch das geöffnete Fenster in der Beletage hörte man die sich nähernden Kutschen, das Trappeln der Pferdehufe auf dem Kopfsteinpflaster und das Quietschen der Räder, die langsam zum Stillstand kamen. Die neunjährige Gretl schob den dicken Store einen Spaltbreit auf und rief: „Sie kommen! Sie sind schon da!" Das Haus Wittgenstein erwartete Gäste zu einer musikalischen Soiree. Joseph Joachim, der berühmte Geiger, der noch ein Schüler Felix Mendelssohns gewesen war, wurde mit seinem Quartett erwartet. Joachim war entfernt mit den Wittgensteins verwandt, ein Cousin von Karls Mutter, und wenn er nach Wien kam, nahm er gerne die Gelegenheit wahr, im Haus in der Alleegasse zu musizieren. Der Anlass an diesem Abend war, wie nicht eben selten, die Generalprobe zu einem Konzert mit seinem Quartett im Großen Saal des Musikvereins. Angekündigt war Schuberts letztes Streichquartett Nr. 15 in G-Dur, erst 23 Jahre nach seinem Tod veröffentlicht.

Selbstbewusst mit flotter Schleife: Karl Wittgenstein als junger Mann

Joachim rauschte mit seinen Musikern ins Haus, die Dienerschaft nahm die Mäntel ab, erbot sich, die Instrumente in den Salon zu tragen, aber Joachim gab seine Geigen nie aus der Hand, er besaß, so hieß es, dreizehn Stradivaris, auf die er sehr stolz war. Vielleicht waren es auch nur fünf. Heute Abend hatte er die „Dolphin" mitgebracht, eine Geige des Meisters aus seiner „Goldenen Zeit", 1714 in Cremona gebaut. Heinrich de Ahna, der zweite Violinist, stellte seinen

Geigenkasten lässig an der Garderobe ab, im Hause Wittgenstein musste man sich nicht um sein Instrument sorgen. Der Bratschist Emanuel Wirth fürchtete, dass die harschen Wintertemperaturen in Wien seinem Instrument zusetzen könnten: Die Temperaturunterschiede zwischen der Kälte draußen und den wohlgeheizten Räumen des Palais waren gewaltig. Robert Hausmann, der Cellist, spielte auch ein Stradivari-Instrument, er war ein Bewunderer von Johannes Brahms, die Freundschaft war gegenseitig, Brahms hatte ihm seine zweite Cellosonate gewidmet.

So war es kein Wunder, dass sich auch Brahms selbst angemeldet hatte, er gehörte zu den Freunden der Familie, seit im Jahr 1882 sein Klarinettenquintett h-Moll, op. 115 durch das renommierte Rosé-Quartett im Hause Wittgenstein aufgeführt worden war. Er wohnte ebenfalls auf der Wieden und hatte mit der Droschke keinen weiten Weg.

Man wärmte sich im Roten Salon auf; der große Murano-Lüster erstrahlte, es gab Kaffee und kleine Törtchen aus der Konditorei Demel. Brahms liebte es, übers Essen zu plaudern, klopfte sich dabei auf seinen schon recht stattlichen Embonpoint. Joachim ereiferte sich über den Wagnerismus, der sich jetzt auch in Paris wie eine Krankheit ausbreite. Selbst empfindsame Lyriker wie Verlaine und Baudelaire hatten den „Meister“ gepriesen. „Seine gedrechselten Stabreime können sie ja wohl nicht meinen“, sagte de Ahna und schon platzten alle im Chor los: „*Weia! Waga! Woge, du Welle, walle zur Wiege! Wagalaweia! Wallala weialaweia!*“ Nach den Rheintöchtern kam noch der Zwerg Alberich mit seinem: „*Garstig glatter glitschiger Glimmer*“ an die Reihe, dann aber gebot Joachim dem Gelächter Einhalt. „Genug Spott versprüht. Ziehen wir uns um und konzentrieren wir uns auf Schubert.“ Die vier Musiker verschwanden im Garderoben-Zimmer, das ihnen im ersten Stock zur Verfügung gestellt worden war. Bald hörte man das Stimmen der Instrumente wie eine ins Disharmonische geratene Engelsmusik ins Erdgeschoß wehen.

Es trafen neue Gäste ein, Tante Clara aus Laxenburg, die Großmutter Maria Kallmus, der Maler Rudolf von Alt, der Architekt und Künstler der Secession Josef Hoffmann, der gefürchtete Musikkritiker der „Neuen Freien Presse" Eduard Hanslick, einige Sängerinnen der Hofoper; die Herren im Frack, die Damen in großer Abendgarderobe. Man schritt die ausladende Stiege zum ersten Stock hinauf: Die Flügeltüren zum Musiksalon wurden geöffnet, und obwohl die meisten Gäste den Raum kannten, erhob sich ein bewunderndes Raunen. Der Raum wurde immer im Dunkeln gehalten und nur bei Konzerten von zehn bronzenen Stehleuchtern illuminiert. Warm reflektierte die Kassettendecke aus vergoldetem, stuckiertem Holz das Licht. Die Wände waren mit wertvollen Tapisserien mit Jagdmotiven ausgekleidet, an der Stirnseite stand eine zweimanualige Orgel, die die ganze Wand einnahm, reich verziert mit Malereien im präraffaelitischen Stil. An einer der Längsseiten standen sich zwei Bösendorfer-Flügel gegenüber, an der Seite vis-à-vis gruppierten sich Sitzmöbel, eher zierliche Biedermeierschemel als opulente Fauteuils. Unmittelbar bevor das Quartett den Raum

Das Herz des Palais Wittgenstein: der Musiksalon.

betrat, huschten sechs der acht Wittgenstein-Kinder in den Salon und verdrückten sich geräuschlos in eine Ecke, nur die Jüngsten, der vierjährige Paul und der zweijährige Ludwig, lagen schon im Schlaf. Karl Wittgenstein begrüßte die Gäste. So entschlossen und eindringlich er mit seinen Untergebenen reden konnte, mit Arbeitern wie Prokuristen, mit Direktoren wie Bankiers, so zurückhaltend und kurz angebunden entpuppte er sich bei gesellschaftlichen Anlässen. Dabei war er es gewohnt, bei den musikalischen Soireen in seinem Hause so namhafte Künstler wie Gustav Mahler, Clara Schumann, Pablo Casals, Bruno Walter, aber auch Sänger und Literaten willkommen zu heißen. Geschätzter Musiker im Haus war auch der blinde Josef Labor, Klavier- und Kompositionslehrer der jungen Alma Schindler, der späteren Alma Mahler, bei dem auch Paul Wittgenstein einmal das Klavierspiel erlernen sollte.

Ein leiser Akkord in G-Dur erklang, der zu einem lauten g-Moll-Akkord anschwoll, der Dur-Moll-Wechsel setzte sich fort wie ein Spiel zwischen Licht und Schatten. Das Andante in e-Moll beschwor eine Traurigkeit, wie sie sonst nur die „Winterreise" kannte. G-Moll- und d-Moll-Passagen ließen Angst und Auflehnung gegen ein Schicksal erahnen, an dessen Ende zwingend der Tod stand. Das Scherzo breitete eine Leichtigkeit aus, die – wie immer bei Schubert – eine Täuschung war, es entfaltete eine Art Innehalten, Verzögern, Atemholen, bevor im letzten Satz das Finale hereinbrach: als ein Suchen ohne Finden.

Selbst die Kinder wagten nicht zu klatschen, sondern sahen vor sich hin, als wären sie in einem fremden Land ausgesetzt worden. Nur eines der Kinder, Hans, klemmte, unbeeindruckt von der allgemeinen Ergriffenheit, die Noten des Streichquartetts, mit denen er die Aufführung verfolgt hatte, unter den Arm. Musik sollte nach seiner frühreifen Überzeugung nichts mit Stimmungen zu tun haben. Dann brach der Jubel los, die Musiker wurden mit Lob überschüttet, selbst Brahms, der oft genug grantelte, nickte anerkennend: „Damit könnt ihr euch morgen in die Höhle des Löwen wagen.“ Der zehnjährige Rudi flüsterte seiner ein Jahr jüngeren Schwester Gretl zu: „Spielen die denn morgen im Tiergarten in Schönbrunn?“ Die pufffte ihn in die Seite: „Im Musikverein, aber da sind die Zuhörer so bissig wie die Löwen im Zoo.“ Rudi war immer so nervös und wurlert, und manchmal verstand er nicht alles, was gesprochen wurde.

Man wechselte wieder ins Erdgeschoß in das große Speisezimmer. Champagner wurde entkorkt, auf einem Buffet standen edle Pasteten und Terrinen und geräucherter Saibling. Die Kinder wurden von ihrem Vater vorgestellt, ja vorgeführt: alle wohlgeraten, alle musikliebend, manche sogar leidenschaftlich der Musik ergeben.

Brahms hatte seinen jovialen Tag, tätschelte der kleinen Gretl über das kurzgeschnittenen Kraushaar und sagte: „Na, dieses Mädchen ist ja noch ein richtiger Junge. Aber das wird sich ändern.“ Leopoldine erklärte, die Kinderfrau habe zu dem Haarschnitt geraten, weil dann die Haare kräftiger nachwüchsen. Brahms strich sich durch seinen üppigen Rauschebart und sein Haupthaar, das zwar Geheimratsecken aufwies, aber immer noch als Künstlermähne in den Nacken fiel. „Da gibt es doch ein viel probateres Mittel“, brummte er vergnügt: „Champagner ist das beste Haarwuchsmittel der Welt. Das sollten wir jetzt an dem kleinen Fräulein Wittgenstein ausprobieren.“ Karl Wittgenstein nickte dem Diener zu, Gretl stand ratlos in der Mitte des Raums, der Champagner kam, alle erwarteten, dass Brahms das Kind mit ein paar symbolischen Tropfen betupfte. Aber nein: Zuerst ließ er sich ein Glas füllen, kostete, schnalzte anerkennend mit der Zunge, fuhr dann mit der Hand ins Glas und bespritzte mit drei kräftigen Schwüngen das Mädchen, als wolle er es mit Weihwasser segnen. Gretl ließ es unbewegt über sich ergehen, verließ erhobenen Hauptes und gemessenen Schrittes den Salon, eine klebrige Tropfspur hinter sich herziehend. Alle fanden Brahms' „Taufe“ einen köstlichen Spaß, Gretl ausgenommen. Die erklärte am späteren Abend ihrer Mutter: „Dieser Dodl kommt uns nicht mehr ins Haus." Leopoldine rang nach Atem: „Gretl, wie kannst du denn so etwas sagen! Dein Vater und ich sind stolz darauf, dass Johannes Brahms unser Haus schätzt. Wenn du keinen Humor hast und seinen liebevollen Spaß nicht verstehst, so ist das deine Sache. Jetzt gehst du sofort auf dein Zimmer." Gretl tat wie geheißen, aber die Wut auf den Deppen verrauchte lange nicht.

Der fünfzehnjährige Hans aber heftete sich an Joseph Joachims Fersen, wartete geduldig, bis alle Gratulanten von dem Maestro abgelassen hatten und entrollte dann seine Noten: „Mit Verlaub, aber das Andante hier hätte ich nicht so langsam gegeben. Ich glaube, Schubert hat das nicht so wehmütig gemeint, wie Sie es gespielt haben. Man könnte das ganz anders interpretieren." Joachim war belustigt. „Bist du eines der Wittgenstein-Kinder? Na, Respekt, junger Mann. Du traust dir ja was zu!" Dabei wollte er es bewenden lassen, aber das Bürschchen ließ nicht locker. „Dürfte ich einmal Ihre Geige nehmen und Ihnen zeigen, wie ich es meine?" Das war jetzt schon ein bisschen nassforsch, aber durfte man einem Wittgenstein-Sohn eine Bitte abschlagen, ohne den Vater zu düpieren? Hans legte die Noten auf einen Schemel, nahm die Dolphin-Stradivari in die Hand und fühlte sich für einige Augenblicke im siebten Himmel aller Violinisten, glaubte auch, das „Flackern" der Töne zu verspüren, für das die Stradivaris berühmt waren. Er trug die fraglichen Takte des Andante vor, nicht melancholisch, sondern heiter-bewegt. „Du wirst es noch zu etwas bringen", sagte Joachim, aber Hans sah ihm an, dass er gar nicht zuhörte, sich stattdessen ins Gespräch mit einer jungen Dame vertiefte, die Perlenschnüre in ihre hochgesteckten Haare gewunden hatte. Er legte die Stradivari sorgsam in das rote Samtfutteral des Kastens und verschwand auf sein Zimmer. Auch der große Joseph Joachim hatte im Grunde keine Ahnung!

Die Musikliebhaberei war von den Eltern auf die Kinder vererbt worden. Karl Wittgenstein, der als technisches und wirtschaftliches Genie zu Macht und Reichtum gekommen war, hätte kaum jemand zugetraut, dass er ein begabter Violinist war. Aber tatsächlich hatte er schon, als er die Schule abgebrochen und als 17-Jähriger mit einem falschen Pass – den er einem Studenten abgekauft hatte – in die USA gefahren war, nichts außer seiner Geige mitgenommen: Er hatte sie immer wieder versetzt und immer wieder ausgelöst, hatte sich in New York neben vielen anderen Jobs in Gaststätten als Musiker verdingt. In Leopoldine Kallmus, einer virtuosen Pianistin, hatte er eine – musikalisch – ebenbürtige Frau gefunden. Die Musik war der Liebe Nahrung, die Verlobten fanden im eifrigen Duo-Spiel zu Gemeinsamkeiten, die es außerhalb der Musik nicht allzu reichlich gab.

Die Kinder nahmen schon mit der Muttermilch die Musik als Wasser des Lebens auf. Alle Kinder lernten Instrumente zu spielen, Kurt Cello und Klavier, Hans Geige und Orgel, Rudi und Paul Klavier. Nur Ludwig erlernte erst ein Instrument, als er als angehender Volkschullehrer dazu verpflichtet war, und wählte dann die Klarinette. Aber schon als Kind konnte er zu aller Begeisterung ganze Symphonien pfeifen. Hermine und Margaret, die sich beide mehr auf die Kunst warfen, erlernten moderat das Klavierspiel. Im Palais in der Alleegasse standen neben den zwei Bösendorfern im Musikzimmer noch fünf weitere Flügel. Musik wehte den ganzen Tag durch alle Räume. Hans und Paul entpuppten sich als musikalische Hochbegabungen, die aus ihrer Leidenschaft einen Beruf zu machen trachteten, was Vater Karl schlichtweg ablehnte. Musik war etwas Persönliches, Privates, Intimes, nichts jedenfalls, woraus man in seiner Familie einen Broterwerb gewann. So selbstverständlich professionelle Musiker im Hause

Karl Wittgenstein und Leopoldine Kallmus als junges Paar.

Wittgenstein ein- und ausgingen und sich großer Wertschätzung erfreuten, so unumstößlich galt das väterliche Verdikt: *Seine* Kinder mussten etwas Anständiges lernen, die Jungen am besten etwas Technisches und Kaufmännisches, damit sie eines Tages sein Wirtschaftsimperium übernehmen konnten. Die Tasten schlagen und die Saiten streichen, daran konnte man sich – wie es die Eltern hielten – am Sonntagmorgen gütlich tun.

Aber Karl hatte die Leidenschaften seiner Söhne unterschätzt – und die Folgen seiner autoritären Gebote und Verbote. Am verhängnisvollsten erwies sich das bei seinem Sohn Hans. *Hans hatte [...] nichts als Musik im Kopf, und zwar seit seiner frühesten Kindheit.* Seine Schwester Hermine erinnerte sich: *Ich sehe uns jetzt als kleine Kinder in unserer alten Wohnung am Schwarzenbergplatz [...]: Hans als dreijährigen Buben mit großem Ernst auf zwei Holzstücken Geige spielend und mich, die Fünfjährige sehe ich vor einem Schemel knieen und auf diesem herumklimpern, denn ich wollte Hans ja ‚auf dem Klavier begleiten'.*

Schon als Vierjähriger erkannte Hans das Signal der Feuerwehr als „Quart". Er blätterte in Notenbüchern wie andere Kinder in Bilderbüchern. Bei einer Fronleichnamsprozession, die am Haus vorbeizog, rief der Sechsjährige laut aus dem Fenster: „Falsch, falsch!" Er hatte recht: denn es vermischten sich im Gesang des andächtigen Volks zwei Tonarten eines Marschs, der von verschiedenen Kapellen – eine am Anfang, eine am Ende der Prozession – geblasen wurde.

Aber Hans durfte nicht Musik studieren, als junger Mann wurde er in verschiedene Fabriken nach Deutschland, England und Böhmen geschickt, damit er etwas lerne, wozu er nicht die geringste Neigung hatte: Maschinenbau und Betriebswirtschaft.

Paul war die zweite musikalische Koryphäe in der Familie. Er wollte Pianist werden. Der Ausbruch des Ersten Weltkriegs vereitelte – zunächst einmal – seinen Plan. Der Vater aber konnte keine Einwände mehr erheben: er starb im Jahr zuvor, 1913.

DIE VERKÖRPERTE AUFLEHNUNG

„Gretl, Rudolf, wo seid ihr denn wieder?" Die Rufe der Kinderfrau durchbrachen die mittägliche Ruhe im Wittgenstein-Palais in der Alleegasse 16. Das Jungvolk war wieder einmal wie vom Erdboden verschluckt. Wahrscheinlich hatte es sich versteckt, um sich vor dem Nachmittagsunterricht in Latein zu drücken. Da entwickelten die beiden Geschwister, die immer wie Kletten aneinanderhingen, eine innovative Energie: wickelten sich in die langen Brokatstores vor den Fenstern ein, verschwanden in den großen eichenen Schlafzimmerschränken, den schmächtigen Rudolf hatte Elis, die Kinderfrau, auch schon zusammengekrümmt im Flügel gefunden, bei geschlossenem Deckel! Die älteren Geschwister wurden ja langsam vernünftig: Hermine, die Älteste, war schon kein Kind mehr, Hans und Kurt waren beide begeisterte Musiker, das Spiel auf der Geige und auf dem Klavier trieb die Flausen aus dem Kopf, Helene war ein munteres, aber ausgeglichenes Kind – nur die jüngeren Geschwister schlugen über die Stränge. Die Allerjüngsten, Paul und Ludwig, waren noch im Kleinkindalter und hatten weniger Möglichkeiten, sich gegen das strenge Regiment der Kinderfrau zu wehren.

Erfolg und Macht: der Großindustrielle Wittgenstein.

Die Mutter Leopoldine war offensichtlich überfordert: Die vielen Geburten hatten sie körperlich angegriffen, alles wurde ihr zu viel – außer dem Klavierspiel, zu dem sie sich viele Stunden am Tag zurückzog. Aber die Erziehung der Kinder überließ sie anderen. Sie war leicht erregbar, neigte dazu, bei Kleinigkeiten gereizt zu reagieren, obgleich sie sich immer wieder den Zwang zu freundlicher Ruhe auferlegte. Margaret urteilte im Rückblick bündig: *Meine Mutter litt an einer unaufhörlichen Überlastung der Nerven [...] ihr erregtes Wesen war mir unerträglich.*

Die Tochter Hermine pries die ungeheure Güte und Selbstlosigkeit der Mutter, erklärte sich ihr Versagen als das *einer ausgesprochen zum Dulden geborenen Frau mit einem ausgesprochen zum energischen Handeln geborenen Mann. [...] Wir [Kinder] begriffen unter anderem nicht, dass sie so wenig eigenen Willen und eigene Meinung hatte, und bedachten nicht, wie unmöglich es war, neben meinem Vater eigene Meinung und Willen zu bewahren. Wir standen ihr eigentlich verständnislos gegenüber, aber auch sie hatte kein wirkliches Verständnis für die acht sonderbaren Kinder, die sie geboren hatte, ja, bei aller ihrer Menschenliebe hatte sie merkwürdigerweise kein wirkliches Verständnis für Menschen überhaupt.*

Hermine führt dieses Unverständnis ihrer Mutter darauf zurück, dass sie die Welt und die Menschen hinnahm, sich nie fragte, warum ein Mensch so handelte und nicht anders. *Sie konnte einzig und allein die grösste Nachsicht mit den Fehlern und Schwächen ihrer Mitmenschen haben und klaglos unter denselben leiden, nie aber den Versuch machen, die Ursachen zu verstehen oder die daraus resultierenden Situationen zu beeinflussen.*

Der übermächtige Vater hingegen kannte derlei Nachsicht nicht. Er war ein Mann der Entscheidungen, und die setzte er im unternehmerischen wie im häuslichen Bereich durch: auch die, dass alle Kinder von Hauslehrern unterrichtet wurden – und zwar ausschließlich in Mathematik und Latein, die „weichen" Fächer wie Geografie, Geschichte, Biologie sollten sie sich mit Hilfe von Büchern selbst aneignen, oder die Kenntnisse würden ihnen einfach zufliegen. Es herrschte zwar Unterrichtspflicht in Österreich-Ungarn, die aber nicht in öffentlichen Schulen abgeleistet werden musste. Hauslehrer waren zudem in gewissen Kreisen, zu denen die Wittgensteins sich zählten, ein Ausweis gehobenen Lebensstils. Außerdem vertraute er darauf, dass Kinder sich selbständig zum Leben befähigen und Geschwister sich gegenseitig fördern.

Statt Zeit in dumpfen Schulräumen zu vertun, sollten die Kinder lieber alle Arten von Sport erlernen und sich körperlich ertüchtigen. So wurde der Reitknecht Johann abgestellt, die größeren Kinder jeden Tag auf ausführlichen Spaziergängen durch den Stadtpark zu begleiten. Frische Luft tat schließlich auch dem Hirn gut. An Wochenenden oder im Sommer beraumte Karl Wittgenstein aus heiterem Himmel Bergwanderungen an, die zumeist so strapaziös ausfielen, dass die jüngeren Kinder Schwächeanfälle erlitten. Das hielt den Vater aber nicht davon ab, sie kurz darauf zur nächsten Tour zu verdonnern, die noch anstrengender ausfiel.

Die wohlgeratene Kinderschar: Margaret, Helene und Hermine mit Paul und Ludwig, etwa 1896.

Schließlich wusste er, wie man sich gegen die Härten des Lebens wappnete.

Die Wittgenstein-Kinder hatten alles, was andere sich nur wünschen konnten: Reichtum im Überfluss, eine luxuriöse Umgebung, alle Privilegien der Oberschicht, Hauslehrer, Musiklehrer, Zeichenlehrer, gebildete Eltern, viele Geschwister. Aber wenn einige Kinder immer wieder auszubüchsen versuchten, so hatten sie ihre Gründe. Elis war als Kinderfrau lieblos und tyrannisch, in Hermines Worten *gänzlich unfähig, alt und grantig,* sie sorgte nicht einmal dafür, dass die Kinder körperlich gut gepflegt waren und ausreichend zu essen hatten. Leopoldine war nicht in der Lage, die Kinderfrau zu überwachen – oder sie zu entlassen. Die Hauslehrer erwiesen sich als unfähig und wenig motiviert. Zwar wurden sie gut bezahlt, waren keine verkrachten Studenten, sondern ausgebildete Pädagogen, denen das Salär bei der Familie Wittgenstein besser konvenierte als das staatliche Gehalt. Aber sie erfuhren nie Anerkennung, nie Kontrolle, niemand kümmerte sich um sie und den Erfolg ihrer Arbeit, und so ließen sie bald ihr Unterrichten schleifen, ihre Mühen versickern.

Weibliche Zierde: Margaret, Hermine und Helene beim Sticken, etwa 1903.

Gretl, die lebhafteste unter den Geschwistern, geriet am heftigsten mit den häuslichen Autoritäten über Kreuz. Es waren Lappalien, mit denen sie Unmut erregte, ungebürstetes Haar, dreckige Schürze, schmutzige Schuhe, freche Antworten. Der Streit darüber war wie ein tägliches Gift, das in die kindliche Seele sickerte. Wenn sie als erwachsene Frau an ihre Kindheit dachte, milderte der zeitliche Abstand ihr harsches Urteil keineswegs: *Zärtlichkeit, Wärme und Gemütlichkeit und vor allem dauerhafte Friedenszustände […] derlei gab es bei uns nicht. […] Wenn ich auf meine Kindheit zurückblicke, so überwältigt mich einmal der Gedanke wieviel an uns gesündigt worden ist. So schlecht ist kaum jemand erzogen worden. Lieblos ohne die geringste Unterstützung an Guten oder Förderung der Begabung und gleich darauf überwältigt mich wieder der Gedanke wieviel Gutes wir von zu Hause mitbekommen haben. Ja, so schlecht ist kaum je ein Mensch erzogen worden. Ja, so reich ist kaum jemand ausgestattet worden.*

Dabei war gerade sie begierig zu erfahren, „was die Welt im Innersten zusammenhält“. Sie kannte schon das Fragewort „Warum“, bevor sie sprechen lernte, und biss in den Apfel der Erkenntnis, bevor sie Zähne hatte. Mit ihren Fragen nervte sie die älteren Geschwister und wurde wütend, wenn die keine Antworten wussten. Mathematik wurde zum Lieblingsfach. In allen Erscheinungen suchte sie erst einmal das Logische, Gesetzmäßige, Bestimmbare, statt sich mit überhöhenden oder metaphorisch schillernden Sinngebungen abspeisen zu lassen. Die Mathematik war eine strenge Disziplin, aber auch eine gute Lehrmeisterin. Sie erzog zum Denken.

Daneben warf sie sich selbständig und leidenschaftlich auf alle Bücher, aus denen sie etwas über Biologie und Physik erfahren konnte: das waren die Felder, wo gegen Ende dieses Jahrhunderts die wahren Entdeckungen gemacht wurden, hier bewegte sich die Welt – und keinesfalls zwischen den Sticknadeln der typischen Mädchenerziehung.

Wobei Gretl sich auch dem Sticken nicht versagte. Die Großmutter Maria Kallmus war bass erstaunt, als sie eines Tages Gretl mit Stramin, Wolle und Nadeln entdeckte: „Gretl, du stickst? Das bin ich gar nicht von dir gewohnt. Wie schön! Zeig mal her!“ Die Großmutter nahm den Stramin aus Gretls Händen und betrachtete das weitgehend fertige Bild. „Aber was ist denn das für ein Motiv?“

„Ein Herz.“

„Aber das ist doch kein Herz. Das ist“, die Großmutter rang nach Worten, während sie das hässliche Objekt betrachtete, das

Gretl offensichtlich ohne Vorlage in blassroten und braunen Farben gestickt hatte, „… das ist ein Pumpwerk, mit all diesen Röhren und Schläuchen!“

„Das Herz ist ein Pumpwerk, Großmama.“

„Aber Gretl!“

„Du bist einfach zu romantisch, Großmama!“

Sonderbares Mädchen, dachte Großmutter Maria. Auch die acht Jahre ältere Schwester Hermine, von allen nur Mining genannt, erkannte mit einer Mischung aus Missbilligung und Faszination, dass Gretl anders war als alle Mädchen ihres Alters. Man musste sich doch nur ihr Zimmer anschauen: *Schon in ihrer Jugend war ihr Zimmer die verkörperte Auflehnung gegen alles Hergebrachte und das Gegenteil eines sogenannten Jungmädchenzimmers […]. Gott weiss woher sie alle die interessanten Gegenstände nahm, mit denen sie es schmückte. Sie strotzte vor Ideen und vor allem konnte sie was sie wollte und wusste, was sie wollte. […] Alle Gegenstände in ihrem Zimmer wurden übrigens unter ihren Händen interessant und trugen schliesslich den Stempel ihrer Persönlichkeit, oft allein durch die Art des Aufstellens, durch die unerwarteten Kombinationen, die ihr so natürlich waren.*

Die Naturwissenschaften gehörten zu den interessanten Gegenständen, mit denen sie ihren Kopf schmückte. Aber natürlich passte da noch viel mehr hinein. Rudi zog sie eines Tages auf: „Gretl, ich weiß, dass du den Pythagoras, den Euklid und weiß der Teufel was noch für Sätze herleiten kannst, aber jetzt erklär mir mal den Satz: *Am farbigen Abglanz haben wir das Leben*. Oder: *Ein jeder ist ein andrer und er selbst*.“ Da stürzte sich Gretl mit der ihr eigenen Inbrunst auf die Literatur, konnte bald jedes Goethe- und Grillparzer-Zitat retournieren, schärfte ihr Wissen und ihre Rhetorik an den alten Meistern und den modernen Geistern.

Schon als Sechzehnjährige verwandelte sie sich alles an, türmte mannigfaltige Literatur und Philosophie in sich auf, Tolstoi und Dostojewski, Kierkegaard, Schopenhauer und Nietzsche, und suchte in deren Werken Antworten auf eigene Fragen zu finden. Mit Rudi und den Freunden Willy und Harry Zitkovsky bildete sie eine Art philosophischen Zirkel, der Gott und die Welt in Frage stellte. Nur eines nicht: dass immer und ewig nur Gretl als einziges Mädchen Zugang zu diesem Kreis haben würde. Sie lehnte Mädchen als Freundinnen ab, mit deren üblichen Interessen hatte sie nichts am Hut. Bei den regelmäßigen Treffen bestand sie darauf, dass nicht einfach geplaudert und unverbindlich „conversiert" wurde, es sollte ordentlich in philosophischen Gründen geschürft werden, und wenn sich Abgründe auftaten: umso besser. Gerne brachte sie Texte mit, die den Köpfen Hitze versprachen. Ganz besonders hatte es ihr Kierkegaard angetan. So warf sie an einem Sonntagnachmittag einen Auszug aus dessen Werk „Die Wiederholung" in die Diskussionsrunde:

Man steckt den Finger in die Erde, um zu riechen, in welchem Land man sich befindet, ich stecke den Finger ins Dasein – es riecht nach nichts. Wo bin ich? Was will das besagen: die Welt? Was bedeutet dieses Wort? Wer hat mich in das Ganze hineingenarrt und lässt mich nun da stehen? Wer bin ich? Wie bin ich in die Welt hineingekommen: warum bin ich nicht gefragt worden, sondern ins Glied gesteckt, als sei ich von einem Seelenverkäufer gekauft? Wie bin ich Interessent in jener großen Enterprise geworden, die man Wirklichkeit nennt? Warum soll ich Interessent sein? Ist das nicht freigestellt?

Rudi traten bei den Worten „als sei ich von einem Seelenverkäufer gekauft" Tränen in die Augen, was einen Moment peinlicher Stille erzeugte. Willy rettete die Situation und wich ins Allgemeine aus: „Das klingt jetzt alles furchtbar nihilistisch, aber es ist doch nichts anderes als die verzweifelte Suche nach Identität, nach einem Leben, in dem man seinen Platz findet."

„Bist du dir da sicher? Steckt im letzten Satz nicht eine Art Verweigerung?", gab Harry zu bedenken. „So etwa: ich muss mich nicht auf diese Welt einlassen. Sie interessiert sich ja auch nicht für mich."

Gretl als fleißigste Leserin des Quartetts trumpfte mit dem großen Überblick auf: „Es geht bei Kierkegaard doch immer um den Gegensatz von Ästhetik und Ethik: Der Ästhet feiert den Lebensgenuss, die sinnliche Liebe, die Ausschweifung, den Augenblick. Der Ethiker aber verurteilt die ‚Unmittelbarkeit' des Flüchtigen, er findet in einem guten Leben die Teilhabe am Ewigen, am Göttlichen."

„Wie du wieder redest", sagte Willy. Er hätte es gern weniger abgehoben gehabt. Aber Gretl sprach und zitierte unbeirrt weiter: „*…denn im Ethischen bin ich gerade über den Augenblick erhaben, bin ich in der Freiheit.*"

Harry schüttelte nachdenklich den Kopf, eine Haartolle fiel ihm ins Gesicht und gab ihm für einen kurzen Moment das Aussehen eines Bohemiens. „Mir kommt dieser Gegensatz ziemlich künstlich vor, aber das gehört ja wohl zum philosophischen Verfahren, aus Widersprüchen Erkenntnis abzufiltern."

„Was mich irritiert", wandte die achtzehnjährige Gretl ein und klang dabei, als habe die Weisheit des Alters ihre Einsichten geformt, „ist, dass Kierkegaard seine Lehre unbedingt an Liebe und Ehe binden muss. Hört euch das an: *…die Ehe aber ist eben jene Unmittelbarkeit, welche die Mittelbarkeit in sich hat, jene Unendlichkeit, die die Endlichkeit in sich hat, jene Ewigkeit, welche die Zeitlichkeit in sich hat.*"

Da prusteten alle laut los. Und auch Rudi schien sich wieder gefangen zu haben, wenngleich er weiterhin schwieg. Als Willy ihn aufmunterte, etwas beizutragen, schüttelte er nur den Kopf: „Ich ringe mit dem, der mich nicht gefragt hat, auf die Welt zu kommen und der jetzt meine Seele verkauft."

Gretl stand auf und stellte Tassen auf den Tisch. Das Mädchen im Hause Wittgenstein brachte pünktlich um fünf Uhr Tee und Apfelstrudel. Man konnte auch mit vollem Mund denken.

Zu den interessanten Objekten, mit denen Gretl ihre intellektuellen Räume tapezierte, gehörte Karl Kraus' „Fackel". Sie war geradezu süchtig nach der Zeitschrift. Der Tag, an dem eine neue Ausgabe erschien, dreimal im Monat, wurde freigehalten; da traf sie sich nicht mit Freunden, machte keine Besuche, verlor sich nicht in Familiengesprächen, da las sie die „Fackel“ von der ersten bis zur letzten Zeile und delektierte sich höchlich an Kraus' satirischen Rundumschlägen gegen die Wiener Gesellschaft. Niemand war vor ihm sicher. Politiker, Intellektuelle, Theaterleute, Künstler, Industrielle, Adelige, Bankiers, Journalisten, die der „Neuen Freien Presse“ im Besonderen, sie alle nahm er ins Visier – und seine Kugeln trafen. Wo gemauschelt wurde, und in Österreich wurde immer und überall gemauschelt, trat der strenge (und selbstgerechte) Zensor auf den Plan. Auch ihr Vater wurde nicht verschont. 1901 geißelte Karl Kraus in mehreren Ausgaben die Machenschaften des Kapitalisten Wittgenstein, der Absprachen zwischen der „Niederösterreichischen Escompte-Gesellschaft“ mit der „Böhmischen Escompte-Bank“ vorangetrieben und damit erhebliche Spekulationsgewinne gemacht hatte, vor der Öffentlichkeit aber seine Hände in Unschuld wusch und behauptete, erst aus den Zeitungen von dem Deal erfahren zu haben. *Die Farbe der neugeborenen Unschuld kann man Ihnen nicht glauben*, wies Kraus ihn zurecht. Er schlug sich auf die Seite der Arbeiter und wetterte gegen einen Mann, der in verbrecherischer Ausbeutung von tausenden Menschen *Capitalsprofit* über Menschenwohl stelle.

Die Tochter des so an den Pranger Gestellten aber hielt weiterhin heimlich ihr „Fackel“-Abonnement aufrecht, und als Ludwig, der Spätgeborene, ein bisschen zu Verstand gekommen war – und er kam sehr früh zu mehr als einem bisschen Verstand –, gab sie ihm jede Ausgabe zu lesen, damit er sich mit ihr über Karl Kraus' geistreiche Hiebe gegen die verkrustete und korrupte österreichische Gesellschaft freute. Am meisten ergötzten Rudi, Gretl und Ludwig sich an Rezensionen und Kritiken aus der Welt der Literatur, des Theaters, der Konzerte. Da kannten sie sich aus, da konnten sie mitreden, da konnten sie sich zerkugeln, als Kraus im

Dezember 1900 über die Uraufführung einer Operette im Theater an der Wien herzog: „Schmetterling" hieß das Werk eines gewissen Charles Weinberger, eine Nichtigkeit, die aber in der „Neuen Freien Presse" enthusiastisch bejubelt wurde. Kraus wusste auch warum: Der Komponist war der Ziehsohn des Herausgebers der Zeitung. Honi soit qui mal y pense. Kraus griff den letzten Satz der Zeitungskritik auf und verwandelte ihn in ein vernichtendes Antitheton: „‚Der Vorhang mußte sich immer wieder heben'. Der Magen der Leser ebenso oft."

Rudi war ein leidenschaftlicher Theaterfreund, und auch Willy und Harry Zitkovsky waren begabte Schauspieler. Natürlich ging das Quartett in das Hofburgtheater am Ring und sah vieles, was auf dem Spielplan stand. Alles wäre kaum möglich gewesen, denn in den ersten Jahren des neuen Burgtheaters umfasste das Repertoire oft über hundert Inszenierungen. Die deutschen und österreichischen Klassiker wurden rauf- und runtergespielt, oft mehr deklamiert als gespielt, in jenem hochmögenden Bühnendeutsch, für welches das Burgtheater von allem Anfang an berühmt war. Manchmal fand Gretl die Aufführungen ziemlich langweilig. „Rudi, da könnten wir beide mehr draus machen", sagte sie. Zu Geburtstagen oder anderen Familienfesten wurden im Hause Wittgenstein ohnehin gerne Theaterstücke aufgeführt wie zum Beispiel Grillparzers gespenstisches „Schicksalsdrama" *Die Ahnfrau*, in der die sechzehnjährige Gretl als Berta stürmisch gefeiert wurde. Auch Vater Karl liebte es, als Schauspieler zu agieren, er war ein Naturtalent, eine „Knallcharge", wie er selbst von sich sagte. Seine bevorzugte Rolle war der Titus Feuerfuchs aus Nestroys *Talisman*. Angetan mit einer knallroten Perücke huldigte er mit rollenden Augen seiner Haarfarbe: *Rot ist doch g'wiß a schöne Farb', die schönsten Blumen sein die Rosen, und die Rosen sein rot. Das Schönste in der Natur ist der Morgen, und der kündigt sich an durch das prächtigste Rot. Die Wolken sind doch g'wiß keine schöne Erfindung, und sogar die Wolken sein schön, wann s' in der Abendsonn' brennrot dastehn au'm Himmel; drum sag' ich: wer gegen die rote Farb' was hat, der weiß nit, was schön is.* Die Kinder applaudierten, aber solange sie klein waren, hatten alle auch ein bisschen Angst vor dem Vater, der ihnen in seiner Lustigkeit nicht geheuer war. Ludwig fing regelmäßig an zu heulen und beruhigte sich erst wieder, wenn der Vater die Perücke abgelegt hatte und aus seiner Rolle herausgetreten war.

Lust am Spiel: die Schwestern bei einem Kostümfest in Neuwaldegg.

Rudi und Gretl wollten den Vater an seinem 53. Geburtstag mit einer Darbietung ehren. Sie suchten nach einem Zweipersonenstück, es dürfte auch für Gretl eine Hosenrolle bereithalten: groß und schlank wie sie war, konnte sie jeden Mann verkörpern. Sie suchten lange, verwarfen jede Liebespaar-Konstellation, auch wenn Rudi sagte: „Romeo und Julia ginge schon, wenn ich die Julia wär und du den Romeo spieltest." Dabei sah er merkwürdig ernst aus, was Gretl irritierte. Aber Tragödien waren ohnehin nicht der passende Stoff für ein ausgelassenes Fest. Schließlich kamen sie auf „Die Affäre Rue de Lourcine" von Eugène Labiche, ein Stück für zwei Männer, in dem die Nebenrollen (Ehefrau, Cousin, Diener) gestrichen oder zusätzlich von Gretl übernommen wurden. Rudi spielte Monsieur Lenglumé, der nach einer durchzechten Nacht ziemlich benebelt und mit erheblichen Gedächtnislücken neben seinem früheren Schulkameraden Mistingue, gespielt von Gretl, aufwacht. Aus der Zeitung erfahren die beiden von einem brutalen Mord in der vergangenen Nacht. Alle Indizien deuten auf sie als Mörder hin, auch wenn sie sich an nichts erinnern. Die Herren stürzen sich in immer groteskere Versuche, ihre Ehre als unbescholtene Bürger zu retten. Daraus ergibt sich deftige Situationskomik, eine Vertuschungsakrobatik, die Rudi und Gretl zum Entzücken der Zuschauer weidlich ausspielten. Heftige Lacher, gerade auch bei Vater Karl, erzielten sie in der Anfangsszene, als Norine, Lenglumés Ehefrau, ins Schlafgemach des Gatten tritt und vor dessen Bett eine blonde Haarsträhne findet.

Norine: Erklären Sie sich , Monsieur.
Lenglumé: Die Locke ist für dich ... ein Geschenk.
Norine: Aber ich habe doch Haare!
Lenglumé: Jaa ... aber sie werden ausfallen ... es ist für die Zukunft!

Die Aufklärung und Ehrenrettung der zwei „Mörder" geschieht am Ende durch eine einfache Pointe: Sie haben sich im Zeitungsdatum geirrt. Mit einem Couplet lässt Labiche das Happy End besingen:

Ist's vorüber, lacht man drüber,
Lachen ist gesund!
Kommt man mit dem Schreck davon,
Hat man einen Grund!

Gretl wäre nicht Gretl gewesen, hätte sie sich mit so einem billigen Schluss zufriedengegeben. Sie brachte noch eine moralische Nutzanwendung ins Spiel: Es gehe schließlich darum, die Moral des Spießbürgers zu entlarven. Rudi war damit einverstanden, und so komponierten sie ein Couplet, das moralische Fragwürdigkeiten aufeinandertürmte und immer mit dem Refrain endete: „Hauptsache, die Fassade bröckelt nicht."

Eine Strophe holperte so vor sich hin:

Sie geh'n in die Kirch, wie sich's gehört
Und spenden reichlich und edel,
und beten, dass sich ihr Reichtum vermehrt,
und lieben die süßen Mädel.
Hauptsache, die Fassade bröckelt nicht …

Es war eine Mordsgaudi – und niemand im Hause Wittgenstein fühlte sich im Geringsten angesprochen.

SCHÖNER GÖTTERFUNKEN

Sie protestierte. „Immer Hermine, das ist nicht gerecht!"

„Hermine ist eben die Kunstministerin im Hause Wittgenstein. Studier' du eifrig Kunst und Künstler, dann darfst du in ein, zwei Jahren ebenfalls deinen Vater bei seinen Ankäufen beraten! Es hindert dich doch niemand, in den nächsten Tagen in die Secession zu gehen und dir die Ausstellung anzusehen." Er suchte nach weiteren Argumenten, denn Gretl war schwer zu überzeugen. „Schließlich habe ich acht Kinder. Was glaubst du, was Josef Hoffmann sagen würde, wenn ihr alle im Gänsemarsch hinter mir beim Einlass antanzt?" Damit war das Thema für Karl Wittgenstein beendet.

Nicht aber für Gretl. Sie protestierte noch heftiger: „Hans ist in Amerika, Kurt interessiert sich nur für Musik, Paul ebenso, Rudi ist in Berlin, Helene hat ihren Salzer-Max im Kopf und nicht Max Klinger, Luki ist noch ein Baby. Also wer bleibt übrig?"

Sie wollte unbedingt mit zur Eröffnungsfeier. Die XIV. Kunstausstellung der Secession im Jahr 1902 war als glanzvolles Fest in Verehrung Ludwig van Beethovens angekündigt. Die „Neue Freie Presse" hatte schon im Vorfeld in einer Art Hofberichterstattung das Ereignis gefeiert, wie sonst nur, wenn der Kaiser in Ischl auf die Jagd ging und die Strecke des erlegten Rotwildes nach Wien depeschiert wurde.

Am Abend zuvor hatte es im Grand Hotel an der Ringstraße eine Gala zu Ehren Max Klingers gegeben, der – so hieß es – fünfzehn Jahre an der Beethoven-Skulptur gearbeitet und sie nun rechtzeitig zur Ausstellungseröffnung fertiggestellt hatte. Sie würde der strahlende Mittelpunkt sein, um sie würden sich die Werke einundzwanzig weiterer Künstler scharen, unter ihnen Gustav Klimts, der einen mehrteiligen Fries geschaffen hatte.

Karl Wittgenstein war natürlich zu allen Veranstaltungen eingeladen. Schließlich hatte er 50.000 Gulden gespendet, damit das neue Secessions-Gebäude neben dem Karlsplatz überhaupt gebaut werden konnte. Und jetzt, an diesem heiteren Apriltag, wollte er zur Eröffnung Hermine, seine älteste Tochter, mitnehmen. Seine Frau Leopoldine liebte solch öffentliche Auftritte überhaupt nicht, sie begleitete ihn allenfalls in Konzerte.

Gretl kam ziemlich undamenhaft in den Salon gestürmt, wo sich Karl und Hermine einen Tee genehmigten: „Ich habe mich einfach zurechtgemacht", lachte sie. „Sagt bloß nicht, dass man sich mit mir nicht sehen lassen kann."

Sie sah bezaubernd aus in ihrem Kleid aus hellblauem Chiffon mit breiter Schärpe um die Taille, am Rücken zu einer frechen Masche gebunden. Die Haare hatte sie hochgesteckt; langhängende Ohrringe betonten ihren Schwanenhals. Karl Wittgenstein seufzte vergnügt: „Erpresserinnen gehören bestraft und nicht belohnt. Aber es wär' natürlich ewig schad', dich jetzt wegzusperren. Nur aufpassen musst: Vielleicht schickt dich ja der Kontrolleur am Eingang fort, weil auch die Ehrengäste nur mit einer Dame antanzen dürfen, nicht mit zweien."

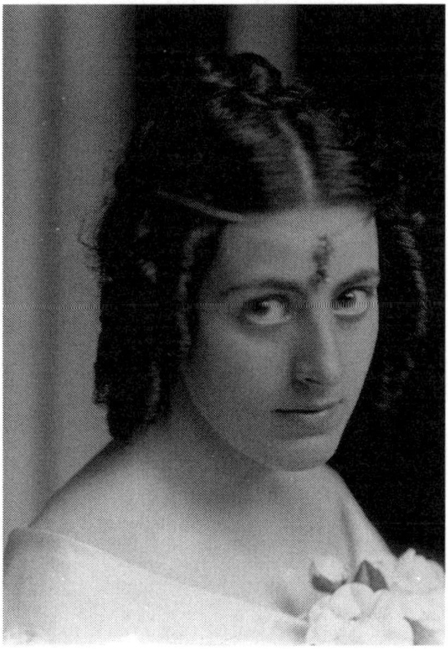
Margaret als schöne Debütantin.

Hermine lächelte etwas säuerlich.

Karl aber stolzierte flankiert von seinen schönen Töchtern die Alleegasse hinunter Richtung Karlsplatz. Der Weg hätte ruhig länger sein dürfen, befand er. Von allen Seiten wurde er gegrüßt, er grüßte jovial zurück. Vor dem Tempel der Secession mit seiner goldenen Lorbeerkuppel drängte sich schon eine Menschenmenge, die Herren im Frack, die Damen in allen Frühlingsfarben und mit exotischen Hutkreationen, die auf die zu erwartende Gewagtheit der Kunst adäquat antworten sollten. Das jüngere Fräulein Wittgenstein war mit ihren 19 Jahren wahrscheinlich die Jüngste unter den geladenen Gästen. Sie genoss es, im Strom der Künstler und der prominenten Besucher, von denen sie einige kannte, verkehrten diese doch regelmäßig in ihrem Elternhaus, in das Gebäude geschoben zu werden.

Der zentrale Raum war völlig freigeräumt, die Wände bis auf wenige Bilder von Alfred Roller und Adolf Böhm entkleidet, nur in der Mitte thronte auf hohem Podest Klingers Beethovenstatue. Das Gespräch verebbte, die Menschen hielten inne ob der Magie des Augenblicks, das vielbesprochene und lang erwartete Kunstwerk endlich vor Augen zu haben.

Beethoven sitzt wie ein antiker Gott mit nacktem Oberkörper auf einem reich verzierten Thron aus Wolken, die Beine von einem weiten Mantel umhüllt. Zu seinen Füßen hockt ein mächtiger Adler, das Wappentier Jupiters. Der Komponist schaut gebieterisch, den Blick ins Unendliche gerichtet, die Hände zu Fäusten geballt. Die Energie eines prometheischen Genies geht von ihm aus, das die Götter nicht herausfordern muss, weil es selbst ein Titan ist.

Gretl packte der Beethoven-Zauber erst so richtig, als Gustav Mahler mit einer Gruppe des Hofopernorchesters auftrat: Er hatte Motive aus dem Finalsatz der 9. Symphonie Beethovens für Holz- und Blechbläser bearbeitet. Die jubelnden und rauschhaften Tonfolgen lösten den in Marmor, Bronze und Elfenbein gefangenen Beethoven, jetzt sprengte er die Fesseln des Irdischen, drängte und schwang sich ungestüm in die Höhen des Elysiums. Als Mahler sich verbeugte, flüsterte Hermine ihrer Schwester ins Ohr: „Die Stadt will Klingers Werk ankaufen. Ich bin gespannt, ob sie es tut: Beethoven halb nackt? Schau dir die zwei Beamten an, die ihn um kreisen, sie schauen schon ganz zwider. Umso besser: dann kaufen wir die Skulptur!“

Jetzt strömte die Menge in die anderen Räume, vor allem in den Seitensaal, um mit Muße Gustav Klimts Beethovenfries zu betrachten. Da verstummte ein zweites Mal die Konversation. Gretl drängte sich in die erste Reihe, um freien Blick auf die Bilder zu haben, die an drei Wänden entlangliefen, während an der zweiten Längsseite eine große Öffnung den Blick auf die Klinger-Skulptur freigab, damit das Gesamtkunstwerk und die Einheit des Raumes abrundete.

Am liebsten hätte sie laut gepfiffen, das war sonst ihre Reaktion, wenn es ihr die Sprache verschlug (was nicht oft geschah). Natürlich wäre aber Pfeifen in diesen heiligen Hallen ein unerhörtes Sakrileg gewesen. Doch was war Klimts Fries anderes als ein Schock, der jeden Menschen aus festlichem Behagen reißen und die Sinne verstören musste? Der ihm die Stimme nahm, den Verstand raubte – oder wenigstens das Verständnis dessen, was da ins Auge sprang. Auf der linken Seitenwand strecken ein stehendes Mädchen und ein kniendes Paar, alle drei nackt, erbarmungswürdig bis auf die vorstehenden Rippen ausgemergelt, bittend die Hände aus. Über ihnen schweben Frauengestalten, vor ihnen steht abgewandt im Profil ein Ritter in goldener Rüstung. Was sollte das bedeuten, was hatte das mit Beethoven zu tun?

Gretl blätterte im Katalog. Das Rascheln der Seiten kam ihr in der allgemeinen Stille unangemessen laut vor, aber sie brauchte eine Erklärung. „Erste Langwand: Die Sehnsucht nach dem Glück; die Leiden der schwachen Menschheit; die Bitten dieser an den wohlgerüsteten Starken, aus Mitleid und Ehrgeiz als treibende Kräfte das Ringen nach dem Glück aufzunehmen.“ Mitleid und Ehrgeiz waren dann wohl allegorisch in den zwei Frauengestalten über dem Haupte des goldenen Starken dargestellt, der Ehrgeiz hocherhobenen Hauptes mit einem Lorbeerkranz als Verheißung in der Hand, das Mitleid mit sanft geneigtem Kopf und an der Wange gefalteten Händen. Einen Augenblick stutzte Gretl: hatte der goldbeharnischte Ritter nicht eine frappante Ähnlichkeit mit Gustav Mahler? Denselben entschlossenen Mund, dasselbe vorgestreckte Kinn, denselben Schnitt der Augen. Nur die Brille, die fehlte. War das eine Verneigung Klimts vor dem Komponisten – oder ein ironisches Augenzwinkern?

Sie ging weiter zur Schmalwand und schreckte zurück: blickte unmittelbar in die phosphoreszierenden Augen eines Ungeheuers, eines affenähnlichen Monstrums, das die einzeln aus dem Maul ragenden Zähne bleckte. Heiliger Beethoven, hilf! Wer war denn diese Ausgeburt der Hölle? Und wer waren die absonderlichen Figuren, die ihn umringten: die drei nackten, schwarzhaarigen Frauen zur Linken mit gequältem Blick und Schlangen in den schwarzen Haaren, über ihnen grauenhafte Gestalten mit Totenkopfgesichtern. Zur Rechten des Affen Frauen, in Gold, Orange und Blau gemalt, aber nicht weniger furchterregend: die eine nackt und lasziv den Betrachter anschauend, aufreizend wie eine Hure, die andere die Augen verschließend, die dritte im Vordergrund im Profil mit nacktem Oberkörper, hässlich durch einen fetten Bauch und tief herabhängende Brüste. Daneben unter einem blauen Himmel aus eisstarrenden Pfeilen ein in einem Netz gefangenes, bis auf die Knochen abgemagertes Mädchen. Gretl war erschüttert. Gerade noch die jubelnden Bläser, die die beethovensche Freude als göttliches Geschenk gepriesen hatten, jetzt eine Welt voller Ungetüme und Dämonen.

„Die feindlichen Gewalten", stand im Katalog als Erklärung. „Der Gigant Typhoeus, gegen den selbst Götter vergebens kämpfen; seine Töchter, die drei Gorgonen, die Wollust und Unkeuschheit, Unmäßigkeit und Nagenden Kummer symbolisieren. Die Sehnsüchte und Wünsche der Menschen fliegen darüber hinweg."

Sie flogen als Genien in Gestalt engelsgleicher Mädchen zur rechten Wand hinüber, zu einer Figur ganz in Gold, die hingebungsvoll eine Kithara zupfte. In ihr fand der Betrachter Erlösung vom Alptraum der mittleren Wand: in der Allegorie der Musik und der Poesie. Hinter dem Wandausschnitt wurde die Welt noch goldener: Gretl blinzelte, um sie als Ganzes auf sich wirken zu lassen, bevor sie sich in Details begab: diese magische Aura, die Klimt geschaffen hatte, dieser Rausch in üppiger Ornamentik, eine paradiesische Schöpfung. In diesen Bildern jubelten Schillers Worte und Beethovens Trompeten und Oboen. Der Chor der Paradiesengel mit ihren in Verzückung geschlossenen Augen, erhobenen Armen und gespreizten Händen flankierte den Eintritt ins Elysium: Über dem im Kuss versunkenen Paar – „diesen Kuß der ganzen Welt“ – züngelten Flammen und mäanderten Wellen der Lust.

Gretl spürte kaum, dass Hermine sie am Ärmel zupfte. „Du wächst hier einfach fest, oder? Die Ausstellung geht noch etliche Wochen, kannst eh jeden Tag wieder herkommen. Der Papa besorgt dir ein Dauerbillet.“ Gretl brauchte eine Weile, um wieder den festen Boden unter sich zu spüren. Dann machte sie sich mit Hermine auf den Weg nach Hause. Ihr Vater würde noch mit Hoffmann, Klimt, Olbrich, Kolo Moser und der ganzen Secessions-Prominenz ins Sacher gehen, um auf den Erfolg der Ausstellung anzustoßen.

„Weißt du, dass Klimts Bilder am Ende der Ausstellung vernichtet werden sollen?“, sagte Hermine. „Acht Wochen hast du das Vergnügen, dann wird alles überstrichen. Er hat die Bilder ja direkt auf die Wände gemalt, man kann sie nicht einfach abnehmen wie gerahmte Bilder.“ Gretl war empört: „Dann soll der Papa einfach den ganzen Raum kaufen, das wäre sonst eine kolossale Schande.“ Jetzt, nachdem sich ihre Ergriffenheit gelegt hatte, sprudelte es aus ihr heraus: „Hast du jemals etwas gesehen, wo in der Kunst alles über Kunst gesagt ist: dass sie die Menschen aus Elend und Schwäche herausführt ans Licht, sie mit den Mitmenschen vereint zu einer großen Gemeinschaft …?“

„… in der die Wölfe bei den Lämmern wohnen und die Parder bei den Böcken liegen“, ergänzte Hermine trocken. „Schöne Ideale;

nur gut, dass Klimt nicht die ganze Welt im Rauschegold versinken lässt."

Die Reaktionen auf Klimts Opus waren hitzig. Neben glühenden Bewunderern wie Ludwig Hevesi („entzückendes Friesgemälde") gab es nicht minder glühende Verächter in der österreichischen wie in der deutschen Presse: *Ein brennender Zorn erfaßt jeden Menschen, der noch einen Rest von Anstandsgefühl hat. Was soll man zu dieser gemalten Pornographie sagen?* Oder: *Klimt produziert diesmal wieder eine Kunst, der nur drei Leute, ein Arzt und zwei Wächter gerecht werden können.* Und: *Klimt hat zusammenhangslos einige Widerwärtigkeiten und Scheußlichkeiten hingestellt.*

Gretl ging in den folgenden Tagen immer wieder in die Secession. Immer waren die Säle voll, auf den Gesichtern der Besucher sah sie die Reaktionen auf Klinger und Klimt (die anderen Kunstwerke wurden wenig beachtet): Abscheu und Entzücken – und manchmal beides zugleich. Gleichgültig ließ die Beethovenschau niemanden. Sie selbst feierte aus ganzer Seele die Botschaft, dass Musik und Kunst allein die Menschen erlösen könne von allem irdischen Elend. Und freute sich, dass der Papa, wie Hermine prophezeit hatte, Klingers Beethovenfigur erwarb, nachdem sich der Stadtrat erregte Debatten geliefert hatte. Sie erhielt einen Ehrenplatz im Musiksalon.

Drei Wochen später traf im Wittgensteinschen Hause die Nachricht ein, dass Hans verschollen sei, vermutlich am 15. April, dem Tag der Ausstellungseröffnung, während einer Kanufahrt in der Chesapeake Bay zwischen Virginia und Maryland spurlos verschwunden, man vermute Selbstmord.

Da sprach Gretl eine Weile nicht mehr von Erlösung durch die Kunst.

JEROME TAUCHT AUF

Dieses Mal nahm der Herr Papa Gretl mit, ohne dass sie darum kämpfen musste: zu einer Abendgesellschaft bei dem Medizinprofessor Maresch, einem angeheirateten Neffen Karls. Da sich in diesem Rahmen die Gespräche zumeist um Fortschritte in der ärztlichen Kunst drehten, würden sich alle seine Kinder langweilen – außer Gretl. Es waren viele Kollegen und Studenten eingeladen, sehr wenige Frauen, da stach das 21-jährige Fräulein Wittgenstein in jeder Hinsicht heraus. Nicht nur ihre Jugend und Schönheit, sondern ihre Klugheit und ihr Interesse an der Medizin ließen einige der Herren Studenten erstaunt aufblicken und ihre Nähe suchen. Bald war sie umringt von jungen Männern. Karl zog sich mit den älteren Herren nach dem Diner in den Rauchsalon zurück.

Ein Mann bemühte sich besonders auffällig um die junge Frau mit den lebhaften Augen und der melodiösen Stimme, die mehr von sich gab als die süßen Nichtigkeiten, die Mädchen ihres Alters gemeinhin herausplapperten. Gretl spürte die aufmerksamen Blicke, wusste nicht, ob der Herr im blauen Abendanzug ein Student oder ein Professor war, für einen Studenten schien er ihr zu alt, für einen Professor zu jung zu sein. Er sprach mit starkem amerikanischen Akzent, bemühte sich aber, Deutsch zu sprechen, obwohl alle im Salon des Englischen mächtig waren. Schön war er nicht, stellte Gretl fest, die Gesichtszüge weichlich, Neigung zu Korpulenz, das Haar schon leicht schütter.

Er stellte sich vor, sehr förmlich, sehr österreichisch. Hatte sie nicht gehört, dass es in Amerika sehr viel salopper zuging? Jerome Stonborough aber passte sich den Sitten der k.u.k. Monarchie an, verbeugte sich tief vor dem Fräulein, sprach von seiner Herkunft aus New York, ließ wie nebenbei einfließen, er habe in Geisteswissenschaften promoviert, wolle sich aber jetzt den Naturwissenschaften widmen, der Medizin, vielleicht auch der Chemie. Er sei nach Wien gekommen, um hier bei Rudolf Maresch Physiologie zu studieren.

„Dann sind Sie ein Student?", entfuhr es Gretl. „Man kann überhaupt nie genug wissen", antwortete Mr. Stonborough lächelnd und zitierte Francis Bacon: „Wahres Wissen ist Wissen, das auf die Ursachen zurückgeht." Er flirtete nicht mit ihr, sprach mit ihr wie mit einem Mitstudenten, als wüsste er instinktiv, wie er sie erobern konnte: als eine Frau, die genau wie die Männer danach strebte, Phänomenen auf den Grund zu gehen, statt sich mit blumigen Erklärungen (wie sie vor allem Mädchen gerne angeboten wurden) zufriedenzugeben. Sie war beeindruckt.

Leider tanzte er nicht mit ihr, entschuldigte sich, rutschte dabei ins Englische: „That's not my strong suit..."

Zum Tanzen fanden sich andere.

Als sie und der Papa an diesem Abend nach Hause fuhren, war sie richtiggehend aufgekratzt. „Du hast dich offensichtlich gut amüsiert", brummte Karl, der im Fiaker die letzte Havanna des Tages rauchte. „Müde scheinst du nicht zu sein, hast ganz rote Wangerl. Habe immer gedacht, es gibt keine langweiligeren Menschen als Mediziner." Sie hakte sich bei ihm ein und genoss den Duft seiner Zigarre. Erzählte ihm aber nichts. Karl Wittgenstein hatte einen äußerlich so unscheinbaren Menschen wie Jerome Stonborough bestimmt nicht wahrgenommen.

Am nächsten Tag kam ein Billet in die Alleegasse geflattert. M. Jerome Stonborough bitte höflichst, das Fräulein Margarethe Wittgenstein zu einem Besuch in das Naturhistorische Museum einladen zu dürfen.

„Da foit da's Ladl oba! Is des leiwand", jubilierte Gretl und führte in ihrem Zimmer einen kleinen Tanz auf. Nicht, dass der Amerikaner der erste Mann gewesen wäre, der sie eingeladen hätte. Freunde von Rudi, die Zitkovskys, Freunde der Salzers – es gab genügend junge Männer, denen sie den Kopf verdreht oder dies tunlichst gelassen hatte. Und wohin hatten diese Herren sie eingeladen? Natürlich in ein Kaffeehaus, oder, wenn's hoch kam und sie wussten, wofür sich das Fräulein Wittgenstein interessierte, ins Kunsthistorische Museum oder zur Vernissage in eine Galerie oder ins Burgtheater oder ins Theater in der Josefstadt. Aber ins Naturhistorische Museum? Auf die Idee war noch niemand gekommen.

Mister Stonborough kam in die Alleegasse, machte formvollendet seine Aufwartung bei Mutter Leopoldine, die ihren Segen zu dem Ausflug gab. Mit Hut sieht er ziemlich alt aus, dachte Gretl für einen kurzen Augenblick, aber die Begeisterung über die Einladung verscheuchte den Gedanken.

Die beiden großen Museen, das Kunsthistorische wie das Naturhistorische, waren der Stolz Wiens, opulente Bauwerke der Architekten Semper und Hasenauer im Stil des Historismus, wahre Tempel der Kunst und Wissenschaft, kuppelgekrönt, mit Balustraden und Skulpturen verziert. Allein das Eintreten in diese heiligen Hallen war ein Ereignis.

Jerome nahm das junge Fräulein sanft am Arm und schob sie, ohne nach rechts und links zu schauen, in einen Saal, der zunächst nichts Spektakuläres zu bieten schien. Sie sah an den Wänden Bilder und Zeichnungen fremder Länder, in Schaukästen lagen Mineralien, Tierskelette, konservierte Pflanzen.

„Ich bin fasziniert von dem, was in diesem Saal steckt", sagte Jerome, „ein Stück Wissenschaftsgeschichte, ein Manifest europäischen Entdeckergeistes. Ein österreichischer Erzherzog, ich glaube, er hieß Ferdinand Maximilian, stellte 1857 der Geographischen Gesellschaft eine Kriegsfregatte zur Verfügung, damit solle die Welt umsegelt und erforscht werden. Geologen, Mineralogen, Ethnologen, Zoologen waren an Bord der ‚Novara'".

Er redete sich in Begeisterung hinein: „Kein Geringerer als Alexander von Humboldt beriet die Expedition. Zwei Jahre dauerte die Reise, die ‚Novara' kam zurück mit einmaligen Schätzen, die uns heute noch staunen machen … Aber das haben Sie sicher alles in der Schule gelernt – so eine stolze Episode der österreichischen Geschichte."

„Ich war auf keiner Schule."

Jerome schien verblüfft. „Ich verstehe nicht …"

„Ich habe noch nie etwas von der ‚Novara' gehört. Da müssen Sie extra aus Amerika kommen, um mir Nachhilfe in Heimatkunde zu erteilen."

Jerome blickte angestrengt auf ein Gemälde Joseph Sellenys, des Malers, der die Fahrt begleitet hatte. Das ziemlich furchteinflößende Bild zeigte einen australischen Ureinwohner.

„Aber Sie, Sie sind doch so klug!"

„Mir ist das alles einfach zugeflogen", lachte Gretl, fühlte sich dann aber doch bemüßigt, Jerome aufzuklären, dass sie von Hauslehrern unterrichtet worden war.

„Aber woher wissen *Sie* denn so viel von dieser Expedition?", fragte sie zurück.

„Ich habe mich vorbereitet", sagte Jerome schlicht. Dafür wäre sie ihm am liebsten um den Hals gefallen. Aber das ging natürlich nicht.

Er begann, ihr den Hof zu machen, sie fühlte sich geschmeichelt. Sie liebte es, wie er mit ihr sprach, sein amerikanischer Akzent war erotisierend, sein Wissen imponierend, seine Neugier stimulierend. Er nahm sie ernst. Sie wusste: Dieser Mann teilt meine wissenschaftlichen Interessen, der wird mich niemals auf altmodische weibliche Tugenden festlegen wollen, der wird mir auf Augenhöhe begegnen. Er kommt aus Amerika, da ist man in jeder Hinsicht weiter.

Nur die Tante Josefine fragte etwas säuerlich, als sie von Gretls Bekanntschaft hörte: „Warum denn ein Amerikaner? Hätte es nicht auch ein Österreicher getan?"

Paul gab ihr Bescheid: „Weißt du, am liebsten würde Gretl einen indischen Maharadscha heiraten, Hauptsache, etwas Besonderes."

Klar, dass Paul von Gretl mit einem Kinnzwack abgestraft wurde.

Rudi schrieb ihr aus Berlin: „Du machst es richtig. Je früher du diesem verrückten Elternhaus entfliehst, desto besser."

Bald waren Jerome und sie verlobt, sie schwebte an seinem Arm durch den Wiener Frühling. Schweben war allerdings nur eine Metapher, die auf die Befindlichkeit ihrer Seele deutete. An Jeromes Arm ging man festen Schrittes. Und sie trug flache Absätze: Er war kleiner als sie.

WAS NICHT ALLES VON DIR BLEIBT

Sie gingen in die Galerie Miethke, die neue Objekte von Josef Hoffmann und Kolo Moser ausgestellt hatte: Schmuck, kleine erlesene Möbelstücke, Porzellan, Galanteriewaren. Hoffmanns Objekte waren wie immer vom strengen geometrischen Stil der Wiener Werkstätte geprägt, stets entschlüpften ihm aber auch Varianten der geschwungenen Linie, wie spontan in die Luft geworfene Fäden. Moser wagte in seinen Entwürfen mehr Lust am Fabulieren, er nahm in seinen Objekten das Blumige des Jugendstils vorweg. Gretl war von beiden Künstlern entzückt.

Im Eingang trafen sie Paul Bacher, einen Freund Gustav Klimts, der soeben die Galerie gekauft hatte, um hier vor allem die Künstler der Secession und der Wiener Werkstätte auszustellen. Was für eine Entwicklung: hatte doch Hugo Othmar Miethke seine Galerie in der Dorotheergasse 11 ursprünglich den Malern des Historismus geöffnet, allen voran dem fürstlichen Bannerträger dieser Richtung, Hans Makart, der für die Secessionisten der Inbegriff all dessen war, was sie bekämpften: Pomp, Plüsch und Palmwedel.

„Palmwedel?", fragte Jerome. Zu all den Scheußlichkeiten, mit denen er die Salons der Wiener Hautevolee ausstattete, habe auch immer ein voluminöser Strauß getrockneter Blumen, Gräser, Binsenkraut und eben Palmwedeln gehört. Der „Makartstrauß" wurde sein Markenzeichen, „affenscheußlich", klärte ihn Gretl auf. Sie lachten. Paul Bacher holte eine Flasche Sekt, sie war gekühlt, als hätte er auf Besucher wie Fräulein Wittgenstein und Mister Stonborough gewartet, sie stießen an, um den Geist der neuen Zeit zu feiern, in der solch lebloser Plunder auf den Abfallhaufen der Kunstgeschichte wanderte. Gretl wollte aber nicht zu sehr ins Detail gehen: Waren denn die reichen Tapisserien, die die Wände des

Musikzimmers im Hause Wittgenstein zierten, nicht auch ein Relikt vergangener Epochen, diese schwülstigen Jagdszenen im naturalistischen Stil?

Jerome wollte ihr „aus besonderem Anlass“ einen Schmuck kaufen. Sie fand die Idee, statt eines goldenen Verlobungsrings mit Diamanten einen Kettenanhänger oder eine Brosche von Kolo Moser oder Josef Hoffmann als Angebinde verehrt zu bekommen, bezaubernd. Es hatte so etwas Unprätentiöses, etwas Heiteres, Originelles. Und es gefiel ihr die Tiefstapelei: Auch wenn der Schmuck nicht billig war, hatte er doch nicht den Gold-und-Diamanten-Protz der üblichen Morgengaben. Die Broschen waren ja zumeist aus Silber oder vergoldetem Silber, manche sogar aus Emaille; wenn Steine eingesetzt wurden, waren es die minder wertvollen wie Lapislazuli, Turmalin, Granat, Perlmutt, Mondstein oder Topas, vielleicht noch – als Krönung – Opale. Der Materialmix, manchmal sehr farbenfroh, ließ gar nicht den Eindruck von „Preziosen“ entstehen. Hätte die Größe der Broschen und Anhänger dem nicht widersprochen, manche Kreationen wären als Kinderschmuck durchgegangen. Gretl geriet in eine ausgelassene Stimmung, als sie auf ihrem schwarzen Kleid verschiedene Schmuckstücke ausprobierte. „Jedes passt zu dir, als wär' es für dich entworfen“, sagte Jerome. Das hörte sie gern. Schließlich wählte sie eine Brosche von Hoffmann, fünf Zentimeter zum Quadrat mit silbernen schmalen Streben, vertikal strukturiert, und mit blattähnlichen, in der Größe variierenden geschwungenen Formen in vergoldetem Silber gefüllt.

„Einfach edel und edel einfach“, ihre Augen glänzten.

Sie hakte sich bei Jerome unter, sie bummelten an der Albertina und am Karlsplatz vorbei in Richtung Alleegasse. Es war der 3. Mai 1904, ein warmer Frühlingstag.

Sie nahm sofort wahr, dass etwas nicht stimmte, als Rosalie, die Haushälterin, die Haustür öffnete, sie anstarrte, die Hände auf den Mund schlug, grußlos auf dem Absatz kehrtmachte und ver-

Pomp und Glanz: das Stiegenhaus im Palais Wittgenstein.

schwand. Und dann hörte sie aus dem oberen Stockwerk ein Schreien, ein fast tierisches Geheul, so fremd, so obszön, wie sie es noch nie in diesem Haus gehört hatte. Sie drückte Jeromes Hand. „Oh Gott“, stöhnte dieser, so standen sie sekundenlang, unfähig, sich zu bewegen. Dann stürmte sie die Marmorstiege hoch, die so viele Stufen hatte, als führe sie nicht in ein zweites Stockwerk, sondern geradewegs in den Himmel.

Oder in die Hölle. Sie fand Leopoldine, ihre Mutter, in den Armen von Hermine liegend: Sie saßen nicht in einem Sessel, sondern kauerten auf dem Fußboden, ihre Mutter gab das Wolfsgeheul von sich, ihre zarte, zerbrechliche Mutter, die immer so leise sprach, dass ihre Kinder sie ständig ermahnen mussten, lauter zu sprechen. Hermine strich der Mutter in einer mechanischen Bewegung über den Rücken, sie sprach nicht, weinte nicht, sie war gar nicht da, nur ihre Hand war lebendig, versuchte zu beruhigen, wo es nichts zu beruhigen gab.

Gretl starrte auf das Bild, fragte nichts, wollte nichts fragen. Jerome war schon wieder aus dem Zimmer gegangen, als wüsste er, dass er hier nichts ausrichten konnte.

Hermine sagte nur ein Wort: „Rudi.“ Das war alles, das war genug.

Noch bevor sie Näheres erfuhr, kam Karl Wittgenstein nach Hause.

Er brüllte, sein Brüllen entsprang dem Zorn, der Wut, nicht der Verzweiflung und der Trauer wie die Laute seiner Frau. Womit hatte er solche Söhne verdient, Schwächlinge, Lebensuntüchtige,

Hampelmänner, Spintisierer. Alles hätten sie erreichen können – und warfen ihr Leben weg, als sei es ein Nichts. Hans vor zwei Jahren – und jetzt Rudi!

Der Vater hatte gehofft, dass sich Hans in Amerika der Traumtänzereien entledigen würde, der Fantasie, ein begnadeter Musiker zu sein und auf den Flügeln des Klavierspiels in ein Reich fernab von Eisen, Stahl und Kohle zu fliegen. Amerika hatte Karl Wittgenstein zum vernünftigen Menschen, zum erfolgsorientierten Pragmatiker geformt. Warum sollte das nicht auch bei Hans Wittgenstein gelingen? Ein absolutes Gehör zu haben war ja schön und gut, aber einen absoluten Riecher für Finanzgeschäfte zu entwickeln war in jedem Fall besser. Hans hatte sich umgebracht.

Und jetzt Rudi. Er war ein ängstliches Kind gewesen, hatte sich zu einem feinsinnigen, äußerst sensiblen Jugendlichen entwickelt, der ganz in seiner Liebe zu Literatur und Theater aufging. So wie Gretl ihren Bruder Hans beschützt hatte, Schmiere gestanden, wenn dieser heimlich im Keller komponierte, hatte sie Rudi unter ihre Fittiche genommen, den Bruder, der ein Jahr älter war, aber um so viel empfindsamer und verletzlicher als sie.

Und jetzt Rudi. Karl hatte ihn nach der Matura vor die Wahl gestellt: Studium von Volkswirtschaft, Maschinenbau oder Physik. Am besten alles gleichzeitig. Rudi wählte Chemie, die noch in den Kanon der vom Vater akzeptierten Fächer fiel. Der junge Student wurde nach Berlin geschickt; wenn er schon nicht nach Amerika wollte, so sollte er sich wenigstens in einer anderen Stadt den Wind um die Nase wehen lassen. Bildung und tätiges Wissen erwarb man in der Fremde, das war Karl Wittgensteins Credo. Gretl hatte darunter gelitten, dass ihr der Lieblingsbruder entzogen wurde. Aber da nahezu gleichzeitig Jerome in ihr Leben trat, empfand sie den Verlust weniger schmerzhaft. Rudis Briefe aus Berlin waren einsilbig. Er schrieb ausschließlich von Theateraufführungen, die er gesehen, von Büchern, die er gelesen hatte. Von seinem Studium schrieb er nichts, obgleich das Gretl höchlich interessiert hätte.

Leopoldine konnte sich nicht beruhigen. Ihr Heulen ging in ein Schluchzen über, das ihren schmalen Körper schüttelte, als litte sie unter Epilepsie. Gretl kniete sich neben Hermine auf den Boden, gemeinsam bemüht, die Mutter zu beruhigen. Dabei hätte sie selbst eine Hand gebraucht, die ihr den Schock aus dem Körper strich. Karl verschwand auf seinem Zimmer. Helene hatte den siebzehnjährigen Paul und den fünfzehnjährigen Ludwig abgeholt und in ihre Wohnung gebracht.

Als wäre die Nachricht von Rudis Tod, am Morgen per Telegramm eingetroffen, noch nicht Schreckens genug, verdichteten sich Bestürzung und Fassungslosigkeit mit jeder neuen Meldung, die im Laufe des Tages ins Haus drang. Der 23-jährige Student Rudolf Wittgenstein habe am Abend des 2. Mai 1904 Selbstmord in einem Berliner Restaurant begangen. Er habe sich Zyankali in ein Glas Milch geschüttet, es getrunken und sei wenige Minuten später zusammengebrochen und vor den Augen der anderen Gäste gestorben.

Es fanden sich Abschiedsbriefe, die den Adressaten zugestellt wurden. Den Brief an die Eltern nahm der Vater in Empfang und reichte ihn wortlos an Hermine und Gretl weiter. Rudi schrieb, dass er sich aus Trauer um den Tod eines Freundes umbringe. Ungeschrieben, aber angedeutet war, dass er zu diesem Freund eine homosexuelle Beziehung gehabt habe.

„Was denn noch?“, rief Hermine aus, „was denn noch?!“

Es kam tatsächlich noch schlimmer. Von einem Mitstudenten, dem sich Rudi anvertraut hatte, erfuhren sie, dass ihr Bruder gefürchtet hatte, in der Veröffentlichung einer Organisation, bei der er Hilfe gesucht habe, würden die Probleme eines homosexuellen Berliner Studenten so detailliert geschildert, dass es ein Leichtes sei, ihn als diesen Studenten zu identifizieren. Der Gedanke sei ihm unerträglich; er verabscheue seine „perverse Veranlagung“.

Am Tag darauf berichteten Berliner Blätter von dem spektakulären Selbstmord des Sohns des „österreichischen Eisenkönigs“

und breiteten genüsslich die Hintergründe aus. Zwei Tage später wurden die sterblichen Überreste Rudolf Wittgensteins nach Wien überführt. Er durfte auf keinem normalen Friedhof begraben werden, ein geweihter Gottesacker war keine Ruhestätte für Selbstmörder, die ihr ewiges Seelenheil verscherzt hatten. So musste seine Leiche bei Dunkelheit an einem abgelegenen Ort in die Erde gesenkt werden, einem Friedhof für Selbstmörder und von der Donau angeschwemmte namenlose Leichen. Das war für Karl Wittgenstein die schlimmste Demütigung, schlimmer als Rudis Tod selbst. Er verfügte, dass niemand in Zukunft jemals den Namen dieses Sohnes, der die Ehre der Familie geschändet habe, erwähnen dürfe. Gretl hörte Rudi und sich ihr selbstverfasstes Couplet singen: „Hauptsache, die Fassade bröckelt nicht."

In den darauffolgenden Tagen saßen Gretl und Hermine oft beieinander, meist schweigend. Einmal aber überkam Gretl ein haltloser Zorn und sie musste sich von der Seele reden, was sie dachte: „Er ist schuld. Er ist schuld! Wie kann ein Vater so gefühllos sein und seine Söhne in ein Joch zwingen, in das sie nicht passen. Er hat überhaupt keine Menschen in ihnen gesehen, sondern nur Nachfolger. Männer, die ertüchtigt werden müssen, um die Firma übernehmen zu können. Als Vater hat er vollständig versagt. Was müssen die beiden gelitten haben."

Hermine, die als Karl Wittgensteins Lieblingstochter immer ihren Vater verteidigte, wechselte auch jetzt wieder die Perspektive: „Er hat sich in ihnen geirrt. Außer ihm wusste jeder, dass aus Hans und Rudi niemals Ingenieure und Geschäftsmänner würden. Aber er konnte das nicht akzeptieren. Es passte nicht in sein Weltbild. Beide waren von ihm so verschieden, als hätte er sie aus dem Findelhaus geholt. Und so wie sich Kurt, Paul und Ludwig entwickeln, ist es eher unwahrscheinlich, dass einer von den dreien in seine Fußstapfen treten will. Denk doch auch einmal, welche Enttäuschung es für ihn bedeutet, fünf Söhne zu haben, und alle mit solch einem Mangel an Lebenskraft und Lebenswillen versehen.

Das ist seine persönliche Tragödie. Große Menschen pflegen auch groß zu scheitern."

„Mangel an Lebenskraft? Mining, wie kannst du so etwas sagen. Sie wollten ihre Kraft in etwas anderes stecken als in einen Betrieb. Sie hatten Ideale, Träume. Du redest Vaters Verantwortung klein. Er hat Hans und Rudi in den Selbstmord getrieben, und du windest um seine Schuld noch eine Gloriole edler Größe. Scheitern kann jeder, das ist nicht ehrenrührig, ein moralisches Versagen ist etwas anderes."

„Er bleibt unser Vater, auch nach diesen tragischen Ereignissen."

Hermine sprach aus, was in der Dynastie der Wittgensteins ungeschriebenes Gesetz war: Was immer geschah, Familie blieb Familie, alle Mitglieder auf Gedeih und Verderb einander ergeben und unverbrüchlich loyal.

Aber Gretls Loyalität ging nicht so weit, ihren geliebten Bruder Rudi nach dem Tode zu ächten. Sie sorgte dafür, dass ein schlichtes Holzkreuz mit seinem Namen auf sein Grab gestellt wurde, sie brachte immer wieder Blumen, sie gab wenige Monate später dem gemeinsamen Freund Willy Zitkovsky ihren Hochzeitsstrauß mit der Bitte, die Blüten über Rudis Grab zu streuen. Für sie blieb Rudi lebendig. Und ein Mann von Ehre.

Jedes Jahr gedachte sie seines Todestages, gleichgültig, wo immer sie sich aufhielt. Im Mai 1910 schrieb sie ihrer Schwester Hermine aus Paris: *Zum ersten Mal habe ich vergessen einen Kranz für Rudis Todestag zu bestellen. Das kränkt mich ganz besonders. Meine verfluchte Vergesslichkeit ist unheilbar. Wenn Du oder jemand anders hinausfährt, dann sei lieb + lass einen Kranz für mich bei der Füssel machen.*

An einem seiner Geburtstage schrieb sie Zeilen aus Hofmannsthals Gedicht „Zu einer Totenfeier für Arnold Böcklin" in anmutiger Kalligrafie ab und heftete das Blatt mit Reißnägeln an das Holzkreuz:

Doch du warst solch ein großer Zauberer,
Dein Sichtbares ging fort, doch weiß ich nicht,
Was da und dort nicht alles von dir bleibt,
Mit heimlicher fortlebender Gewalt
Sich dunklen Auges aus der nächtigen Flut
Zum Ufer hebt – oder sein haarig Ohr
Hinter dem Efeu horchend reckt, drum will ich
Nie glauben, daß ich irgendwo allein bin.

Am Tag darauf hatte der Regen die Tinte ausgewaschen.

DAS KLIMT-PORTRÄT

Die Idee stammte von der Mutter. Leopoldine, die sich bei allen Entscheidungen, die im Hause Wittgenstein getroffen wurden, immer im Hintergrund hielt und sich dem übermächtigen Ehemann unterordnete, kam eines Sonntagsmorgens beim Frühstück, das sich im Speisezimmer des Palais gewöhnlich in die Länge zog und oft in einer musikalischen Matinee endete, mit dem Vorschlag, man könne doch ein Bild von Gretl als junge Braut bei Gustav Klimt in Auftrag geben.

Hermine reagierte als Erste: „Der ‚Goldene Ritter' hat uns doch schon ein Vermögen gekostet."

Karl lachte und steckte sich eine Zigarre an: „Aber es hat uns nicht ruiniert, oder?"

Da musste auch Hermine lachen. Sie war stolz darauf, in Kunstfragen immer von ihrem Vater zu Rate gezogen zu werden. Sie war es auch gewesen, die in den Jahren zuvor den Ankauf des Klimtschen „Goldenen Ritters", der „Wasserschlangen" und des „Bauerngarten mit Sonnenblumen" empfohlen hatte. Und zog man die vielen Zeichnungen in Betracht, die aus Klimts Atelier in der Josefstädter Straße in das Palais Wittgenstein in der Alleegasse gewandert waren, konnte man schon von Klimt als bevorzugtem und gefördertem Maler der Familie sprechen. So originell war Leopoldines Vorschlag also nicht, ein Bild bei Klimt zu bestellen.

Aber das Sujet war dann doch eine kleine Sensation: ein lebensgroßes Porträt von Margarethe Wittgenstein. Die Mutter musste sich nicht rechtfertigen, alle wussten, was kaum verborgen hinter ihrem Wunsch stand: Die Tochter, die sich mit einem Amerikaner verlobt hatte, würde vermutlich in absehbarer Zeit Wien verlassen, dann blieb sie wenigstens im Bild gegenwärtig.

Gretl war erstaunt über den Vorschlag ihrer Mutter, die den neuen „Kunstbetrieb", wie sie die Secession nannte, eher verwirrend fand und sich gerne auf die Bereiche zurückzog, in denen sie sich auskannte: das Haus und die Musik. Leopoldine sprang über den Schatten ihrer Bedenken. Spontane Vorbehalte hatte eher Gretl: War ein solcher Triumph der Eitelkeit, wie es ein Porträt von Wiens berühmtestem Maler sein musste, nicht zu selbstverliebt und damit moralisch zweifelhaft? Hatte sie doch schon in ihren sehr jungen Jahren für sich entschieden, dass es nur vertretbar war, Mitglied einer der reichsten Familien Wiens zu sein, wenn man dem Geld etwas entgegensetzte, was nicht käuflich wahr: Gesinnung. Aber sie war auch eine kunstliebende, ja kunstbesessene junge Frau. War es für die nicht das Größte, vom Meister aller Meister gemalt zu werden? Damit trat man doch in das Pantheon der modernen Kunst ein, wurde Teil eines umfassenden Aufbruchs in eine neue Kunstwelt, die sich von der sülzigen Historienmalerei losgesagt hatte.

„Also, liebe Mama, erstens müsst ihr mich nicht wie eine Madonna im Herrgottswinkel aufstellen, wenn ich aus dem Haus ziehen sollte. Und zweitens könnt ihr nicht so ohne Weiteres über mich verfügen. Habt ihr noch nie gehört, dass es eine Tortur ist, Klimt Modell zu stehen, dass er ewig braucht für seine Bilder? Wahrscheinlich feiern Jerome und ich Silberhochzeit, bis ihr das Bild endlich ins Haus geliefert bekommt."

„Ganz abgesehen von den moralischen Gefahren, die für die unschuldige Braut entstehen", kicherte Ludwig. „Man hört doch eine Menge, was Klimt so alles von seinen Modellen erwartet."

Bevor dieses Thema noch weiter erörtert und genüsslich ins Schlüpfrige gezogen werden konnte, gebot Vater Karl Einhalt.

„Gretl, deine Mutter soll mit Klimt reden. Ich halte mich da ganz fein raus." – „Und bezahlst nur die Rechnung", konnte Hermine sich nicht enthalten zu kommentieren. Das mochte ungnädig klingen, war aber nicht so gemeint: Hermine wusste, ein Klimt war eine sichere Geldanlage. Ganz tief in einem wohlverborgenen

Winkel ihrer Seele verbarg sie die Gewissheit, dass sie nie für ein Verlobungsbild Modell stehen würde. Sie war neunundzwanzig Jahre alt, hatte sich in der Rolle als ältere Schwester eingerichtet, die allen Geschwistern Halt, Stütze, Ratgeberin war – eine Rolle, in der ihre Mutter versagte.

Natürlich sagte Klimt zu. Undenkbar, dem generösen Secessions-Förderer Karl Wittgenstein oder dessen Gattin eine Absage zu erteilen. Und Klimt war es ja gewohnt, dass sich die betuchten Industriellen Wiens darum rissen, ihre Gattinnen von ihm porträtieren zu lassen. Jetzt also einmal eine Tochter, ein junges Ding.

Jung war das Fräulein Wittgenstein, gerade 22 Jahre alt, aber ein junges Ding war sie nicht. Schon in diesem Alter strahlte sie etwas Distinguiertes aus, eine Energie, sich über die Niederungen des Alltags (auch in einem prunkvollen Palais strebten die Wände nicht immer zur Decke!) zu erheben und ihren Blick auf das zu richten, was außerhalb der klassischen weiblichen Interessen lag: auf den Erwerb von Wissen, auf philosophische Orientierungen.

Gretl hatte richtig geahnt, dass sich die Fertigstellung des Bildes hinziehen würde. Schon der Beginn verzögerte sich. Zunächst schrieb Klimt einen formvollendeten Brief an seine Auftraggeberin, Leopoldine Wittgenstein: *Hochverehrte Gnädige Frau! Mit größtem Vergnügen bin ich bereit, Ihren Auftrag zu übernehmen, falls ein kleiner Aufschub möglich ist. Vor Mitte März werde ich nicht viel machen können; sollte dies kein Hindernis bilden, so stelle ich mich mit Freude zur Verfügung. Genehmigen Sie; Hochverehrte Gnädige Frau, den Ausdruck vorzüglicher Hochachtung Ihres stets ergebenen Gustav Klimt*

Dann begannen die berüchtigten „Vorstudien" Klimts, in denen er das Modell ins Atelier bestellte, um es zu zeichnen.

Ihre Mutter wollte Hermine als Anstandsdame zu den Sitzungen in Klimts Atelier mitschicken, aber Gretl protestierte energisch: „Ich werde mit dem Mann schon fertig."

Sie litt unter den vielen Sitzungen (gab es nichts Besseres zu tun? Wie viele Bücher man in dieser Zeit hätte studieren können!), aber sie liebte sie auch. Gegen alle Erwartungen verstand sie sich glänzend mit dem grobgeschnitzten Gustav Klimt, wusste sein Geraunze, sein Geschimpfe und Gepolter zu nehmen, seine Einsilbigkeit, seine Empfindlichkeit, seine ironischen Bemerkungen über Künstlerkollegen.

Dame im Medaillon: Margaret, etwa 1910.

Bald entdeckten sie, dass sie beide Georg Christoph Lichtenberg liebten. Zu Beginn jeder Sitzung begrüßten sie sich mit einem Aphorismus aus seinen „Sudelbüchern".

Die gefährlichsten Unwahrheiten sind Wahrheiten mäßig entstellt, sagte Gretl und spielte auf eine Rede des von ihr wenig geschätzten Bürgermeisters Karl Lueger an.

Solche Werke sind Spiegel; wenn ein Affe hinein guckt, kann kein Apostel heraussehen, spottete Klimt über Maler wie Hans Makart.

Wenn er während des Zeichnens in stundenlanges Schweigen verfiel, entschuldigte er sich: *Es gibt Menschen, die reden soviel, daß sie sich auch selbst noch ins Wort fallen.*

Mit der Zeit wurde Klimt auch anzüglicher, spürte er doch, dass sein Modell keineswegs prüde war. Erst fing er harmlos an: *Jeder Mensch hat auch seine moralische backside, die er nicht ohne Not zeigt, und die er so lange als möglich mit den Hosen des guten Anstandes zudeckt.* Und steigerte sich schließlich zu Lichtenbergs bündiger Pferde-Metapher: *Zuweilen schlug er aus, wiewohl nur mit dem Schwanze.* Da hatte er dann doch erwartet, dass das junge Fräulein protestieren würde: „Aber Herr Klimt!" Doch die Dame prustete los und retournierte bei der nächsten Sitzung: *Ihr Unterrock war rot und blau sehr breit gestreift und sah aus, als wenn er aus einem Theater-*

Vorhang gemacht wäre. Ich hätte für den ersten Platz viel gegeben, aber es wurde nicht gespielt.

Nein, das Fräulein Wittgenstein war kein zu Arroganz und Hochnäsigkeit neigendes Töchterchen der Wiener Großbourgeoisie, sondern eine ebenso blitzgescheite wie handfeste junge Frau, eine Frau aber, der er – trotz der schlüpfrigen Lichtenberg-Zitate – besser keine erotischen Avancen machte, geschweige denn weitergehende. Ganz gegen seine Gewohnheit.

Sie respektierte die Ernsthaftigkeit und Geduld, mit der er immer neu nach der idealen Haltung seines Modells suchte, nach der richtigen Perspektive fahndete, sie sitzend, stehend, en face und im Dreiviertelprofil zu fassen suchte, bevor er endlich die Leinwand aufzog und die Ölfarben auf die Palette drückte. Klimt brauchte die lange Zeit, um sich über mehr als technische und ästhetische Entscheidungen klarzuwerden, ihm kam es ja nicht darauf an, ein möglichst naturgetreues Bildnis zu entwerfen, sondern der Persönlichkeit seines Modells gerecht zu werden. Als Künstler verstand er sich als ein Kreator, der teilhatte am göttlichen Schöpfungsakt, auch wenn es sich um ein Auftragswerk handelte, und der Auftraggeber Erwartungen hatte, die man nicht enttäuschen durfte. Er wollte eine Person im Porträt nach seinem Bilde *erschaffen*, dem erahnten und gefühlten Inneren des Menschen Gestalt verleihen. Und eben dieses musste er erst einmal entdecken.

Was er entdeckte, war die Eleganz ihrer Erscheinung, ihre unkonventionelle Schönheit, eine Sicherheit im Auftreten, wie sie Bildung und Geld verleihen. Unerschrockenheit, kühlen Verstand. Was er erahnte, war ein Herz, das jederzeit der größten Empathie fähig war. Passte das alles auf ein Bild?

Die Dame kostete ihn Zeit. Zerknirscht, gleichzeitig auch mit dem Selbstbewusstsein eines Künstlers, der darauf rechnen kann, dass man ihm alles verzeiht, solange er um die Meisterschaft seines Werkes ringt, schrieb er einen Brief an Karl Wittgenstein und bat um Entschuldigung, dass er das Porträt auch nach sechs Monaten noch nicht vollendet habe. Offensichtlich reagierte er darauf, dass Karl Wittgenstein die Fertigstellung angemahnt hatte. *Euer Hochwohlgeboren! Darf ich jetzt noch auf einen Brief antworten, den ich vor sehr geraumer Zeit erhielt? Und darf ich auf ein klein wenig Entschuldigung rechnen, wenn ich sage, daß außer einer krankhaften Schreibscheu, sonst täglich der Umstand, daß mir die Antwort sehr schwer wird, die Verzögerung verschuldet. Die Antwort wird mir schwer, nicht weil das Bild nicht fertig ist, sondern vor allem, weil es noch nicht gut ist. […].* Klimt bat Wittgenstein, das noch unfertige Porträt auf einer Ausstellung in Berlin präsentieren zu dürfen. Ähnlich war er ja zuvor mit dem Porträt seiner Gefährtin Emilie Flöge verfahren, das er ebenfalls noch unvollendet in eine Ausstellung der Secession hineingegeben hatte: die Wünsche der Aussteller kamen in schnellerem Rhythmus, als Klimt malen konnte.

Ich hoffe im Herbst nach Schluß der Ausstellung, das Bild fertig machen zu können und hoffe weiters, daß es als Porträt noch gut werden soll. Ich bitte nochmals um gütige Entschuldigung – die schuldige Antwort hat mein Gemüt sehr belastet. Ihr stets ergebener Gustav Klimt.

Er übte sich in der Rhetorik des reuig in Sack und Asche gehenden Sünders, aber wiederum nicht so, dass er seine Honorarforderungen vergessen hätte: *Ich kann daher nur den jetzigen Curs meiner lebensgroßen Porträts nennen, und der beläuft sich auf ca. 5000 Gulden.*

Das waren 10.000 Kronen, ein Honorar, für das man schon eine kleine Wohnung in Wien kaufen konnte, aber wenn sich jemand einen solchen *Curs* leisten konnte, dann war es natürlich der reichste aller Wiener, Karl Wittgenstein.

EHELICHES GLÜCK, ODER: A SUNNY DISPOSITION

Eine „Muss-Heirat", munkelte man in Wien. Wer heiratete denn bitte an einem Jännertag, der in Wien erwartungsgemäß bitterkalt war, wenn nicht ein besonderer Grund zur Eile mahnte? Die Vermutungen waren falsch. Eigentlich wollten Jerome und Margaret bereits im Sommer 1904 heiraten, aber die Nachricht von Rudis Tod erlegte ihnen eine Trauerzeit auf, mindestens um ein halbes Jahr sollten sie die Hochzeit verschieben. Auch die Zeremonie wurde zurückhaltend begangen, zwar waren am 7. Jänner 1905 alle Familienmitglieder in der Evangelischen Kirche in der Dorotheergasse versammelt; aber die Nasen der Hochzeitsgäste froren zu Stalaktiten, die Beine zu Menhiren, während der Protestant Jerome Stonborough die Katholikin Margherita Anna Maria Wittgenstein zur Frau nahm. Jeromes Verwandte waren eigens aus New York angereist, seine Mutter, seine Schwester Aimee, sein Schwager Will Guggenheim.

Die Braut erwarb mit der Heirat die amerikanische Staatsbürgerschaft, sie nahm den Familiennamen ihres Mannes an und anglisierte ihren Vornamen in Margaret.

Der Pfarrer fasste sich kurz, auch das mittägliche Hochzeitsmahl in der Alleegasse uferte nicht aus, das Paar wollte ja noch am gleichen Tag auf Hochzeitsreise gehen.

Margaret war noch unschuldig, aber sie war aufgeklärt. In ihren Studien in Biologie und Medizin hatte sie besonders die Embryologie fasziniert, die Wissenschaft vom Heranreifen eines Lebewesens im Mutterleib. Sie war sich im Klaren darüber, was in der Hochzeitsnacht auf sie zukam – und es grauste ihr. Den Geschlechtsakt in seiner unerbittlichen Fleischlichkeit fand sie einfach degoutant, unappetitlich. Margaret suchte in allen Lebensbezügen die Spuren des Spirituellen und des Idealen. Hier fand sie sie nicht, auch wenn sie sich gerne eingeredet hätte, dass der Beischlaf ein Akt von Liebe, Hingabe und Vertrauen sei. Das waren falsche Überhöhungen. Die Natur forderte unverblümt ihr Recht, und das war das Recht der Fortpflanzung. Sie kannte sich aus in der Geschichte der Evolution, die auf Reproduktion der Gesellschaft angelegt war.

Vielleicht habe ich mir darum einen älteren Mann ausgesucht, weil ich von ihm Schonung erwarten darf, dachte sie. Jerome machte keinen Hehl daraus, dass er einige Liebschaften gepflegt hatte. Sie war nicht eifersüchtig auf seine Vergangenheit, eher froh, keinem unbedarften Jüngling in die Hände zu fallen.

Mutter Leopoldine hatte dem jungen Paar empfohlen, die ersten Tage nach der Hochzeit im Sommerhaus der Wittgensteins zu verbringen, dem großen Landgut auf der Hochreith im niederösterreichischen Alpengebiet. Da wäre Margaret in einer vertrauten Umgebung und könnte all das Unvertraute, das auf sie zukäme, besser verkraften. Danach könnten sie ja nach Venedig fahren.

Am späten Abend des Hochzeitstages kam das junge Paar auf der Hochreith an. Die Jagdhütte, wie Karl Wittgenstein das Haus gerne abwertete, war für den Winter nur bedingt geeignet. Zwar gab es Kachelöfen, die aber nicht die im ersten Stock gelegenen Schlafräume heizten. Dienstpersonal war vorausgeeilt, bemüht, die Räume zu schönen, mit Blumen, Wein und erlesenen Speisen zu füllen und im Schlafgemach Wärmekissen und Wärmflaschen zu verteilen. Aber an den Fenstern blühten Eisblumen, und der Schnee türmte sich fast bis zu den Balkons im ersten Stock.

Margarets Frösteln ließ sich nicht bannen. Das Seidennachthemd schenkte ihr keine Wärme.

Am Morgen nach der ersten Nacht schüttete Margaret Schwester Mining ihr Herz aus, befleißigte sich dabei aber der Diskretion, die sie als loyale Ehefrau ihrem gerade angetrauten Gatten schuldete. *So ein erster Abend ist wirklich schauerlich. Hoch ist hier wieder Jerome zu preisen gewesen, ich glaube, niemandem ist es leichter gemacht worden wie mir.*

Nach überstandener Hochzeitsnacht konnte sich Margaret wieder den schönen Dingen des Lebens zuwenden: Sie fuhr Ski und gab Jerome Unterricht im Wedeln, sie fuhr Schlitten, sie genoss die herrliche Schneelandschaft zwischen Gippel und Göller. Von ihrer Schwester verabschiedete sie sich in der Schlussformel des Briefes mit einer Innigkeit, die sie für den Ehemann nicht aufbrachte: *Ich küsse Dich, mein Altes, Liebes in Sehnsucht und treuer Liebe, Deine Greti.*

Auch wenn Jerome sich rücksichtsvoll verhielt, gelang es ihm nicht, einen Hauch von sinnlicher Lust in seiner Frau zu wecken. In allen Briefen von der mehrmonatigen Hochzeitsreise klang an, dass Margaret die körperliche Nähe ihres Mannes eher unangenehm war, vor allem, wenn sie ihr nicht ausweichen konnte, wie in der engen Kabine auf dem Schiff, mit dem das Paar von Kairo aus nach Luxor und Assuan fuhr.

In Ägypten schien die Sonne – für Jerome, weil er sich leidenschaftlich für Archäologie und Ägyptologie interessierte. Er konnte Hieroglyphen entziffern und übte sich darin mit nicht nachlassender Geduld. Kannte alle Dynastien der Pharaonen, den Totenkult, konnte allen Zeichen Bedeutung zuweisen und hörte nicht auf, Margaret gelehrte Vorträge zu halten. Sein Dozieren nervte sie zunehmend, sodass sie sich schließlich bewusst von Jerome absetzte und die ägyptische Kunst nachdrücklich ablehnte: *die altägyptischen Ruinen machen mir nicht den geringsten Eindruck + der Nil ist recht langweilig.* Nur als Jerome erreichte, dass ein italienischer Archäologe sie in das im Jahr zuvor von Ernesto Schiaparelli entdeckte Grab der Nefertari, der Gemahlin Ramses' II. einließ, stockte ihr der Atem ob der Schönheit der Wandmalereien, über die die Taschenlampe fuhr: Sie verfolgte mit Staunen die Reise der Königin, die Reise ihrer Seele durch die Unterwelt, begleitet von verschiedenen Göttern in das Reich des Jenseits zu Osiris, Atum, Ptah und Thot. Der hochstilisierten Eleganz vor allem der Frauenfiguren, der Göttinnen und Nefertaris selbst, konnte sich Margaret nicht entziehen. Das war eine subtilere Kunst als die wuchtigen Tempelbauten, der Säulenwald von Karnak oder die Pyramiden, die sie kaltgelassen hatten. Besonders rührte sie eine Szene an der Nordwand der Nebenkammer Ost. Die Königin Nefertari bittet den Schreibergott Thot um Farbtopf und Palette, um jeden Tag die Worte des großen Gottes Osiris niederschreiben zu können. Und an der Westwand bewacht eine Riesenschlange die Schriftrolle Nefertaris mit den Symbolen für Ewigkeit und Dauer. Diese Wertschätzung des Wortes und des Schreibens, die Transzendenz des Glaubens, dass nichts verloren geht und in ewiger Wiederkehr fortlebt, lösten die Aversionen, die Margaret gegen den ägyptischen Totenkult in sich aufgebaut hatte.

Als sie aus dem dunklen und muffigen Grab wieder in das gleißende Tageslicht trat, hatte sie das Gefühl, dass die beschwerliche Reise nach Ägypten, bislang insgeheim verflucht, ein überraschendes Geschenk für sie bereitgehalten hatte.

Ansonsten schien in Ägypten die Sonne für Margaret immer dann, wenn sie Briefe von Zuhause erhielt. Unablässig beteuerte sie Hermine, ihrer geliebten „Herzensalten", wie nah ihr alles sei, was im Elternhaus geschehe, fragte, wie es den Geschwistern gehe, was sich an den Wiener Theatern, der Oper und im Musikleben abspiele: ... *ich bin so unverändert, dass mich jede Zeile die Du schreibst mehr interessiert als Du Dir denken kannst. Ich lebe zu jeder Tageszeit in Gedanken mit Euch in der Alleegasse.*

Wenn sie dann doch einmal das schlechte Gewissen plagte, dass sie in ihren Briefen zu selten ihren Mann erwähnte, zu wenig das Glück der jungen Ehe pries, erreichten Hermine einige enthusiastische Zeilen, aus der die Schwester unschwer herauslas, dass Margaret eher einer schuldigen Pflicht nachkam, als einer empfundenen Begeisterung Worte verlieh: *Es ist rührend wie glücklich Jerome ist, er hört gar nicht auf sich zu verwundern, daß so eine glückliche Ehe möglich ist, dabei ist er ganz verändert und hat jetzt wirklich a sunny disposition. Denk Dir er ist wirklich nicht mehr eifersüchtig und strahlt von Früh bis Abend.*

Von *ihrem* ehelichen Glück – kein Wort.

MILLIONEN WERT

Leopoldine hatte schon einen Blick auf das Bild werfen dürfen, während das Paar auf Hochzeitsreise weilte, und schrieb ihrer Tochter ins Mena-Hotel in Gizeh von ihrem ersten Eindruck, diese antwortete in einem Brief: *Wenn mein Bild wirklich Klimts bestes Porträt ist, so ist das eine sehr große Freude für mich.*

Nach der Berliner Ausstellung brachte Klimt tatsächlich noch Änderungen an, nicht am eigentlichen Porträt, wohl aber am Hintergrund. Der grauen Fläche gab er mehr räumliche Aufteilung und Tiefe, die schon den ornamentalen Stil seiner späteren Porträts wie das der Fritza Riedler und der Adele Bloch-Bauer vorwegnimmt. Im unteren Drittel verleiht eine grüne Fläche dem Kleid Margarets cremefarbene Kostbarkeit, ein dunkler schmaler Balken trennt den dunkelgrünen Mittelteil ab, die weißschimmernden Schultern des Modells werden durch einen farblich genau korrespondierenden hellen Balken unterstrichen, ein konkav gewellter „Heiligenschein" hinter Margarets Kopf durchbricht den streng geometrischen Hintergrund, bunt gepunktet und eingerahmt von goldbraun mäandrierenden Spiralen. So entsteht die Anmutung einer Ikone, einer von den byzantinischen Mosaiken Ravennas, die Klimt 1903 besucht hatte, inspirierten Stilisierung, die eine junge Frau der Erdenschwere enthebt und ihr die Aura eines engelsgleichen Wesens schenkt. Nicht nur ihre Erscheinung, ihre Ausstrahlung sind von bezwingender Helligkeit.

Das junge Ehepaar war gerade von der dreimonatigen Hochzeitsreise zurückgekehrt, als das Gemälde wohlverschnürt in weiße Leinentücher im Palais Wittgenstein eintraf. Die Enthüllung wurde als Familienereignis zelebriert. Das erste Wort stand natürlich dem

Vater zu: „Es ist ein gutes Bild und sein Geld wert." Hermine hatte das zweite Wort: „Wie elegant er dich gemalt hat, richtig mondän. Ein großartiges Porträt." Leopoldine nahm sich Zeit, sagte dann nur: „Schön!" Paul nickte, schnappte sich ein Glas Champagner und verschwand in seinem Zimmer. Chopins zweite Klaviersonate drang durch die offenen Türen in den Salon herüber. Margaret lehnte an Jeromes Schulter: „Ja, doch", äußerte sie sich schließlich. Enthusiastisch klang das nicht gerade. Eher abwartend, erstaunt, unentschieden. Jerome spürte, wie sich die Luft mit explosiven Gasen sättigte und sagte lieber nichts. Ludwig, natürlich Ludwig, der sechzehnjährige Heißsporn, gerade aus Linz zu Besuch, sah nicht den geringsten Grund, mit seiner Meinung hinter dem Berg zu halten. „Gretl, mir graut vor dir! Eine arrogante Lady, mit kleinem Kopf, in dem offensichtlich nichts drinsteckt als Interesse an teuren Kleidern. Hände ineinander verknotet, weißer Schwanenhals, Blick in die unendliche Ferne. Dass du dir nicht ähnlich siehst, ist das einzig Gute an diesem Bild."

„Ach, Lukerl", entfuhr es Leopoldine. Musste denn ihr Jüngster immer alles in den Boden stampfen, was die anderen hochhielten? Ja, vielleicht waren Gretls Augenbrauen zu dicht und zu schwarz, das Kinn zu vorspringend geraten. Aber hatte Gustav Klimt nicht sehr schön Gretls Wesen gefasst, ihre Aufrichtigkeit, ihre Geradlinigkeit, den klaren, optimistischen Blick, den sie der Welt schenkte? Und obwohl sie dieses teure Kleid aus Samt-Moiré trug, ein Modellkleid der Wiener Werkstätte, strahlte sie doch überhaupt nichts Kokettes aus. Sie war eine Dame. War das ein Fehler?

Hermine studierte auch die drei Zeichnungen genau, die Klimt auf Wunsch des Auftraggebers mitgeschickt (und eigens verrechnet) hatte. Die anderen Vorstudien hatte er für sich behalten, an die dreißig sollten es sein. „Schau dir das an, diese Zeichnungen sind Meisterwerke für sich. Auf jeder ist das ganze Bildnis schon enthalten, kein einziges wirkt wie ein Versuch, jedes ist schon ein vollendetes Werk." Hermine redete sich in Begeisterung hinein: „Die größte

Variante ist, dass er spiegelverkehrte Stellungen ausprobiert, aber sonst ist alles schon da: die Haltung des Kopfes, der Fall des Kleides, die Verschränkung der Hände." Sie verglich noch genauer die Zeichnungen und das Bild: „Das einzige, was mir anders erscheint, ist das Oberteil des Kleides. Gretl, sei ehrlich. Das Kleid ist doch nicht so weit ausgeschnitten, dass es die Schultern völlig frei lässt. Es ist anders geschnitten, höher geschlossen. Ich vermute, dass Klimt dich aufgefordert hat, den Ausschnitt herunterzuziehen, damit er deine makellosen Schultern ins rechte Licht setzen konnte." Margaret wurde nicht rot, reagierte nicht wie ertappt. „Nun ja, wir haben mit dem Ausschnitt experimentiert." Jerome runzelte die Stirn. Ludwig grinste befriedigt: gut, wenn sein Schwager wieder Stoff für seine lächerliche Eifersucht fand! „Und jetzt schau dir genau an, was passiert ist: Beim Herunterziehen des Ausschnitts hat sich die Passform des Kleides verschoben, das Oberteil bildet im Rücken eine deutliche Ausbuchtung, und der Latz vorne steht auch viel zu weit ab. Jede Schneiderin würde dir anbieten, den Schnitt zu korrigieren. Aber Klimt hat trotzdem die richtige Entscheidung getroffen: die Schultern sind wichtiger als der perfekte Sitz des Kleides."

Alle lachten, Hermines Ausführungen hatten die Kunstbetrachtung aus kritischer Höhe in die Niederungen der Steppnähte geführt. Jetzt konnte man getrost zum Essen schreiten. „Die Kunst geht nach der Suppe", trompetete Karl. Paul war beim dritten Satz, dem Trauermarsch, angelangt. Margaret fühlte, wie sich ein Schatten auf ihr Gemüt legte: Was hätte Rudi zu ihrem Porträt gesagt? Gerade ein Jahr war es her, dass er sich das Leben genommen hatte, aber wie oft spürte sie ihn an ihrer Seite, als wolle er mit ihr sprechen.

Leopoldine bestand darauf, dass das Bild im Roten Salon des Palais auf einer Staffelei ausgestellt wurde, wo es den Blick aller Besucher unweigerlich auf sich zog. Und natürlich fühlten sich alle Gäste des Hauses Wittgenstein bemüßigt, das Bild zu bewundern. „Das Fräulein hat die Anmutung eines Adagio sostenuto, aber das Kleid knistert ganz appassionato", witzelte ein angehender Komponist. Ein anderer Musiker stimmte spontan „Wir winden dir den Jungfernkranz" an, wurde aber von Margaret lachend korrigiert: die Seide sei nicht veilchenblau. „Und Jungfer stimmt ja wohl auch nicht mehr", war die schlagfertige Antwort.

Jerome schaute grimmig drein, wenn so über seine junge Frau verhandelt wurde – auch wenn es nur um ihre gemalte Erscheinung ging. Nur gut, dass sie bald nach Berlin ziehen würden, wo keiner den Namen Wittgenstein kannte.

Nach dem Tod der Eltern gelangte Klimts Bild in Margarets Besitz. 1960 verkaufte es ihr Sohn Thomas Stonborough an die Neue Pinakothek in München.

Zu literarischen Ehren hat Thomas Bernhard den Bildern der Wittgensteins in seinem Drama „Ritter, Dene, Voss" verholfen, wenn er Voss (das alter ego Ludwig Wittgensteins) lamentieren lässt:

Darunter haben wir immer gelitten
Unter diesen häßlichen Bildern
Die Bilder sind ein Vermögen wert
Ein Millionenvermögen
Aber sie sind häßlich
Einmal sind sie mehr
Einmal weniger in der Mode
Aber sie sind immer Millionen wert
Wie häßlich diese Bilder sind [...]
Die Künstler mißbrauchen alles
Schamlos malen sie für Millionen
Eine Unerträglichkeit nach der andern.
Eine musikalische Familie
wie immer gesagt worden ist
das ist in keinem dieser Bilder
auch nur angedeutet
Malen lassen
Das geisterte in ihren Köpfen herum.

SCHWER GEMÜTLICH

Im April 1905 zog das junge Paar nach Berlin. Jerome hatte ein chemisches Labor gefunden, in dem er arbeiten wollte.

Margaret hatte sich eine 10-Zimmer-Wohnung in der Nähe des Tiergartens ganz im Stil der Wiener Werkstätte von Josef Hoffmann und Kolo Moser ausgestalten lassen. Das Mobiliar war ein generöses Hochzeitsgeschenk des Vaters gewesen, der hatte tief in die Tasche langen müssen: für den Preis der Einrichtung hätte man drei komplette Häuser ausstaffieren können. Kolo Moser war eigens nach Berlin gereist, um den Einbau der Möbel zu überwachen, damit ja kein eingeschmuggeltes Biedermeierstockerl die geometrisch-vertikale Geschlossenheit des Stils störte. Nur Bilder der Secessionisten waren erlaubt, davon hatte Margaret schon so viele gesammelt, dass sie die Wände damit hätte tapezieren können. Ausgewählte Kunstobjekte der Werkstätte wurden auf Stelen in den Räumen verteilt, jede Obstschale, jede Vase so lange auf Schrankablagen, Tischen und Tischchen hin- und hergeschoben, bis der äußerste Grad an Vollkommenheit erzielt war. Hier, nur hier gehörte das Objekt hin, weil sich dann eine makellose Harmonie erfüllte.

Ludwig wurde im Mai 1905 nach Berlin geschickt, damit er sich von einer chronischen Erkältung erhole. „Oh Gott“, sagte er nur, als er in den Salon trat. „Oh Jesus!“, stöhnte er, als ihm seine Schwester stolz das Damenzimmer, das Herrenzimmer, das Speisezimmer, die Gästezimmer vorführte: alle in schwarz-weißer Geometrie ausgeführt, als sei die gerade Linie als Maß aller Dinge eben erst entdeckt worden. Nur im Salon hatte sich Kolo Moser einige dekorative Elemente erlaubt und den Sitzmöbeln Bezüge aus geblümtem Chintz zugestanden.

„Findest du nicht, dass es schwer gemütlich geworden ist?“,

fragte Margaret in einem Ton, der eine Antwort überflüssig machte. Ludwig nickte, war aber sicher, in dem furchterregenden Kastenbett im Gästezimmer kein Auge zutun zu können. Als Jerome aus dem Labor kam, trug Margaret Essen auf, das sie selbst gekocht hatte, Grießnockerlsuppe, Rindsbraten in Rotweinsauce mit Knödel und Apfelstrudel, alles köstlich. Wenn nur nicht Besteck, Geschirr und Gläser auch Produkte der Wiener Werkstätte gewesen wären, konsequent durchgestylt und abartig unpraktisch. Ludwig hätte am liebsten noch alle römischen Götter angerufen, um sie als Zeugen für die Abgründe menschlicher Verirrung anzurufen, stattdessen versuchte er, wenigstens kleine Bröckchen Fleisch aufzuspießen, was akrobatische Fähigkeiten erforderte, da die Gabelzinken nicht gebogen, sondern wie Miniatur-Dreizacke gefertigt waren: Man musste sie wie einen Faustkeil in die Hand nehmen und von oben herab in das Fleisch rammen.

„Lukerl, trinkst du ein Glas Wein mit uns?", fragte Margaret und stellte eine zierliche Karaffe auf den Tisch. Auf dem Glas prangten Halbedelsteine. „Ich glaube, ich bin müde", winkte Ludwig ab.

„Wie kann ein junger Bursche von 16 Jahren müde sein?", brauste Jerome auf.

„Er hat eine lange Zugfahrt hinter sich", verteidigte Margaret ihren schniefenden Bruder.

„Als ich so alt war wie du, habe ich die Nächte durchgetanzt."

„Wer hat denn mit dir tanzen wollen?", hätte Ludwig am liebsten zurückgefragt, aber dann wäre die Hölle los gewesen. Jeromes Jähzorn war berüchtigt. Margaret hob erstaunt die Augenbrauen: Nie hatte Jerome mit ihr getanzt, Tanzen habe er nicht gelernt, sorry.

Ludwig stand einfach auf, wünschte eine gute Nacht und verschwand im Gästezimmer. Hier, in diesen Ausstellungsräumen, in denen an allen Möbeln und Objekten nur die Preisschilder fehlten, bei einem Schwager, der sich als jugendlicher Hansdampf aufspielte, sollte er sechs Wochen verbringen und sich erholen: nie und nimmer! Da war er in Wien ungestörter.

Am nächsten Morgen saß er mit seiner Schwester allein am Frühstückstisch. Das Dienstmädchen hatte Brötchen und Käse und Kaffee und Obst auf den Tisch gestellt, auch Wurst, die merkwürdig grau aussah: Leberwurst, das sei hier eine Spezialität.

„Luki, was meinst du, heute Abend könnten wir in die Philharmonie gehen; Arthur Nikisch dirigiert Tschaikowski und Chopin."

„Ich huste ja nur den ganzen Saal voll – ich meine: leer."

„Ja, dann werde ich jetzt zu meiner Arbeit abdampfen. Weißt du, man lässt mich hier in einem histologischen Labor arbeiten, obwohl ich keine Matura habe."

„Was ist histologisch?", fragte Ludwig.

„Gewebelehre. Ich schaue durchs Mikroskop und lerne, gesundes von krankem Gewebe zu unterscheiden. Irrsinnig aufregend. Luki, hier sind Schlüssel und Stadtplan. Wir sehen uns am frühen Abend."

Nach sechs Tagen bei Schwester und Schwager brach Ludwig wieder nach Wien auf. Die Berliner Luft bekomme ihm überhaupt nicht. Er würde noch mehr husten und röcheln als vor seiner Ankunft. Margaret schrieb ihrer Mutter enttäuscht: *Ich hatte mich so gefreut Dir Luki recht gut aussehend zurück zu schicken und nun muß ich auf diese Freude verzichten, denn sein Halsweh hat ihn doch etwas hergenommen.*

Sie konzentrierte sich auf ihre Studien, die sie begeisterten. Weniger entzückt war sie von ihren Kommilitoninnen, die so gar nicht in ein gehobenes akademisches Milieu passten: *Die Frauenzimmer sind mit einer Ausnahme ekelhaft. Es sind deren 10, 6 davon sind russische Jüdinnen. Schmutzig, schlampig, meistenteils unanständig durchsichtig angezogen. Ein anderer Teil trägt kurzes Haar und ignoriert die Männer vollständig. Schließlich gibt es noch welche, das sind die blonden Deutschen, die tun nichts als grinsen. Natürlich im Verkehr mit den Männern ist keine. Sie sind auch alle arme kleine Hascherln, schiech und armselig.*

Bald schon war sie der wenig standesgemäßen und uncharmanten Gemeinschaft ihrer Mitstudentinnen enthoben. Sie wurde schwanger, fühlte sich nicht wohl und gab ihr Praktikum auf. Anders als viele junge Frauen dieser Zeit wusste sie detailliert Bescheid, wie eine Schwangerschaft und eine Entbindung abliefen – und es schüttelte sie vor Angst. Sie versuchte sich von der ästhetischen Beleidigung eines unförmigen Leibes abzulenken (*Ich bin sehr häßlich geworden*) – und was vermochte eine Margaret Stonborough besser auf andere Gedanken bringen als die Kunst? Zeitverzögert regte sich ja auch in Berlin ein secessionistischer Geist, der die alte Historienmalerei in museale Kellergewölbe verbannte. Sie lernte den Galeristen Paul Cassirer kennen, der zum ersten Mal die französischen Maler des Impressionismus nach Berlin brachte, freundete sich mit Hugo von Tschudi, dem Leiter der Nationalgalerie, an, der ständig mit Seiner Hoheit Wilhelm II. im Clinch lag, weil er sich für die Moderne einsetzte, die nicht eben des Kaisers Geschmack war. Sie kaufte Gemälde von Cuno Amiet, Maurice Denis, Émile Bernard und den Nabis-Künstlern um Paul Sérusier. Die Wände in ihrer Wohnung hingen ja schon voll, aber dann wurde eben umgeräumt, neue Bilder verdrängten die Wiener Secessionisten.

Zu Weihnachten 1905 fühlte sie sich so entstellt, dass sie nicht mehr das Haus verließ. Sie erging sich in Heimweh nach Wien, erinnerte sich an die strahlenden Festivitäten in der Alleegasse, von denen sie heuer ausgeschlossen war. Jerome war keine Hilfe, er verstand nicht, wie ihr zumute war. Ob sie sich denn gar nicht auf das Kind freue? „Doch, doch", versicherte sie schwach. Auf ihr Nachtkastl legte sie einen Zettel mit der Inschrift: SEI RECHT TAPFER! Vor dem Schlafengehen wuchsen ihr Kräfte zu, der Schlaf aber gebar Ungeheuer, sie fühlte, wie ein monströses Wesen, das einem Bild Hieronymus Boschs entsprungen schien, sie von innen auffraß, ihren Magen, ihre Leber, ihre Nieren mit gierigen Zähnen zerfleischte, Fett troff von den Lefzen des infernalischen Untiers, die Augen glühten im Feuer, Gestank breitete sich aus. Sie schrie und wachte vom Schreien auf, ihr Nachthemd durchnässt von kaltem Schweiß. Sie würde ein Teufelskind gebären. Jerome ahnte nichts von ihrem nächtlichen Ringen mit den unseligen Geistern, er schlief in seinem Zimmer den Schlaf der Seligen und stärkte sich morgens an den Orangen, von der Köchin in die Obstschale gelegt, damit die Schwangere Vitamine zu sich nahm.

Wie eine sich selbst erfüllende Prophezeiung war die Geburt tatsächlich schwierig und schmerzhaft, zog sich über zwei volle Tage hin, bis endlich am 9. Jänner 1906 der Sohn Thomas geboren wurde. Er war blond und rosig, zeigte nirgends Teufelshörnchen. Seinen vollen Namen hörte er vermutlich nur einmal in seinem jungen Leben: in der Kirche bei der Taufe. Danach hieß er nur noch Tommy. Für seine Mutter wurde er der „Herzpinkel“.

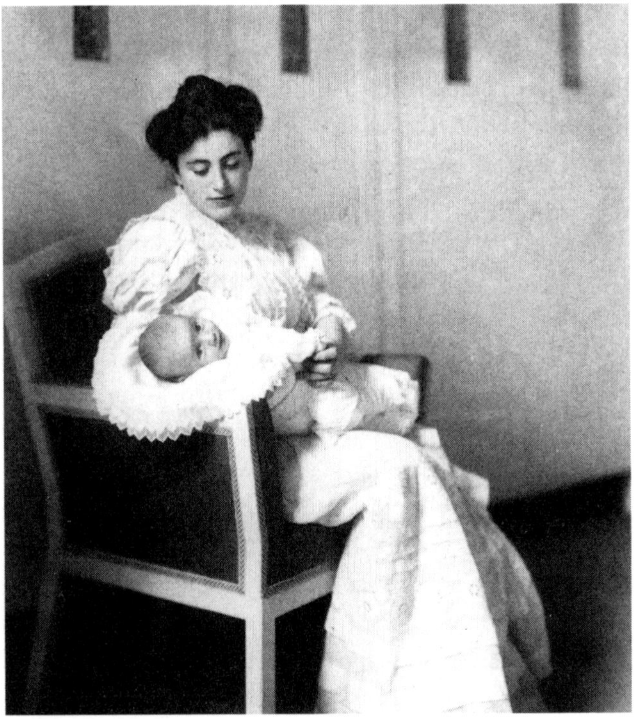

Margaret mit Klein-Tommy, dem „Herzenspinkel“.

„... DIE FRAUEN SIND AUCH NETT, ABER VIECHSDUMM"

Ich komme mir vor wie auf einem anderen Planeten, schrieb Margaret ihrer Schwester im Frühjahr 1907 aus Amerika. Jerome hatte darauf gedrängt, endlich seine Familie in New York zu besuchen. Bei der Hochzeit im Jänner 1905 waren alle nach Wien gekommen, jetzt war es Zeit, endlich den Gegenbesuch abzustatten und den kleinen Sohn Tommy vorzustellen.

Karl Wittgenstein hatte die Verbindung seiner Tochter Margarethe zu Jerome Stonborough mit Wohlwollen gesehen, nicht, weil ihm sein Schwiegersohn besonders sympathisch gewesen wäre. Der Geschäftsmann Wittgenstein sah immer durch die Brille möglicher ökonomischer Erfolge, in dieser Perspektive war der Amerikaner eine vielversprechende Wahl, war er doch mit der New Yorker Familie Guggenheim verschwägert. Auch wenn sich Karl Wittgenstein bereits aus den aktiven Geschäften zurückgezogen hatte, hoffte er doch auf Verbindungen, die sich zum schönsten Nutzen aller entwickeln könnten, ein österreichisch-amerikanisches Joint Venture zweier kapitaler Imperien.

Karls Hoffnungen, über die Familienbande könnten sich andere Bande knüpfen, liefen schnell ins Leere. Zwar waren beide Familien deutsch-jüdischer Abstammung, die Stonboroughs hatten ihren deutschen Namen Steinberger anglisiert, die Wittgensteins sich nach ihrer Herkunft aus dem Wittgensteiner Ländchen bei Laasphe benannt, beide Familien waren zum protestantischen Glauben übergetreten, in beiden gab es ein Interesse an Kunst, das Karl Wittgenstein früher, Solomon Guggenheim später als großzügiger Mäzen auslebte. Aber Jerome war kein Geschäftsmann, sein Verhältnis zum Geld war einfach: Man hatte es, doch man musste es nicht

Die Stonboroughs: Margaret und Jeromes Mutter Delia mit Tommy, Jerome und Schwester Aimee, 1907.

durch unternehmerische Aktivitäten maximieren.

Margaret war wenig angetan von diesem anderen Planeten. New York beeindruckte sie, aber nicht so, dass sie in Staunen und Jubel ausgebrochen wäre, obgleich sich Will Guggenheim und Jerome alle Mühe gaben, die Begeisterung für eine Stadt zu wecken, die bereits zwei Millionen Einwohner hatte. Will besaß einen eleganten, aus England importierten Rolls-Royce, mit dem sie der Chauffeur in Manhattan herumkutschierte, die Fifth Avenue rauf und runter, wo sich die neuen Industriemagnaten ihre Häuser nach dem Vorbild von Loire-Schlössern bauen ließen, an die Kreuzung Broadway, Fifth Avenue und 23. Straße, wo der erste Wolkenkratzer, das Flatiron Building seinem Namen „Bügeleisen" alle Ehre machte, vorbei an den vielen Kirchen, allen voran an der St. Patricks Cathedral, zur Metropolitan Opera und natürlich in den Central Park. Dort zwitschern die Vögel auch nicht anders als im Volksgarten, dachte Margaret, so viel Tamtam musste man darum nicht machen. Natürlich war in Manhattan alles größer, imposanter – und viel geschmackloser. *Die Stadt hat fast gar keine local colour. Ein Conglomerat von Architecturen, wie die Einwohner ein Conglomerat von Völkern sind.* Es gab Gegenden, die der Chauffeur tunlichst mied, weder hätte er sich durch die engen, drangvoll mit Fußgängern verstopften Straßen von Little Italy gewagt, dem Bezirk der armen Einwanderer aus Italien, wo Typhus und andere Krankheiten grassierten, und schon gar nicht nach Harlem, ins Ghetto der Schwarzen jenseits der 125. Straße.

Es waren die Menschen, mit denen Margaret nicht zurechtkam. Im Haus ihrer Schwägerin widerte sie der ausgestellte Reichtum an. Die Wiener Art und Weise, Wohlhabenheit zu verbergen, indem man sie mit Kultur bekleidete, wurde in diesen Kreisen nicht geübt: Hier zeigte man, was man hatte, offen, nackt, einschüchternd, brutal. Hermine schrieb sie: *Aber weißt Du, wenn jemand glaubt, dass dieser Reichtum Neid erregend wirkt, dann irrt er sich; man kann sich ja auch einen goldenen Nachttopf mit Brillanten kaufen, für diese Dummheiten gibt es eben keine Grenzen.*

Im Salon des Hauses Guggenheim hing an der Wand ein überlebensgroßes Porträt Aimees. Peinlich, peinlich – empfand Margaret. Man stellte sich nicht selbst aus. Wenn es wenigstens von einem großartigen Maler wie John Singer Sargent gemalt wäre. Das ganze Haus war vollgestopft mit Nippes, teuer und abgeschmackt. Margaret hielt sich mühsam zurück, die amerikanische Verwandtschaft zu kritisieren. Sie waren ja alle „lieb", die Schwiegermutter war lieb, Aimee war lieb, Wills Brüder waren lieb, und wenn sie nicht lieb waren, dann *fein und nett,* diese Attribute würden die Herren goutieren, nicht ahnend, dass sich in den freundlichen Worten Margarets ganze Verachtung bündelte.

Trotzdem kamen die Männer noch halbwegs gut weg, bei der Charakterisierung der amerikanischen Frauen griff Margaret zu schwererem Kaliber: *… die Frauen sind auch nett, aber viechsdumm.* Die hatten nichts im Kopf als die letzte Hutmode, Probleme mit den Dienstboten, Teegesellschaften, Shopping. „Waren Sie schon bei Macy's? Da müssen Sie hin. Allein die Blumendekorationen im Innern übertreffen alles, was Sie jemals gesehen haben." – „Wir waren in der Met. Enrico Caruso hat gesungen. Stellen Sie sich vor: Caruso!" – „Was hat er denn gesungen?" – „Irgendeine italienische Oper, die Premiere war ein gesellschaftliches Ereignis."

Sollte sich tatsächlich einmal ein Vakuum auftun, keine Oper, kein Konzert, kein Ball, dann gab es eine Fülle von Wohltätigkeitsveranstaltungen. In die Kirche gingen die Stonboroughs und Guggenheims nicht, bei den Charity-Veranstaltungen waren sie immer vertreten.

Aimee nahm ihre Schwägerin zu einem Benefiz-Konzert mit. Den guten Zweck, dem die sündhaft teuren Eintrittsgelder zugutekamen, hatte sie vergessen, dass es aber um etwas Wohltätiges ging, wusste sie genau. Rotes Kreuz oder behinderte Kinder, ein Hospital oder die Pfadfinder, Waisenhäuser oder Suppenküchen für die Armen, alles verdiente den offenen Geldbeutel der Gutbetuchten. Das Konzert im New Lyceum Theatre an der 45. Straße sollte vor allem die deutschen und österreichischen Einwanderer ansprechen. „Das wird dir gefallen", versprach Aimee. Die beiden Frauen warfen sich in Schale. Natürlich hatte Margaret mehrere Abendroben mitgebracht, sie liebte Seidenkleider ohne viele Applikationen, aber raffiniert geschnitten. Aimee brauchte zweieinhalb Stunden, bis sie sich als ausgehfertig ansah, Jeromes Mutter Delia gesellte sich zu ihnen, Jerome und Will zogen einen Herrenabend im Club vor. Margaret schlug vor, mit der erst seit Kurzem eröffneten Untergrundbahn zu fahren – Aufschrei der beiden Amerikanerinnen: dann könne man ja gleich sein Testament machen: Was sich in diesen Bahnhöfen unter der Erde für ein Volk herumtreibe! Der Chauffeur brachte sie zum Theater, das als Lichtwunder aus der Umgebung herausragte: Es war das erste Theater in New York, das im gesamten Gebäude mit elektrischer Beleuchtung ausgestattet war, dafür hatte Thomas Alva Edison höchstpersönlich gesorgt. Im Foyer waren Tische mit Bergen von Kuchen ausgestellt. Der Kaffee war lauwarm und ein rechtes G'schlader, wie Klimt ein dünnes Gebräu immer genannt hatte, erinnerte sich Margaret. Die Frauen hinter den Tischen, alle stark geschminkt und in rosa Kostüme gekleidet, fabrizierten die Kuchenstücke mit enthusiastischen Entzückensrufen auf die Teller, als sei ihnen ein akrobatisches Meisterstück gelungen: Here you are! Margaret fühlte sich sehr fremd, sehr europäisch, sehr österreichisch. Dabei stand sie erst am Anfang ihrer Irritationen: Als ihr jemand den Programmzettel des Konzerts in die Hand drückte, fiel sie beinahe in Ohnmacht: Das stellte man sich hier also unter einem österreichischen Musikabend vor: „An der schönen blauen Donau", einen „Ungarischen Tanz" von Brahms, einen Satz aus Haydns „Symphonie mit dem Paukenschlag" und nach der langen Pause, in der Cocktails gereicht wurden, natürlich, natürlich Mozarts „Kleine Nachtmusik". Als Zugabe noch einmal Johann Strauß, „Wiener Blut".

„Wie fandest du es?", fragte Aimee hinterher, offensichtlich beschwingt und in Walzerlaune ihre Schwägerin unterhakend. „Hm", sagte Margaret und überlegte für einen kurzen Augenblick, ob sie eine Tirade loslassen oder schweigen sollte. Aimee sah die Missbilligung in Margarets Gesicht und kam ihr rasch zuvor: „Aber es war für einen guten Zweck." Für welchen, wusste sie immer noch nicht.

„Und das alles auch noch sauschlecht gespielt", antwortete Margaret, als Jerome fragte, wie es gewesen sei. „Kannst du dir vorstellen, dass Gustav Mahler in dieser Stadt glücklich wird?" Gerüchten zufolge sollte Mahler ein Angebot von der Metropolitan Opera erhalten haben und sich ernsthaft mit dem Gedanken tragen, nach New York zu wechseln, zermürbt von den Querelen an der Wiener Staatsoper.

Auch das New Yorker Theaterleben wurde in Margarets Berichterstattung nach Hause gnadenlos zerrupft: *Im Theater waren wir schon 3mal. Nie habe ich so einen Dreck + ein so anspruchsloses Publikum gesehen*, schrieb sie ihrer Mutter. Das Gefälle vom Burgtheater zu den Vaudeville-Theatern in Manhattan war ihr schwer erträglich.

Das Schlimmste war, dass Jerome in New York nachgerade auflebte. Er, der nach Europa gegangen war, um dort seine Bildung zu erweitern, der sich in der deutschen Literatur und Musik auskannte, in Medizingeschichte und Archäologie, regredierte zum „typischen" Amerikaner. Je eitler das Gebaren seiner Verwandten, je protziger das Getue, je oberflächlicher das Geschwätz – Jerome schien es nicht zu kümmern, im Gegenteil: Er schwenkte ein in die gleiche Schiene der Nichtigkeiten. Margaret hatte immer Heimweh nach Wien, in Amerika wusste sie wenigstens warum: In Wien gab es auch törichte Menschen, aber da konnte sie ihnen entfliehen, da musste sie nicht ständig ein strahlendes Gesicht machen und alle zwei Minuten „How beautiful, how lovely" absondern. Hermine musste sich ihr abschließendes Urteil brieflich zu Gemüte führen: *Die Menschen, die ich kennengelernt habe, sind so wertlos, dass ich beim besten Willen nichts von ihnen erzählen kann.*

Tommy erlebte eine großartige Zeit. Kleinkinder zu verwöhnen, schien eine amerikanische Leidenschaft. Wann immer Margaret in sein Kinderzimmer kam, hielt ihr der Knirps seine neuesten Errungenschaften entgegen, meistens abscheuliche Plüschtiere. Das Essen, das man dem Zweijährigen vorsetzte, entsetzte die Mutter: dicksämiges Porridge und immerzu in Öl ausgebackene Kartoffelstäbchen. Margaret bestand darauf, dass Tommy nur noch das essen und trinken dürfe, was sie ihm kochte oder hinstellte. Das führte zu einer heftigen Verstimmung bei Aimee, die ihr vorhielt, dem Kind alles Wohlschmeckende zu verweigern. Habe denn schon jemals einer behauptet, Kartoffeln seien ungesund?

Margaret antwortete ruppig, dass es sie nichts angehe, wie sie ihren Sohn aufziehe: *My dear that is none of your business.*

Das erzürnte Jerome: „Kannst du nicht endlich ablassen von deiner österreichischen Überheblichkeit. Alle meinen es doch gut mit uns. Du bist undankbar."

Bin ich, dachte Margaret. An manchen Tagen packte sie tatsächlich die Reue ob ihrer Arroganz. War das, was sie als amerikanische Oberflächlichkeit brandmarkte, nicht eine andere Art von Wohlerzogenheit? Den Nachbarn nicht mit dem eigenen Grant zu belästigen, sondern ihn durch Fröhlichkeit und Freundlichkeit anzustecken, in der gleichen Münze heiterer Sorglosigkeit zurückzuzahlen? Das mochte aufgesetzt und völlig unverbindlich sein –

aber erleichterte es den zwischenmenschlichen Alltag nicht ungemein? Steckte unter der Oberfläche nicht ein tiefes Wissen, wie menschliche Gemeinschaft funktionierte – seit den Pilgervätern? Und wenn man sich darauf einließ, dass das Leben eitel Sonnenschein war, wurde es vielleicht tatsächlich etwas heller als in Wien, wo die Menschen es liebten zu sudern, zu granteln, zu raunzen und zu matschkern und jeden Tag novembrig erscheinen zu lassen.

Es fehlt mir wie immer an Demut, gestand sich Margaret ein.

Eines Abends saß die Familie im Salon, Jeromes Mutter war da, zwei Brüder Will Guggenheims, Aimee, ein Cousin Stonborough. Die Damen tranken Sherry, die Herren Whiskey. Auf dem Tisch lagen in barocken Silberschälchen die vermaledeiten Kartoffelchips, die hätte man, wäre es nach Margaret gegangen, besser auf Pappdeckeln serviert, genauso schmeckten sie ja.

Die Männer sprachen von Geschäften, die Damen von Babyausstattung, Aimee war schwanger. Margaret horchte auf, als Will mit etwas erhobener Stimme Jerome ansprach: „Wie ich das verstanden habe, bist du im Augenblick arbeitslos – ein beneidenswerter Zustand. Aber nach einer Weile muss es ja weitergehen. Vielleicht trifft es sich ja günstig, dass die Firma Guggenheim gerade dabei ist, eine neue Gesellschaft zu gründen. Der Bedarf an Kupfer in der Welt steigt rapide an, die Guggenheim'schen Minen beliefern inzwischen 70 Prozent des Weltmarkts. Eine neue Gesellschaft soll sich der Suche nach neuen Minen und deren Ausbau widmen. Ich habe mit meinen Brüdern gesprochen, hättest du nicht Lust, Vizepräsident der neuen Gesellschaft zu werden?"

Jetzt hörten plötzlich alle zu, auch das Gespräch über blaue und rosa Babypatschen verstummte. „Der Sitz wird hier bei der Mutterfirma in New York sein. Das Gehalt ist nicht schlecht." Damit beugte sich Will vor und schien Jerome eine Summe ins Ohr zu flüstern. Nach Jeromes Reaktion zu schließen, musste der Betrag gigantisch sein.

Margaret erstarrte. Um Gottes willen, wenn Jerome zusagte, müssten sie nach New York ziehen. Sie müssten hier LEBEN. Zehn Tage Schiffsreise von Europa entfernt. Mit dieser schrecklichen Stonborough-Guggenheim-Mischpoke. Da sei der Himmel vor!

Will lehnte sich selbstgefällig in seinem Sessel zurück, als habe er seine arme europäische Verwandtschaft vor dem Ruin gerettet. Jerome lachte und klopfte Will auf den Oberschenkel: „Danke, alter Freund. But you know: business is not my business. Da bekämt ihr einen Hampelmann als Vice-President. Aber ich will es mir trotzdem überlegen."

„Dein Vater würde sich freuen", sagte Jerome abends, als er mit seiner Ehefrau alleine war. „Davon hat er doch immer geträumt."

„Du willst mich nur ärgern."

Ich möchte hier nicht begraben sein, so unsympathisch ist mir das Milieu, in dem wir hier leben.

Margaret war erleichtert, als Jerome, Tommy und sie nach mehr als dreimonatigem Aufenthalt am 17. Juli 1907 den Pier zur „Auguste Victoria" hinaufgingen, mit der sie New York in Richtung Hamburg verließen. Für sie begrüßte die Freiheitsstatue nicht nur Neuankömmlinge, sie konnte auch Rückreisende in die Freiheit entlassen.

MIT HEISSEM BEMÜHN

Nach dem Besuch in Amerika wollte Jerome nicht nach Berlin zurückkehren. Margaret musste sich an den Gedanken gewöhnen, einen Ruhelosen zum Mann zu haben, den es nirgends lange hielt, immer war er auf der Suche nach neuen „Impulsen", immer nach kurzer Zeit unzufrieden. So musste seine Frau, bald auch seine Familie, lernen, mit der Belastung ständiger Umzüge umzugehen.

Kaum hatte Margaret mit der ihr eigenen Energie in einer neuen Stadt eine Wohnung eingerichtet und zu einem ästhetischen Kunstwerk wie zu einem österreichisch-gemütlichen Heim gestaltet (beides zusammen gelang wohl nur ihr), schielte Jerome schon wieder in wissenschaftlichen Journalen nach Stellenangeboten oder ließ sich von Universitäten Studienpläne und Lehrangebote schicken.

Alle in der Familie bedauerten Gretl, manchmal stimmte sie in das Stöhnen ein. Aber in ehrlichen Stunden wusste sie, dass auch ihrem Naturell die Wanderschaft entsprach. Jeder Wechsel eines Wohnorts bedeutete einen neuen Lebensentwurf, mit jeder neuen Wohnung richtete sie ihren seelischen Haushalt neu ein, entdeckte die Lust des Konjunktivischen: ich könnte, ich würde, ich möchte. Eine neue Stadt war eine Terra incognita, in der es nicht nur Straßen, Häuser, Bahnhöfe und Museen zu entdecken galt, sondern Träume, Chancen, Aussichten, Erkundungen neuer Wege. Alle ihre Bekannten sahen sie als einen Menschen an, der stets die Wirklichkeit bei den Hörnern packte, nur sie wusste insgeheim, dass sie ein Möglichkeitsmensch war, dass sie Begrenzungen des realen Lebens von sich warf wie lästiges Zaumzeug.

Der Nachteil war nur, dass sie sich immer in Neues stürzte, es konsequent vorantrieb, aber nicht zu Ende führte. Überall hinterließ sie abgeschnittene Fäden. Manchmal betrachtete sie erstaunt die

Textur ihres jungen Lebens, die kein Muster ergab. Sie ergriff Okkasionen, ließ sie aber auch wieder fallen. Das musste sich ändern.

1907 zog es Jerome nach Zürich, um dort mit Richard Willstätter, Professor für Allgemeine Chemie am Eidgenössischen Polytechnikum, zusammenzuarbeiten. Margaret und der kleine Tommy zogen mit in die Registerstrasse 55. Aber jetzt wollte sich Margaret nicht mit der ihr zugedachten Rolle als junge Mutter bescheiden, sie wollte endlich studieren. Die Zürcher Universität hatte als eine der ersten Hochschulen den Frauen ihre Pforten geöffnet. Das Polytechnikum, von den Studenten liebevoll „Poly" genannt, an dem Margaret gern Naturwissenschaften belegt hätte, bestand auf einer klaren Maßgabe: *[...] daß die jetzigen Studierenden ihre Studien und Prüfungen nach den bestehenden Studienplänen und Regulativen zu absolvieren haben.*

Und diese Regulative sahen eindeutig die Maturitätsprüfung als Eingangsvoraussetzung vor, die Margaret Stonborough nicht vorweisen konnte.

Sie stürzte sich in das Abenteuer, als 25-jährige Ehefrau und Mutter das nachzuholen, was ihr in der Kindheit vorenthalten geblieben war: eine systematische Gymnasialbildung. Geschichte und Geografie nachzuholen war ja ein Klacks, Englisch und Französisch beherrschte sie elegant, aber die Fächer, auf die es ihr ankam, mussten gestrebert werden: Mathematik, Physik und Chemie. Da fehlte es nicht an Grundlagen, aber an höherem Wissen. Abends, wenn Tommy im Bett lag, nahm sie Stunden bei Privatlehrern, vertiefte sich in Exponentialfunktionen in der Algebra und Vektorrechnung in der Geometrie, in die Newtonsche Mechanik und Keplers Sonnensystem, ließ sich von Jerome das Periodensystem und die Struktur und Eigenschaften molekularer Stoffe abhören. Wie ein Kind, das von einem zum anderen Tag gelernt hat, Fahrrad zu fahren und entdeckt, dass es seinen Bewegungsradius um ein Vielfaches erweitert, begeisterte Margaret ihre Reise in unbekannte Wissensgebiete, fühlte sie sich wachsen und erwachsen. Aber sie stöhnte auch: Das

Auswendiglernen hatte etwas Stumpfsinniges an sich, auch wenn es dem höheren Zweck diente, ihr die heiligen Hallen der Universität zu öffnen.

Im März 1909 wurde sie zur Externistenmatura zugelassen. Die war kein Zuckerschlecken: *Es war furchtbar anstrengend. Ich war die einzige Dame in dieser Abteilung mit erweiterter Mathematik die durchgekommen ist. Nachher war mir aber zwei Tage lang ganz miserabel vor lauter Müdigkeit + ich bin herumgelegen wie eine Fliege. [...] Jetzt habe ich ein herrliches Gefühl + faulenze nach Noten + freue mich alle Tage, dass ich diese verfluchte Lernerei + die Stunden los bin. Morgen gehe ich hinunter + lasse mich immatrikulieren.*

Ein paar Tage nach der bestandenen Prüfung ging sie Arm in Arm mit Jerome an der Limmat entlang, in der Luft lag eine Verheißung von Frühling. „Lass uns ein bisschen in den Antiquitätengeschäften stöbern", schlug Jerome vor, „irgendetwas finden wir doch immer." Sie fanden eine Japonerie, eine Teeschale mit Deckel in feiner Kobalt-Malerei. „Da kannst du Tee einfüllen oder demnächst deine akademischen Auszeichnungen hineinstopfen", sagte Jerome. Margaret forschte nach einer Spur von abfälliger Ironie in seinen Augen, fand aber keine. Konnte es sein, dass er stolz auf sie war?

Zum Sommersemester 1909 schrieb sich Margaret Stonborough-Wittgenstein hochgemut in den Fächern Mathematik und Physik am Polytechnikum in Zürich ein. An der Mathematik liebte sie die Schönheit der reinen Abstraktion, zugleich die exakte Problemlösung, die keine rhetorischen Ausflüchte, sondern nur rationale Herleitungen kennt. Mathematik aber war nicht nur Logik, man brauchte auch – und das faszinierte sie gleichermaßen – ein hohes Maß an Fantasie: Durch kluges Kombinieren konnte man sich Kompliziertes einfach machen. *Man sollte Wissenschaften studieren wenn auch nur um sich eine möglichst große Anzahl Auswahl von Arbeitsmethoden (acquire) anzueignen. So lernt man z.B. in der Mathematik Grenzfälle aufsuchen, weil die ein Gesetz am klarsten demonstrieren.*

Das Studium der Physik war weniger abstrakt, es bezog für Margaret seinen Reiz aus der Möglichkeit, Erkenntnisse anzuwenden und für den Menschen fruchtbar zu machen, auch wenn sich Perspektiven erst später erschließen würden.

Mit Albert Einsteins ersten Aufsätzen über die Relativitätstheorie, bereits 1905 erschienen, konnte sie sich auseinandersetzen, persönlich erlebt hat sie ihn nicht. Als er 1912 Professor für Physik an der Eidgenössischen Technischen Hochschule Zürich wurde, wie das Polytechnikum jetzt hieß, war Margaret längst exmatrikuliert, die Stonborough-Karawane weitergezogen, dieses Mal nach Paris. Margarets Studium, mit so heißem Bemühn ergriffen, hatte in Zürich nur ein Semester gewährt.

In Paris war sie im Herbst 1909 wieder monatelang damit beschäftigt, ein Haus in einer feinen Villengegend am Bois de Boulogne einzurichten. Die Möbel der Wiener Werkstätte bildeten zu dem ganz im Louis-seize-Stil errichteten Haus einen *woltätigen Gegensatz*, wie Margaret die Stilmischung bewertete.

Obgleich Paris mit der Überfülle seiner kulturellen Angebote noch deutlich verführerischer als Zürich war, disziplinierte Margaret sich und nahm an der Universität und bei einem Privatlehrer wieder ihre Studien auf. Neben Mathematik und Physik interessierte sie sich jetzt auch für Architektur und entwarf kunstgewerbliche Gegenstände und Kleinmöbel. Hermine in Wien wurde überschüttet mit feministisch befeuerten Lobliedern auf den segensreichen Einfluss eines Studiums:

Meine Mathematik ist schon wieder fein im Gang + vielleicht mache ich heuer (d.h.nächstes Frühjahr) meine Prüfung. Es ist doch viel besser, dass ich bei Mathematik + Physik geblieben bin, als wenn ich Architektur genommen hätte. Zu den zwei ersten Fächern fühle ich mich vollkommen befähigt, man braucht für sie nur etwas Verstand + Fleiß. […] Mein Lehrer ist gut + die Sache macht ihm Freude. Ich kann Dir nicht beschreiben, wie gerne ich lerne, ich bin ein anderer Mensch, wenn ich etwas zu arbeiten habe, ich bin in so gehobener Stimmung, dass ich den ganzen Tag singen könnte. Wenn man das nur allen Menschen verschreiben könnte, ich bin sicher, dass das ein Universal Heilmittel gegen Unzufriedenheit ist + ein guter Ersatz für Mann + Kind.

Im Herbst 1911 aber zog die Studentin mit Mann und Kind zurück nach Wien, und Margaret begrub dort für alle Zeiten Willen und Energie zu einem Studium. Diesen Faden kappte sie mit scharfer Schere. In Wien machte sie wahr, was sie Hermine in Zürich vor der Matura angekündigt hatte: *Wenn ich meine Prüfung glücklich hinter mir habe dann spendiere ich mir auch ein Kind als Belohnung.*

Im Juni 1912 brachte sie ein Kind zur Welt. Ihr sehr spezifischer Beitrag zur Gravitationslehre.

Der Knabe erhielt bei der Taufe den Namen John, wurde aber nur Ji gerufen.

Elegant behütet: Margaret mit Tommy, etwa 1910.

DAS TOSCANA-JUWEL

„Der Papa ist krank", schrieb Hermine ihrer Schwester schon 1906. „Wieso ist der Papa krank?", fragte Margaret zurück. „Bei uns ist doch immer nur die Mama leidend. Was hat er denn?"

Ja, was hatte er denn? Karl Wittgenstein hielt sich immer etwas darauf zugute, ein extrem sportlicher Mensch zu sein, vor Gesundheit strotzend, vor umtriebigem Unternehmertum auch.

Als junger Mann hatte er nach seiner Rückkehr aus Amerika die Matura nachgeholt und einige Semester Technik studiert, daneben aber schon gearbeitet, erst bei den Staatsbahnen, dann in verschiedenen Firmen. 1872, im Alter von 25 Jahren, lernte er Paul Kupelwieser kennen, den Leiter des Teplitzer Walzwerks. Lukrative Aufträge für die russischen Staatsbahnen ermöglichten die Gründung weiterer Produktionsstätten, so dass ein einzigartiges „Eisenkartell" entstand – mit Karl Wittgenstein als Direktor. Man verglich ihn mit Alfred Krupp in Essen. Reichtum häufte sich in unvorstellbarem Ausmaß. Aber schon 1898, im Alter von 51 Jahren, zog sich Wittgenstein aus allen Firmen zurück, um ganz nach seinen Interessen zu leben: der Kunst natürlich und der Musik, aber auch dem Reisen, Jagen, Reiten, Fechten, Schwimmen, Bergwandern.

Als frischgebackener Privatier hatte er 1898 auf eigene Faust eine Reise zu den britischen Kolonien angetreten: nach Ägypten, Indien, Singapur, Ceylon, Hongkong. Die Familie in Wien hörte nichts von ihm, aber er kam gesund und auf den Tag genau nach drei Monaten zurück. „Er braucht das", hatte Hermine allen erklärt, „das steckt seit seinen amerikanischen Tagen in ihm, in die Ferne zu streben, ins Weite." Als sei Wien ein enges Kaff, das Beklemmungen verursachte. Den Damen des Hauses brachte er Rubinringe aus Jaipur, den Herren silberne Dolche aus Singapur mit.

Nichts war Karl Wittgenstein zu viel, wenn es um Kraft und Ausdauer ging. Kam er nach körperlicher Betätigung mit gut durchbluteten, rotgefärbten Wangen nach Hause, begrüßte er alle mit seinem Lieblingsspruch: „Mens sana in corpore sano." Leopoldine, seine Frau, schloss die Tür zu ihrem Zimmer und zog die Vorhänge zu, bei ihrer Migräne vertrug sie keinen Lärm und keine Helligkeit.

Wenn Karl sich besonders kräftig ausgetobt hatte, rief er nach seiner Rückkehr in die Alleegasse „Hallo Wirtshaus" ins Entree. Dann eilten die Mädchen herbei, um ihm den schwarzen Kutschermantel mit der großen Pelerine abzunehmen oder die Reitstiefel auszuziehen, und tischten in Windeseile eine deftige Jause auf: Brot und Speck und Blunzn und Geselchtes, Gurken und Krenfleisch. „Wer viel verbrennt, muss auch wieder Holz nachlegen", lachte Karl.

Hermine in ihrer symbiotischen Nähe zu ihrem Vater fiel als Erster auf, dass er immer weniger Holz nachlegte. Vor allem deftig Schweinernes schob er von Mahlzeit zu Mahlzeit weiter von sich. Es gab auch Augenblicke bei Tisch, wo sie ihn zweimal ansprechen musste, bis er auf ihre Fragen reagierte. Da Wittgenstein von Ärzten nichts hielt – „allesamt Quacksalber" – verging viel Zeit, bis Hermine ihn bewegen konnte, einen aufzusuchen, „nur keinen von Poldis Ärzten, die sind alle Versager". Die Diagnose war irritierend: Krebs, Plattenepithelkarzinom, ein Tumor in der Schleimhaut des Mundes, wahrscheinlich hervorgerufen oder befördert durch die zwölf Havannas, die Karl am Tag zu rauchen pflegte. Andere Naturen als Karl Wittgenstein hätten von einer niederschmetternden Nachricht gesprochen, aber er als Kämpfer sah sie als eine Provokation, der er begegnen würde wie allen Herausforderungen in seinem Leben: mit unbedingtem Siegeswillen. Er ließ sich vom berühmten Professor Anton von Eiselsberg operieren.

Margaret war alarmiert. Sie verlangte von ihrer Schwester ständige Bulletins über den Gesundheitszustand des Vaters, teilte deren

Sorge, jubelte, wenn Hermine von Besserung schrieb, fühlte sich deprimiert, wenn es dem Vater schlechter ging. Und das wurde in den Jahren 1910 und 1911 eine unaufhaltsame Tendenz. Alles Aufbäumen half nichts, die Spezialisten fanden keine Medizin, die das Wachstum des Krebses aufhalten konnte. Die trüben Aussichten führten dazu, dass auch Poldi, die Mutter, die „ewig Kranke“ noch durchscheinender wurde. Hermine übernahm das Ruder in der Alleegasse und navigierte das angeschlagene Schiff der Sippe Wittgenstein.

Margaret reiste immer wieder nach Wien – erst von Berlin aus, ab 1907 aus Zürich, dann aus Paris, um Hermine zu unterstützen und ihrem Vater nahe zu sein. Dieser wiegelte ab: „Ich komme schon zurecht“, sagte er ein ums andere Mal, wenn sie nach langer Reise in sein Zimmer trat und ihr Erschrecken zu verbergen suchte, weil sich sein Aussehen seit dem letzten Besuch verschlechtert hatte.

Sein trainiertes Herz, seine robuste Natur, sein starker Lebenswille verlängerten das Siechtum; am Ende aß er fast nichts mehr, trank aber immer noch gern ein Glas Rotwein. Er hatte sich in sechs Jahren zwölf Operationen unterzogen, jetzt fügte er sich in sein Schicksal. Zu Weihnachten 1912 bat er seine Frau, ihm auf dem Klavier Beethoven und Brahms vorzuspielen, er konnte sie nicht mehr auf der Violine begleiten. Als er am 20. Jänner 1913 im Alter von 65 Jahren starb, war es für alle in der Familie eine Erlösung. Nur Leopoldine, die 40 Jahre mit ihm verheiratet gewesen war, irrte wie verloren durch die Räume in der Alleegasse, als suche sie ihn. Der Ehemann, in allem den Ton angebend, hatte sie verlassen, gegangen war aber auch der Tycoon der Stahlindustrie, der Gründerzeit-Kapitalist, der generöse Kunstmäzen, der Familienpatriarch, der seinen Söhnen die Luft zum Atmen genommen hatte.

Die eigentliche Witwe war Hermine, die Tochter. Sie hatte in einer fast inzestuösen Liebe an ihrem Vater gehangen, auf Ehe und Kinder verzichtet, ihr Leben ganz dem Vater geweiht. Sie hatte er mitgenommen, wenn er auf Reisen ging, nicht seine Ehefrau, auf sie hatte er gehört, wenn es um Geschmacksurteile ging, sie hatte ihm in seiner Krankheit beigestanden, Tag und Nacht. Und jetzt oblag es ihr, die Beerdigung zu organisieren, die gegen ihren Willen ins Bombastische geriet: einen Wirtschaftsfürsten wie Karl Wittgenstein trug man nicht wie einen Tagelöhner zu Grabe. Ganz Wien nahm Abschied.

„Und was mache ich jetzt mit dem vielen Geld, das ich geerbt habe?", fragte Margaret ihren Mann nach der Testamentseröffnung. „Kauf dir ein Haus auf Martha's Vineyard", riet ihr Jerome, mehr im Spaß, wusste er doch von Margarets Abneigung gegen Amerika. „Da verbringen wir alle Sommer, am liebsten auch noch den Indian Summer. Du malst doch gern Blätter, die hast du dann in berauschenden Farben."

Margaret drückte ihm eine Kopfnuss hin, eher würde sie in das hinterste österreichische Bergnest ziehen als in eine Prominentenvilla in den Neuengland-Staaten.

Ein Bergnest war Gmunden am Traunstein wahrlich nicht, sondern ein Kurort, der Anfang des 20. Jahrhunderts Ischl Konkurrenz machte. Der Kaiser bevorzugte Ischl, es hatte für ihn ergiebige Jagdgründe, aber die neue Wiener Nobilität, der Geldadel, kaufte sich Villen in Gmunden und verbrachte dort die Sommerfrische. Der Traunsee war meistens viel zu kalt zum Baden, aber es gab ein Badehaus am See mit angenehm temperiertem Wasser zum Eintauchen und mit an Mineralien gesättigtem Wasser für Trinkkuren. Vom Seeschloss Orth, bereits im 10. Jahrhundert erwähnt, breitete sich die bukolische Landschaft mit dem See und die ihn einrahmende Bergwelt aus, überragt durch den pyramidalen Traunstein.

Wer Margaret im Jahr 1913 zugeflüstert hatte, dass in Gmunden ein wahrlich köstlicher Besitz zum Kauf anstand, ist nicht mehr auszumachen. Aber Immobilienhändler wissen immer, wo Geld locker sitzt, viel Geld.

Es war Liebe auf den ersten Blick, als Margaret die Toscana-Villa mit ihrem weitläufigen Park sah. Sie hatte in ihrem jungen Leben schon eine Reihe großartiger Etablissements gekannt und bewohnt: die prachtvollen elterlichen Wohnungen am Schwarzenbergplatz und in der Alleegasse, die Sommervilla in Neuwaldegg, wo sie zur Welt gekommen war, den idyllischen Ansitz Hochreith, die herrschaftlichen Wohnungen, die sie mit Jerome geteilt hatte: in Berlin, Zürich, Paris und jetzt in Wien in der Salesianergasse, das protzige Haus der Guggenheims in New York und die vielen repräsentativen Häuser und Wohnungen der weitverzweigten Verwandtschaft in Österreich. Aber nichts kam der Lage und dem singulären Charme der Villa Toscana gleich. Es ist wie eine Opernkulisse, dachte Margaret, aber es fiel ihr keine Oper ein, die hier ihr Bühnenbild gefunden hätte, eher schon Shakespeares Ardenner Wald: der verzauberte Irrgarten, in dem verkleidete Paare sich suchen und verfehlen, an jedem Baum Gedichte stecken und Schäfer keine Schafe hüten, sondern Liebesbriefe schreiben.

Das Toscana-Juwel, etwa 1920.

Der poetische Überschwang, ein Arkadien gefunden zu haben, verflüchtigte sich, als Margaret bei der Vorbesichtigung der Villa der sanitären Verhältnisse ansichtig und anrüchig wurde. Es gab kein Badezimmer, die Toiletten stanken, das Wasser lief überall nur spärlich aus den Hähnen, das Licht kam aus schummrigen Lampen: der Charme des Hauses hatte blinde Flecken. Auch die klassizistische Fassade zeigte deutliche Spuren von Vernachlässigung. Seit der Erbauung der Villa vor über 40 Jahren hatte sich augenscheinlich niemand um den Bestand gemüht. Aber der Park, der Park! Riesig: auf einer Fläche von mehr als acht Hektar mit alten Bäumen erstreckte er sich gegenüber dem Schloss Orth um eine Bucht am See entlang. Der Name weckte eine Assoziation mit italienischer Landschaft, er stammte von den früheren Besitzern: dem österreichischen Erzherzog und Großherzog der Toskana, Leopold II., und seiner Gemahlin, der Erzherzogin Maria Antonia von Neapel-Sizilien. Das Anwesen war auf das jüngste der zehn Kinder übergegangen, den 1852 geborenen Johann Orth, alias Erzherzog Johann Salvator, 1890 verschollen, 1911 für tot erklärt.

Bevor Margaret einen Architekten verpflichtete, um die allfällige Sanierung der Villa anzugehen, kaufte sie sich eine Hängematte, befestigte sie in schönster Aussichtslage zwischen zwei Rotbuchen und verbrachte viele Stunden in der sacht sich wiegenden Traumschaukel, pendelte im Blick auf den See und die Bucht ihr immer aufgeregtes Herz in einen Rhythmus trägen Glücks.

Dann aber warf sie sich aus der Hängematte und stürzte sich mit Elan in Umbauten und Restaurierung der Villa, emsige Geschäftigkeit tat ihrem Herzen nämlich auch gut, sofern sie ihre Ideen umsetzen konnte. Josef Hoffmann als Lieblingsarchitekt der Wittgenstein-Familie hatte ausgedient, sein Stil war Margaret inzwischen zu blutleer und dogmatisch; Freunde empfahlen den in ihren Kreisen angesehenen Architekten Franz von Krauß. Der aber nahm zu wenig Rücksicht auf die Vorstellungen der Bauherrin und vergrätzte sie: *Ich habe schrecklich viel Scherereien mit dem Krauss, der ein Idiot ist*, schrieb Margaret an Hermine. *Wenn er wenigstens ein geschmackvoller Idiot wäre!*

Schließlich wählte sie einen jungen, noch unbekannten, aber talentierten Architekten aus der Schule Otto Wagners, Rudolf Perco. „Der hat sich ihr gefügt", sollte später ihr Enkel Pierre Stonborough sagen, „der hat ihre Ideen widerstandslos umgesetzt." Der Grundriss blieb weitgehend erhalten, vor allem die quadratische Eingangshalle, die als römisches Atrium entworfen war. Der Fußboden wurde in Blumen-Mosaik ausgelegt, eingefasst mit Mäandern, die dorischen Säulen über einem roten Fries erhielten bunt angemalte Kapitelle, das erste Stockwerk wurde von einer üppig vergoldeten Balustrade eingefasst, rhythmisiert durch weiße ionische Säulen. Die Fenster waren ebenerdig, damit Licht die Räume erstrahlen ließ, das zweite Stockwerk schloss das Atrium mit einer großen Lichtkuppel im Dach ab. So entstand eine eigenwillig antikisierende Ausstattung, nicht unbedingt ins Österreichisch-Ländliche passend, wohl aber zu der kreativen Besitzerin. Viel Zeit und noch mehr Geld kostete es, die Villa technisch auf den neuesten Stand zu bringen: Ein Speiselift transportierte nun das Essen von der Küche ins Speisezimmer. Eine zentrale Staubsaugeranlage erleichterte die Reinigung der Räume. Notwendiger aber war es, Badezimmer einzubauen, Wassertoiletten, eine Heizungsanlage, die die schönen alten Kamine nicht

Säulen, Friese, Balustraden: das Atrium der Villa Toscana.

überflüssig machte, aber ergänzte. Denn das Wetter im Salzkammergut war alles andere als beständig, es war auch im Sommer oft regnerisch und kühl. Aber Margaret focht das nicht an. Bei schlechtem Wetter konnte man sich doch ins Haus zurückziehen. Dort gab es im ersten Stock eine große Bibliothek und in allen Räumen bequeme Sessel und Leselampen, die diesen Namen verdienten. Die Villa wurde nach und nach zu dem Juwel geschliffen, das Margaret beim Kauf in Rohform in ihm gesehen hatte. Das aber nicht nur repräsentativ vom Glanz und Geschmack der Wittgenstein-Tochter kündete, sondern in den Sommermonaten mit intensivem Leben erfüllt wurde, Freunde und Verwandte reisten mit Kind und Kegel an, Bekannte von den vornehmen Ansitzen in der Nachbarschaft wurden eingeladen.

Wenn er es sehen könnte, dachte Margaret manchmal, wenn sich der Wettergott des Salzkammerguts auf einen makellosen Sommertag besann, der See gletscherhaft grün leuchtete, die Kinder in kurzen Hosen und Röcken den ganzen Tag im Park und im See herumtollten, der große Esstisch auf der Terrasse nie leer wurde an bodenständiger österreichischer Kost, und die Erwachsenen ausschauten, als könnten nicht nur Kinder glücklich sein. Wenn er es nur sehen könnte, der Papa, was ich mit seinem Geld geschaffen habe!

„DIE SUCHT, SICH UND ANDERE ZU VERNICHTEN"

Sie waren wie jedes Jahr Ende Juni auf die Hochreith gefahren. Der erste Sommer ohne Karl, der den Ansitz bei Rohr im Gebirge gekauft und zu einem von allen geliebten Sommersitz der Familie hatte ausbauen lassen, Hermine hatte 1905 Josef Hoffmann mit der luxuriösen Ausgestaltung einiger Zimmer betraut. Leopoldine nahm ihr Zimmer im Haupthaus, Hermine in einem der Hoffmann-Zimmer im Blockhaus, Margaret winkte ab: „Nein, diese Werkstätten-Ästhetik verursacht mir inzwischen Herzrasen." Sie zog mit Tommy und Ji in das zweite Blockhaus, Paul suchte Ruhe in einem der Wirtschaftsgebäude, und Ludwig, der Einzelgänger, der eine Ansammlung von mehr als zwei Menschen nur im Kino ertrug, quartierte sich im nahegelegenen Forsthaus ein. Bei den Mahlzeiten aber waren Mutter und Geschwister zusammen. Helene mit der Salzer-Familie wurde erst später erwartet. Kurt war in New York. Jerome war noch in seinem Institut in Oxford. Der ewig Vagabundierende hatte inzwischen seine Familie von Wien nach England beordert, wo man in einem aristokratischen Landhaus bei Abingdon logierte und weite Wege zurücklegen musste, um nach Wien oder nach Gmunden zu gelangen. Margaret vermisste den Gatten nicht.

Man saß auf der Terrasse, ließ sich Essen auftragen und burgenländischen Wein, sprach über das große Weltgeschehen und die kleinen Wiener Intrigen, alle langweilten sich, Gretl litt an Herzbeschwerden, Paul an unterdrückten sexuellen Wünschen, Hermine daran überhaupt nicht, aber am Verlust des Vaters, Ludwig fragte sich, wie und warum er überhaupt in diese schreckliche Gegend gekommen war, in der ein dekadentes Jagdhaus die Natur verunstaltete. „Hunting Lodge", hatte sein Vater es gern genannt, es war wohl sein amerikanischer Traum gewesen, Freiheit und Wildnis zu paaren. Wildwest – in Komfortausstattung. Igitt!

Als der frühere Verwalter des Vaters, Anton Groller, aus Wien anrief und vermeldete, der Erzherzog Franz Ferdinand und seine Gemahlin seien in Sarajevo erschossen worden, regte das niemanden groß auf. Ach, der Erzherzog, dieser einfältige Mensch. Friede seiner Asche, aber das Zeug zum Kaiser hätte der doch ohnehin nie gehabt. Er war eben nicht beliebt in Österreich, vor allem nicht bei Intellektuellen. Von keinerlei Kunstinteresse inkommodiert, hatte er sein Leben lang einer einzigen Passion gefrönt: der Jagd. Die betrieb er mit einem dunklen Vernichtungswillen und führte minutiös Buch über seine Erfolge – er listete in seinem kurzen Leben über 200.000 getötete Tiere auf.

„Ich kann schon kein Hirschgulasch mehr essen", sagte Margaret, „ständig steht dieser triumphierende Waidmann vor meinen Augen und zeigt die Skalpe seiner Opfer."

„Ein Skalp ist die Kopfschwarte von Menschen", verbesserte Ludwig sie kühl.

Am nächsten Morgen saß man zum Frühstück wieder gemeinsam auf der Terrasse. Der Tag war heiter, fast wolkenlos, überhaupt gab es heuer einen Bilderbuchsommer. Als das Telefon läutete, zeigte niemand Neigung, ins Haus zu gehen und es abzuheben. Schließlich erbarmte sich Mining. Ihre Stimme klang nicht so gelassen wie am Vorabend, aber auch nicht angestrengt. Die Börsenkurse würden fallen, habe Anton Groller berichtet, die Banken seien aber geöffnet, es gebe Kriegsgerüchte, im Stephansdom sei zu einem Kampf gegen die Feinde Gottes aufgerufen worden.

„Und das alles wegen Franz Ferdinand?", fragte Margaret erstaunt.

„Wir müssen etwas spenden", sagte Ludwig. „An mittellose Künstler."

Paul sah da keinen Zusammenhang. „Wenn schon spenden, dann der Armee einen Riesenposten Mäntel, damit die Soldaten nicht erfrieren, wenn wir gegen Russland ziehen." Niemand hörte Paul zu. Margaret war in Gedanken mit der Renovierung ihrer Villa in Gmunden beschäftigt. Hermine dachte an die Instruktionen für das Mittag- und Abendessen. Vielleicht Beuschel mit Serviettenknödel? Paul überlegte, ob es nicht sinnvoller sei, die Hochreith zu verlassen. Er könnte in Wien bei seinem Lehrer Leschetizky Klavierstunden nehmen, statt hier zu faulenzen. Zum Wandern war es allen zu heiß.

Am Abend konnte Margaret schon mit dem ersten Witz zur Lage aufwarten, wusste der Teufel, wo sie den aufgegabelt hatte. Oder hatte sie ihn erfunden? „Ein Österreicher trifft beim Wandern im Gebirge eine Fee, die sich mit ihrem Mäntelchen in einer Brombeerhecke verfangen hat. Sie bittet ihn, ihr zu helfen. ‚Gut, aber ich habe einen Wunsch frei', sagt er. Zähneknirschend willigt die Fee ein. Nach getaner Arbeit äußert der Mann seinen Wunsch: ‚Ich möchte ein junger Prinz sein, in einem schönen Schloss wohnen und eine schöne Frau haben!' Sagt die Fee: ‚Wenn du morgen früh aufwachst, wird dein Wunsch erfüllt sein!' Am nächsten Morgen wird der Mann zärtlich auf die Stirn geküsst und eine Frauenstimme sagt: ‚Aufwachen, Franz Ferdinand, heute fahren wir nach Sarajevo!'"

Am 23. Juli rief Direktor Groller wieder an: Österreich habe Serbien ein Ultimatum gestellt. Serbien werde es kaum annehmen.

Ludwig erzählte den Geschwistern, er habe 100.000 Kronen für arme österreichische Künstler gespendet. Ludwig Ficker, der in Innsbruck die Zeitschrift *Der Brenner* herausgab, hätte Georg Trakl, Rainer Maria Rilke und Adolf Loos vorgeschlagen. „Der Loos braucht's nicht, der Rilke hat doch eh immer eine reiche Dame an der Hand, und der Trakl wird sich mit Opium volldröhnen", sagte Margaret bündig. Aber natürlich konnte der Luki mit seinem ererbten Geld machen, was er wollte.

Am 28. Juli gab es per Telefon aus Wien nur noch drei Worte: Es ist Krieg.

Margaret sagte: „Ach!“

Ludwig: „Ich melde mich sofort.“ Er zog den Reißverschluss seiner Jacke hoch. Neuerdings trug er nur noch schwarze Lederjacken.

Paul: „Ich hab’s ja gesagt!“

Hermine: „Dass der Vater das nicht mehr erlebt.“

Die Mutter lag im Bett. Migräne. „Ach, Kinder!“, hätte sie wahrscheinlich gesagt.

Noch am selben Abend verließen die Wittgenstein-Geschwister die Hochreith und fuhren nach Wien.

Margaret war wie alle Wittgensteins keine Hurra-Patriotin, niemals hätte sie sich auf das Niveau der „Vaterlandsfreunde“ begeben, die da auf den Straßen grölten: „Die Russen und die Serben, die hauen wir zu Scherben!“ Aber der Krieg war ihrer Meinung nach notwendig, er würde die Verhältnisse auf dem Balkan neu ordnen und Russlands Expansionsgelüste zurückweisen. Als eine Wittgenstein würde sie sich mit voller Kraft für die Sache Österreichs engagieren. Sie dachte nicht daran, nach England zurückzukehren, mochte Jerome weiterhin in seinem Labor in Oxford bleiben. Sie wurde jetzt zu Hause gebraucht. Wie fast alle Österreicher war sie optimistisch, dass dieser Krieg nicht lange dauern würde, zu Weihnachten wären alle Soldaten wieder zu Hause. Paul machte sich doch einfach lächerlich: Er redete immer noch davon, Stoff für Tausende von Wintermänteln für die Armee kaufen zu wollen.

Irritiert war sie, dass die „Fackel“ so ganz andere Töne anschlug als die, die sie erwartete, ja, dass Karl Kraus den ermordeten Erzherzog als einen Mann würdigte, der Achtung verdiente, dessen schroffes Wesen er nicht nur entschuldigte, sondern sogar als Vorzug ausstellte: *Er war kein Grüßer. Nichts hatte er von jener „gewinnenden“ Art, die ein Volk von Zuschauern über die Verluste beruhigt. Auf jene unerforschte Gegend, die der Wiener sein Herz nennt, hatte er es nicht abgesehen.* Dass Kraus darüber hinaus in Franz Ferdinand als Thronfolger einen Garanten für ein stabiles Staatswesen gesehen hatte und jetzt das kommende Chaos prophezeite, war noch erstaunlicher.

Die Brüder meldeten sich umgehend zur Waffe. Kurt saß allerdings in New York fest, er war im April 1914 nach Amerika gegangen, arbeitete jetzt in der Propagandaabteilung im österreichischen Generalkonsulat mit der Aufgabe, das amerikanische Volk für eine Unterstützung Österreich-Ungarns im Krieg zu gewinnen. Hermine hatte einen Brief von ihm erhalten: „Kurt schreibt, er würde alle Mittel in Bewegung zu setzen, um nach Wien zu kommen und eingezogen zu werden."

„Ich glaub's erst, wenn ich ihn in Uniform sehe", tat Margaret Kurts patriotische Willensbekundung ab. „Dieweil lässt er es sich gut gehen, führt das Leben eines Dandys, donnert mit seinem Luxusauto den Broadway entlang und verkehrt in angesehenen Clubs. Bei der Armee gibt es abends keine doppelstöckigen Whiskeys."

Ludwig, inzwischen Student in Cambridge, war wegen seiner Leistenbruch-Operationen vom Militärdienst befreit, reihte sich aber ein in die große Schar der Freiwilligen. Ihn trieb weniger die Vaterlandsliebe, er wollte sich durch die Härte des Krieges vervollkommnen: *Jetzt wäre mir Gelegenheit gegeben ein anständiger Mensch zu sein, denn ich stehe vor dem Tod, Aug in Auge. Möge der Geist mich erleuchten*, notierte er in sein Tagebuch. Tatsächlich erreichte er, dass man ihn einzog. Im August 1914 wurde er auf ein Patrouillenschiff auf der Weichsel, die von den Österreichern gekaperte russische „Goplana" beordert. In Briefen an Mutter und Schwestern beklagte er sich über die rüde, stupide und verrückte Crew, fand aber Zeit für Tagebuchschreiben und philosophische Aufzeichnungen: *Am besten kann ich jetzt arbeiten, während ich Kartoffeln schäle. Melde mich immer freiwillig dazu.*

Paul zog mit dem 4. Dragonerregiment nach Galizien.

Margaret jubelte über die Entscheidung ihrer Brüder: der Krieg werde ihnen allen sehr gut tun – sofern sie heil nach Hause kämen. Ludwig schrieb sie in den ersten Kriegstagen nach Krakau, als sei er auf Abenteuerurlaub mit Kameraden: *Mein Lukerl! Möge dieser Kinnzwacker Dich wohl und vergnügt antreffen. Für mein Leben gern wüßte ich, wie Dein Leben sich jetzt gestaltet. [...] Tausend Grüße von uns allen + Küsse von Gretl.*

Hermine aber vermochte den Krieg nicht als ein sportliches und vergnügliches Unterfangen anzusehen. Ihr Brief an Ludwig verrät Gedanken über das Wesen des Krieges, auch die Sorge, die ihr als ältester Schwester zukam: *Es ist doch eine Art Krankheit, die die Menschen ergriffen hat, eine Sucht, sich und Andere zu vernichten, ich bin ganz sicher dass darin die Begründung dafür liegt, dass jedes Volk seinen Krieg haben mus! Es liegt eine Art Wollust darin – wenigstens für eine Zeit – Entbehrungen zu dulden und zu zerstören.* Ludwig antwortete: *Ich glaube wohl nicht daß das Umsichgreifen des Krieges den Grund hat den Du angibst. Hier handelt es sich – glaube ich – um einen vollständigen Sieg des Materialismus, und den Untergang jedes Empfindens für Gut und Böse.*

Alle Geschwister aber sahen sich auf der Seite des Guten für den Sieg der Gerechtigkeit kämpfen.

Margaret hätte gern *gekämpft*. Aber das war für Frauen nicht vorgesehen. So gehorchten sie (zähneknirschend) und Hermine (willig) den weiblichen Rollenmustern, die im Krieg den Frauen die Pflege von Kranken und Verwundeten vorschrieb. Margaret teilte als Hilfsschwester im Lazarett in Ischl Verletzten das Essen aus. Abends fuhr sie nach Gmunden zurück und war wütend: Sie war doch zu etwas Anderem geboren, als Teller mit Mehlspeisen auf eine Bettdecke zu setzen und Schnabeltassen mit Getränken bereitzustellen. Nicht nur, dass sie von Medizin mehr Ahnung hatte als so mancher Arzt, sie ärgerte sich, dass sie als Frau auf „helfende Hände" reduziert wurde. Manchmal musste sie an sich halten, um ihren Ärger nicht an den Ärzten auszulassen, die mit bedeutender Miene zwischen den Betten im Krankensaal wandelten und selten genug den Verletzten wirklich halfen. Am liebsten wäre sie wie ein Mann an die Front gezogen.

Gut, dass es Mining gab, der sie ihr Herz ausschütten konnte: *Genauso wie Dir geht es mir mit diesem Krieg; nichts aber auch gar nichts kann ich realizen* (sic). *Aber ich gäbe etwas darum, wenn ich etwas leisten könnte in diesem Feldzug. Es kommt mir so schrecklich vor, dass man so etwas miterlebt hat + und doch eigentlich nichts miterlebt. Du weißt gewiss was ich meine. Geld geben ist ja schön, aber ich würde so gerne mich mit allen meinen Kräften beteiligen. Körperlich + geistig mein Äußerstes tun. […] Hier läuft alles auf eine gesellschaftliche Wohltätigkeit hinaus, die mir schrecklich fatal ist.*

Die fatale Wohltätigkeit war anstrengend genug. Als sie sich eine Infektion zuzog, brach ihr altes Herzleiden wieder aus.

Dann aber kam im Oktober 1914 die Nachricht von Paul. Plötzlich wurde der Krieg real, zeigte sein wahres Gesicht, das Hermine theoretisch beschrieben hatte: die Sucht nach Vernichtung. Leopoldine, ohnehin zersorgt, schwach und verängstigt, brach zusammen, als der Brief eintraf. Gretl umarmte sie: „Aber er lebt doch. Er lebt doch! Er kommt zurück!"

„Aber sein Arm", jammerte Leopoldine. Margaret verstand erst gar nicht, was ihre Mutter so aufbrachte. Paul war an der russischen Front bei Wolka verwundet und nach Minsk in ein Kriegsgefangenenlager verschleppt worden, er war nicht gefallen. Aber Leopoldine wiederholte immer nur: „Sein Arm, sein Arm!" Dann schlug bei Margaret die Erkenntnis ein: Sein Arm! Sein rechter Arm war nicht verletzt und konnte heilen, er war amputiert worden. Eine Katastrophe für einen Pianisten, der seine Leidenschaft zum Beruf hatte machen wollen. Dem eine Granate seine Existenz geraubt hatte, sein Künstlertum, seine Zukunft. Margaret schnappte nach Luft, und wie immer, wenn es ihr schlecht ging, legte sich ein eiserner Ring um ihre Brust, der mit einem Schraubstock enger gezogen wurde. „Armer Paul", stammelte sie, „armer Paul. Solch ein Opfer hätte dieser Krieg nicht von ihm fordern dürfen. Das war nicht fair."

Hermine kam. In ihren Augen stand der Schock, aber sie mühte sich um tröstende Worte für die Mutter. Erst als die Schwestern

Leopoldine mit Baldriantropfen und einer Wärmflasche ins Bett gesteckt hatten, erlaubten sie sich, um ihren Bruder und dessen zerplatzten Lebenstraum zu weinen.

Ludwig reagierte auf die Nachricht von Pauls Verwundung auf die ihm gemäße Weise: *Welcher Philosophie würde es bedürfen, darüber hinwegzukommen. Wenn dies überhaupt anders als durch Selbstmord geschehen kann.*

Der Gedanke an Selbstmord hatte für Margaret etwas zutiefst Erschreckendes. Nur nicht das! Nach Hans und Rudi einen weiteren suizidalen Kandidaten in der Familie zu haben, war unerträglich. So schrieb sie Paul Briefe in die russische Gefangenschaft, munterte ihn auf, dachte darüber nach, ob sie nicht in das Gefangenenlager nach Sibirien einen Flügel schicken könnte. Aber vielleicht würde der Anblick des Instruments, das sich jetzt seinem Körper verweigerte, alles nur noch schlimmer machen.

Auch von Kurt kamen schlechte Nachrichten. Er beteuerte erneut, in den Krieg ziehen zu wollen, wenn ihn die Amerikaner nur ziehen ließen.

„Stattdessen muss ich im Namen der Botschaft für Exilösterreicher bei Konzertabenden Volksmusik auf dem Klavier vortragen. Könnt Ihr Euch eine schlimmere Strafe vorstellen als ‚O du lieber Augustin' zu klimpern! Im Saal fangen die alten Damen an, mitzusingen und zu schunkeln! Zur Hölle mit dem Wienerlied. Es ist eine Strafe Gottes!"

Nur von Ludwig flatterten leichtherzige und leichthändige – wenngleich kaum leserliche – Briefe aus dem Feld ins Haus, in denen er viel schrieb und wenig sagte, zumindest nichts über seine mentale Verfassung. Margaret versuchte seine Schrift – in *ihrer aparten Windverwahtheit* (sic) einer Geheimschrift ähnlich – zu entziffern und zu erraten, was er verbarg.

Der Krieg zog sich hin. Margaret delegierte ihre Aufgaben in Ischl und zog nach Wien zurück. Jerome kam aus Oxford. Zunächst logierte die wohnungslose Familie im feinen Hotel Bristol, die Möbel waren immer noch in England. Erst im Herbst 1915 mietete sie eine Wohnung im feudalen Palais Erdödy in der Krugerstraße 10, und Margaret tat das, was sie in ihrer Ehe schon so oft vollbracht hatte: Sie richtete eine Wohnung ein. Jerome fand ein Volontariat in der Klinik Eiselsberg, Tommy ging in die Schule, Ji wurde von Kindermädchen betreut, und Margaret fragte sich, ob nicht eine gewisse Ironie darin lag, dass sich gerade jetzt, mitten im Krieg, ihre privaten Verhältnisse auf das Angenehmste verbesserten. Wenn sie nur wüsste, was Jerome insgeheim wieder ausheckte. Bei ihm musste sie jederzeit auf spontane Aufbrüche, Kehrtwendungen, irrationale Entschlüsse gefasst sein.

Im November 1915 kam im Rahmen eines Gefangenenaustauschs Paul aus Sibirien zurück. Er unterzog sich einer Operation, bei der wucherndes Gewebe von seinem Armstumpf entfernt wurde, und verfiel in seelische Verschattung. Das rief natürlich Margaret auf den Plan. Sie verpasste ihm eine ihrer berühmten Kopfwäschen: Selbstmitleid sei keine Art, mit dem Leben fertigzuwerden. Falls erforderlich, könne sie die Standpauke wiederholen. Sie schlug Paul auch gleich ein Fitnessprogramm vor, um sich körperlich zu stärken und die Schwermut aus der Seele zu treiben: Wandern, Gymnastik, Schwimmen. Paul meldete sich im Boxclub an, um am Punchingball die Muskulatur des linken Arms zu kräftigen. Er setzte sich ans Klavier: Fingerübungen für Anfänger, Stärkung der linken Hand.

Jerome war immun gegen Kopfwäschen, gegen seine destruktiven Stimmungen kämpften selbst Göttinnen vergebens. In der Klinik hatte er sich eine Infektion zugezogen, sie war nicht gefährlich, aber sie lieferte ihm die Begründung, seine Arbeit aufzugeben. Seither tyrannisierte er die Familie mit Ungeduld und ständiger Gereiztheit.

Wer geduldig ist, der ist weise; wer aber ungeduldig ist, offenbart seine Torheit, zitierte Margaret ihrem Sohn Tommy die Bibel, wenn der eine Rechenaufgabe nicht auf Anhieb lösen konnte und die Tafel in die Ecke pfefferte. Im Grunde aber meinte sie seinen Vater.

Im Sommer 1916 fuhr Margaret allein mit den Kindern nach Gmunden und ließ Jerome in Wien zurück. Sie sorgte sich um Ludwig. Der bemühte sich, zu einer gefährlicheren Aufgabe an der Front herangezogen zu werden, einer echten Herausforderung, er wollte dem Tod ins Auge sehen. Wenigstens wollte er zum Landsturmingenieur befördert werden. Margaret, auch Hermine, selbst Mutter Leopoldine überboten sich in Mitleidsbekundungen, wie verkannt der Lukerl doch sei. Sich so in den Niederungen der primitiven Soldateska bewegen zu müssen, der Saubande, dem Gaunerpack, den besoffenen Kerlen, die ihn hassten, wie Ludwig schrieb, während der junge Gelehrte in jeder freien Minute an einem philosophischen Opus magnum arbeitete, das war eine Demütigung. Im Frühjahr 1916 endlich wurde sein Wunsch erfüllt: dort eingesetzt zu werden, wo es wirklich gefährlich war, als Aufklärer in einem Artillerieregiment an der Front, nahe der rumänischen Grenze. Und im Herbst durfte er ins böhmische Olmütz zur Offiziersausbildung.

Sinnender Philosoph und unbekümmerte Schwester: Ludwig und Helene, etwa 1917.

Hermine rauschte durch das Palais in der Alleegasse, als gelte es die langen Röcke in ständiger Bewegung zu halten, weil sie ihr sonst vom Leibe fallen könnten. Mitten im Krieg würde es bei Wittgensteins ein richtiges Weihnachtsfest geben. Obgleich im Land nicht eben Feierstimmung herrschte: Kaiser Franz Joseph war am 21. November gestorben, das Volk trauerte um seinen Regenten, der in den 68 Jahren seiner Herrschaft ein Symbol für die unverrückbare Stabilität Österreichs gewesen war. Zudem kamen immer neue unheilvolle Nachrichten von der Front, der Boden schwankte, auf dem die k.u.k. Monarchie so festgefügt zu stehen schien. Aber auch wenn die politische Großwetterlage sich verdüsterte – in der Familie Wittgenstein gab es erfreuliche Nachrichten: Paul hatte vor zehn Tagen im Goldenen Saal des Musikvereins ein Konzert gegeben mit Werken von Bach, Mendelssohn und Schumann, von ihm selbst für die linke Hand transkribiert, und einem eigens für ihn komponierten Konzert des blinden Josef Labor. Julius Korngold hatte in der „Neuen Freien Presse" eine wohlwollende Rezension veröffentlicht, die in dem Satz gipfelte: *Aus dem Spiel dieser Linken klingt keineswegs die Wehmut des Künstlers heraus, keine Rechte zu besitzen, vielmehr der Triumph, sie so leicht entbehren zu können.*

Aber wichtiger als Pauls Erfolg war: Ludwig hatte Heimaturlaub! Er kam aus Olmütz, er würde Heiligabend mit von der Partie sein. Margaret mit Jerome, Helene mit Max, die Nichten und Neffen, alle würden unter dem Weihnachtsbaum versammelt sein. O du fröhliche, o du selige! Selbst Leopoldine, die in den letzten Monaten über fortschreitende Erblindung geklagt hatte, wurde von einem Tag auf den anderen wieder sehend, ein biblisches Wunder.

Die Gespräche nach dem Festessen drehten sich um Militärisches. Paul hatte tatsächlich eine Million Kronen für Armeemäntel gespendet, hatte aber Mühe gehabt, für die Bearbeitung des Stoffs genügend Schneider zu finden, die waren ja auch alle eingezogen. Ludwig hatte zum Erstaunen seiner Schwestern der Artillerie eine Million Kronen für die Entwicklung eines Mörsers gestiftet, aus dem eine 120 Kilo schwere Granate abgeschossen werden könne. Er erging sich in Details über die Funktionsweise eines Mörsers. Paul ärgerte sich: Wie gierig sich Gretl, Mining und Lenka ihrem Bruder zuneigten, an seinen Lippen hingen, obwohl sie nichts von dem verstanden, was er sagte. Wohingegen alle drei viel von Musik verstanden, sein Konzert aber unkommentiert gelassen hatten. Jerome interessierte sich weder für Mörser noch für Musik, sondern für Gans mit Rotkraut und Maroni. Die Kinder spielten Verstecken – nirgendwo gab es so viele geheime Ecken wie in Großmutters Palais.

Als alle rhetorischen Geschütze über Mörser und Haubitzen abgefeuert waren, holte Ludwig aus der Rocktasche einen zerfledderten Band von Tolstois „Kurze Darlegung des Evangeliums" und überzog seine andächtige Gemeinde mit Erläuterungen und Zitaten. Das Buch, das er in einem kleinen Dorf in Galizien in einem Schreibwarengeschäft gefunden hatte, diente ihm als Taktstock der Rede: *Der Mensch ist ohnmächtig im Fleische, aber frei durch den Geist. [...] In den Zeiten des äußeren Wohlergehens denken wir nicht an die Ohnmacht des Fleisches; denkt man aber an die Zeiten der Not, dann kommt sie einem zum Bewusstsein. Und man wendet sich zum Geist.* Margarets Augen strahlten. Die Tische bogen sich noch immer von der Last der Gaben: Die Macht des Fleisches war noch nicht überwunden, aber die Forderung nach dem Sieg des Geistes hatte etwas Bezwingendes, vor allem, wenn Ludwig sie vortrug.

Paul verließ das Speisezimmer. Alles Heuchelei, dachte er. Am nächsten Tag schrieb er mit seiner linken Hand eine Eingabe an das Kriegsministerium, ihn erneut an der Front einzusetzen.

Zwei Wochen später zog er ein zweites Mal in den Krieg. Wenn man mit links Klavier spielen konnte, konnte man auch mit links schießen.

INS EXIL

„Hast du schon die Extrablätter gelesen? Oder Radio gehört? Amerika tritt in den Krieg ein. Woodrow Wilson hat auf die Ankündigung des totalen U-Boot-Krieges reagiert." Margaret erschrak. Sie nahm das Zeitungsblatt auf, das ihr Jerome über den Tisch hingeschoben hatte. Wilson wurde zitiert: *Es ist schrecklich, dieses große friedliebende Volk in einen Krieg zu führen. Doch Recht ist kostbarer als Frieden.* Es war der 6. April 1917.

„Und was bedeutet das für uns?", fragte sie nach einer Weile. „Na, was schon? Wir sind jetzt Feinde in Österreich. Wir müssen verschwinden." – „Das ist nicht dein Ernst, Jerome", reagierte Margaret heftig. „Wer soll uns in Wien denn behelligen, weil wir Amerikaner sind? Wir sind Zivilisten, haben doch mit dem Krieg überhaupt nichts zu tun."

Jerome wurde sofort laut und fing an zu schreien: „Sei nicht so naiv. Wenn dir das Leben deiner Kinder lieb ist, packst du heute deine Sachen!" – „Geht es nicht weniger pathetisch, Jerome? Wir haben nichts zu fürchten, und ich will in Wien bleiben."

Da war Jerome völlig anderer Meinung und sein Drang, Österreich den Rücken zu kehren, steigerte sich zu einer „Kriegspsychose", wie Hermine das nannte. Die Kinder heulten Rotz und Wasser, als sie hörten, dass die Familie Wien verlassen würde. Tommy, der Elfjährige, trat in eine Art Streik und kam nach der Schule einfach nicht nach Hause, erschien erst nach dem Abendessen. Niemand wusste, wo er sich herumtrieb. Der fünfjährige Ji protestierte auf seine Weise: er nässte jede Nacht das Bett. Doch Jerome war unnachgiebig. Er besorgte Visa für die Schweiz. Eine Woche nach Kriegseintritt der Vereinigten Staaten, am 14. April 1917, fuhr die Familie Stonborough gegen den Willen von Margaret und den

Kindern ins Exil: Es war eine Flucht Hals über Kopf. Jerome wollte sich in Luzern niederlassen. Sie strandeten in Zürich, eine Weiterreise verhinderten die beiden Kinder, die sich einen Keuchhusten eingefangen hatten, eine damals lebensgefährliche Krankheit.

In Zürich lebte man im Hotel auf halb ausgepackten Koffern, Jerome schmiedete jeden Tag neue Pläne, Margaret fiel in ein seelisches Tief: die überstürzte Abreise von zu Hause, das entfremdete Leben in der Schweiz, fern von ihrer Familie, die bedrohliche Krankheit der Kinder, die zunehmende Erkenntnis, dass ihre Ehe mit Jerome gescheitert war – das alles wurde ihr zu viel. Tagelang verbarrikadierte sie sich in ihrem Hotelzimmer, stand morgens nicht auf, verweigerte sich allen Aktivitäten, berief sich auf ihr Herzleiden, das sie ans Bett fessele. Die Zeit des *Allein-+ Miserablig-seins* war angebrochen.

Schließlich wirkten die Antibiotika, die Buben wurden gesund, die Familie zog nach Luzern, residierte nobel in zwei Luxussuiten des Hotels „National", aber die Situation wurde nicht erträglicher. Jerome und Tommy stritten sich jeden Tag so lange, bis alles in einem großen Geschrei mündete. Schließlich schickte Margaret Tommy in ein Internat nach Zuoz, schrieb dem „Herzpinkel" täglich einen Brief, schrieb zärtlich, humorvoll und flapsig, sich in die Gemütslage eines Zwölfjährigen einfühlend, schrieb in ihrer souverän ausladenden Schrift, manchmal auch sehr großzügig Regeln der Grammatik und Wortbildung missachtend. Jeromes seltene Briefe waren in einer erstaunlich kleinen, kleinlichen Kinderschrift und in knappen stereotypen Wendungen abgefasst (der Sohn möge doch brav lernen und seinem Vater Freude machen). Tommy fühlte sich unglücklich in Zuoz. Margaret überlegte, Jerome und Ji zurückzulassen und mit Tommy wegzuziehen. Aber das Verhältnis Jeromes zu seinem Jüngsten war auch nicht konfliktfrei. Eines Morgens verkündete der Fünfjährige munter am Frühstückstisch: „Mama, ich habe geträumt, du hättest gesagt: ‚Wir müssen den Papa in die Idioten-Anstalt schicken'." An einem anderen Morgen warf Ji seinem

Vater fröhlich eine Toastscheibe ins Gesicht. Jerome geriet außer sich, befahl dem Jungen, die Hosen herunterzuziehen und *wichste ihn tüchtig durch.* Außerdem durfte Ji das Zimmer der Eltern einen Tag lang nicht betreten. Die Teilnahme am Turnen wurde gestrichen.

Die ständige Anstrengung, zwischen Jerome und den Kindern zu vermitteln, für kurze Zeit eine künstliche Harmonie herzustellen, die schnell wieder verflog, machte Margaret krank. Ihr Tagebuch, dem sie fast täglich ihre Nöte anvertraute, füllte sich mit Berichten von Auseinandersetzungen mit Jerome (den sie immer nur mit „J." abkürzte): … *es hat mir wieder forcibly klar gemacht, dass ich so wie wir jetzt zusammen stehen, nicht mit ihm leben kann.*

Helene wollte sie in Luzern besuchen, doch Jerome war dagegen. Warum, sagte er nicht, er wollte einfach nicht. Margaret schrieb Helene, sie sei einfach zu krank, um sich auf ihren Besuch zu freuen. Hermine erfuhr es ungeschminkter: … *weißt Du, sich in fortwährenden Kämpfen gegen einen Menschen durchzusetzen, an den man für sein ganzes Leben gebunden ist, ist ein Blödsinn.*

DAS STRAPAZIERTE HERZ

Das war doch nicht etwa...? Margaret hielt im Schritt inne. Vor ihr ging auf dem Weg um den See ein Paar, so eng und innig untergehakt, dass sie ausschloss, es könne sich um ein Ehepaar handeln. Die Frau schmal und groß, modisch angezogen in bleistiftengem Rock und einer Jacke mit schwingendem Schößchen, auf dem Kopf ein gewagtes Gebilde aus eng anliegender Filzkappe und wippenden Federn. Der Mann, deutlich kleiner mit dunklen, kurz geschnittenen Haaren, trotz der frühlingshaften Wärme in einen schwarzen Mantel gekleidet. Er ging leicht gekrümmt. Als er der Frau sein Gesicht zuwandte, das im Profil von einer dünnrandigen Brille beherrscht war, wusste Margaret: er war es tatsächlich. Er, der so boshaft die Attitüde des österreichischen Adels und der Bourgeoise geißeln konnte, sich dem Müßiggang hinzugeben, und darin war ganz sicher das Dolcefarniente eines Kuraufenthaltes eingeschlossen, er hielt sich im berühmtesten aller Schweizer Bäder auf, in St. Moritz. Und deutlich zu anderem Zweck, als sich von einem Leiden zu befreien. Es war nicht zu fassen.

Das Paar wanderte nicht, das wäre bei den eleganten Knöpfelschuhen der Dame auch undenkbar gewesen, es lustwandelte. Ganz anders Margaret, sie schleppte sich mit langsamen Schrittchen am Ufer des St. Moritzersees entlang. Sie war eine „echte" Kranke, eine Rekonvaleszentin, die in St. Moritz versuchte, wieder auf die Beine zu kommen.

Tagelang hatte sie im Bett gelegen, gedämmert, gelesen. Jetzt bestand der Kurarzt auf Bewegung. „Am besten alleine, sonst gewöhnen Sie sich daran, am Stock oder am Arm ihres Gatten zu gehen." Und jetzt begegnet sie bei ihrem ersten Spaziergang Karl Kraus. Oder hatte sie sich nicht doch getäuscht?

Seit sie „eine Grütze" hatte, wie sie sagte, schwärmte sie für Karl Kraus. Aber nicht immer war sie von seinem Reden und Schreiben entzückt gewesen.

Am 19. November 1914 hatte sie im Wiener Konzertsaal Kraus mit seiner Vorlesung („Anrede" hatte er es genannt) „In großer Zeit" gehört. Zu einem Zeitpunkt, da nahezu alle Österreicher, alle Wittgensteins eingeschlossen, voll patriotischer Gesinnung den Krieg bejahten, hatte Kraus völlig andere Töne angeschlagen und die euphorische Kriegsberichterstattung gegeißelt: *In dieser schweren Zeit, […] die da dröhnt von der schauerlichen Symphonie der Taten, die Berichte hervorbringen, und der Berichte, welche Taten verschulden: in dieser da mögen Sie von mir kein eigenes Wort erwarten.*

Tatsächlich hielt er sein selbst verordnetes Schweigen durch und stellte das Erscheinen der „Fackel" von Februar bis Oktober 1915 ein, um dann erneut *gegen das Sprachgesindel, dem der Anblick unnennbaren Grauens nicht die Zunge gelähmt, sondern flott gemacht,* zu kämpfen. Gegen die Dummen, die angesichts der Grausamkeit des Schlachtens auf den Schlachtfeldern tatsächlich glaubten, in diesem Krieg würde sich die Kultur erneuern. Alle wussten, auf wen Kraus abzielte, auch wenn er zunächst den Namen nicht fallen ließ. Alice Schalek, eine Journalistin der „Neuen Freien Presse", war 1915 als erste Frau zum „Kriegspressequartier" zugelassen worden, berichtete in ihren Artikeln von der Front in Südtirol, später auch vom Isonzo. Margaret hatte regelmäßig diese Berichte gelesen, anfänglich mit großer Zustimmung, spürte sie bei Schalek doch einen ähnlich heißen Patriotismus, wie sie selbst ihn empfand. Vielleicht ging die Reporterin in ihrer Emphase zu weit, wenn sie den Krieg als Inkarnation *freigewordenen Menschentums* feierte. Aber Kraus' Reaktion ging auch zu weit: *Wohl ist die Schalek an und für sich eines der ärgsten Kriegsgreuel, die der Menschenwürde in diesem Kriege angetan wurden. […] Denn es ist möglich geworden, […] daß unsere Öffentlichkeit die obszönen Tagebuchblätter vorgesetzt bekommt, die ein Frauenzimmer verfaßt, das sich für seine Weiblichkeit kein anderes Feld der Anregung zu verschaffen wußte als das Feld der Ehre – ausgerechnet! Pfui Teufel!*

Pfui Teufel, war ihr beim Lesen spontan herausgerutscht. Der Kraus ist gegen den Krieg, das ist sein gutes Recht, aber übte sich nicht auch er in Vernichtung? Eine Frau als Kriegsgreuel zu bezeichnen, ihr Schreiben als obszön? Sie in ihrer Weiblichkeit zu attackieren? Der muss ein Riesenproblem mit Frauen haben, vor allem, wenn sie ihm in seiner Domäne, dem Schreiben, Widerpart bieten, hatte sie gedacht. Wobei natürlich die Schalek nicht an Kraus heranreichte, was die Gewalt des Wortes anging.

Und jetzt hatte sie einen Blick auf einen ganz anderen Karl Kraus erhascht, einen Liebenden. Die Frau an seiner Seite hatte ihr bisher immer den Rücken zugekehrt, aber sie wusste, wer die Angebetete war. Klatsch hatte immer weite Flügel und flog von Wien nach Zürich mit der Geschwindigkeit von Radiowellen: Sidonie Nádherný von Borutín, eine böhmische Freifrau, der auch Rilke zugetan war. Kraus und Sidi, wie sie nur genannt wurde, hätten sich 1913 im Café Imperial in Wien kennengelernt, seither blühe die Liebe, sei aber immer wieder heftigen Verstimmungen und Brüchen und ausgesetzt. Seit 1916, mitten im Krieg, ziehe sich das Paar manchmal in die *Villa Manin Sur* in St. Moritz zurück.

Wenn die Herzschmerzen haben, dann andere als ich, dachte Margaret. Sie sah das Paar jetzt häufiger bei schönem Wetter auf Spazierwegen am See, selbstvergessen auf einer Ruhebank sitzend, immer fein und formell gekleidet, sie immer lächelnd, er niemals lächelnd, in die sich hochsommerlich verschwendende Natur blickend, als sähe er sie nicht. Aber er sah seine Geliebte an. Als Margaret einmal beobachtete, was für Blicke sich Kraus und die Baronin schenkten, gab es ihr einen Stich. Hatten Jerome und sie sich jemals so in die Augen geschaut? Sidi war doch, nach allem, was man von ihr hörte, eine emanzipierte und selbstbewusste Frau, die nicht in Ehrfurcht vor großen Geistern erstarrte, sondern ihnen eine intellektuell ebenbürtige Gefährtin war. Gleichzeitig konnte sie mit einem so schwierigen und misogynen Mann wie Kraus eine romantische Liebe pflegen?

„Du hast es gut", schrieben Freunde und Geschwister aus Wien, die ihren komfortablen Status als reiche Emigrantin in der Schweiz sahen und ihn an den desaströsen Kriegsverhältnissen in Wien maßen. Sie aber litt, fühlte sich fremd und heimatlos und verstört von Jeromes Lieblosigkeit. Sogar bei den Kindern spielte er den Tyrannen. Wohl weil er nichts anderes zu tun hatte.

Ohne Zweifel war es das strapazierte Herz, das sie in eine Depression getrieben hatte, aber ob es sich dabei um eine pathologische koronare Erkrankung handelte, war ungeklärt. Der Arzt hatte verordnet, was bei Erschöpfungssyndromen wohlbetuchter Patientinnen angezeigt schien: Mineralquellen und die gute Luft in der St. Moritzer Höhe von 1800 Metern.

Die gute Luft. Schon der Empfangschef im „Badrutt's Palace Hotel", in dem Frau Stonborough-Wittgenstein logierte, hatte sie mit dem Hinweis auf die „Champagnerluft" empfangen. Inzwischen konnte sie diesen Vergleich nicht mehr ertragen (niemand sprach übrigens von Luft wie Sekt, das hätte in St. Moritz ordinär geklungen). Sie war dazu übergegangen, jedes Schwärmen über die heilklimatischen Vorzüge des Engadiner Klimas und die prickelnde Essenz der Luft mit dem Hinweis abzutun, sie halte Champagner für ein völlig überschätztes „Gesöff". Wenigstens konnte sie an den indignierten Reaktionen von Hoteldirektoren, Ärzten und Kurgästen ihre Freude haben. Es gab ja sonst nicht viel, was ihr in St. Moritz Freude bereitete. Melancholie war die dunkle Vertraute ihrer Nächte.

Wenn sie wenigstens mehr Post aus Wien erhielte! Briefe von der Mutter und Hermine waren wirksamer als alle Digitalis-Extrakte, sie waren *Salbenverband für ihr offenes Herz*. Sie wollte lesen, wie es ihnen ging und welche Nachrichten sie von Luki hatten, der an italienischen Front kämpfte. Jerome hatte kaum Verständnis für ihr Heimweh. *Es ist so schwer jetzt in einem Lande zu leben, wo den*

Menschen der Krieg + was drum und dran hängt, nicht so nahe geht wie unsereinem; das erzeugt bei mir einen aggressiven Patriotismus. – Meine Gedanken sind immer bei Euch + wehe wenn Ihr nicht gesund bleibt, bis ich im Herbst wiederkomme!, schrieb sie ihrer Mutter im Mai 1917.

Ob sie Karl Kraus einfach einmal ansprechen sollte? Vielleicht, wenn sie ihn allein aufspürte, ohne seine schöne Baronin? Aber wie sollte sie sich ihm vorstellen? Sagte sie „Stonborough", stünde doch sein Urteil fest: eine verwöhnte Engländerin oder Amerikanerin, die sich keinen Deut um den Krieg kümmerte und sich dem feudalen Leben in St. Moritz hingab. Sagte sie „Wittgenstein", würde mit Sicherheit ein anderes Rohr der Verachtung abgefeuert: Ach so, eine aus dem Stamme des österreichischen Geldbarons, Gott hab ihn selig, lass ihn trotzdem in der Hölle schmoren. Alles, was ihr blieb, war, ihm einmal zuzulächeln, wenn seine Geliebte in eine andere Richtung schaute. Er würde das schon richtig interpretieren, käme wohl kaum auf die Idee, eine Frau erliege seiner männlichen Attraktivität, vielleicht aber auf die Idee, dass ihn eine begeisterte „Fackel"-Leserin grüßte. Das würde seiner Eitelkeit schmeicheln. Die war in jedem Fall so gut entwickelt, dass er auch noch das verschämteste Kompliment wahrnehmen würde.

Sie würde auf eine Gelegenheit warten.

KOLLABORATION MIT DEM FEIND?

Die Kur in St. Moritz hatte nicht den erwünschten Erfolg gebracht: Margarets Herzschmerzen kehrten immer wieder zurück. Manchmal fürchtete sie sich vor einem plötzlichen Infarkt: *Kaum macht mein Herz Manderln, so denke ich: Oh Gott, das ist der Anfang + sterbe so die tausend unnötigen Tode, die der Feige stirbt.* Die Besuche bei ihrem Arzt in Bern, Dr. Sahli, häuften sich. Er ermutigte sie, nicht nur im Bett zu liegen, um ihr Herz zu schonen. So dehnte sie die Aufenthalte in Bern aus, streifte durch Antiquitätengeschäfte, sammelte wild, was ihr gefiel. Unvereinbares, reizend Unnützes, Wertvolles und Absurdes, was die große Eklektikerin in einer späteren Wohnung wieder zu arrangieren wüsste. Einstweilen stopfte sie das Hotelzimmer voll und kompensierte die innere Leere. Die Eroberungen in Bern wurden stolz an Hermine berichtet: Kaffeekanne, Teekanne, eisernes Relief, Medaillon, Kette, einen aus Leder gepressten Apostelkopf, eine Fayence-Kommode, Glaskännchen, 2 schöne Teller, altes Madonnenbild, Ohrringe aus Glas, türkischer Schal, Fächer mit Federzeichnung, Elfenbein-Köpfchen, Miniaturen, Bierglas für 70 Fr., Jesuskind für 25 Fr. Das Horn eines Narwals hatte sie in der Hand gehabt, auch das Geweih einer Elefanten-Antilope. Beides war zu teuer. Wohl auch zu voluminös.

In Zürich gewesen. Shoppen ohne Ende, schrieb sie an anderer Stelle. Die Ausbeute: Schweizer Fayence, Pariser Tassen. Meißner Schale. In Genf erstand sie einen ausgestopften Kolibri für Tommy, eine Riesenschlangenhaut, einen englischen Fächer, griechische Münzen, Besteck, silberne Schuhschnallen, eine silberne Uhr.

Als sich Ende 1917 auch in der Schweiz Lebensmittelknappheit und Energiekrise bemerkbar machten, die Importe, von denen das Land abhängig war, drastisch einbrachen, griff sie zur Selbsthilfe.

Weil keine Butter mehr auf dem Markt erhältlich war, kaufte sie eine hölzerne Trommel und schlug die Milch zu Flocken. Sie ließ sich von Bekannten alte Hüte schenken, drapierte sie neu und verkaufte sie, um Arme zu unterstützen. Um den kalten Winter besser zu überstehen – selbst im Hotel blieb die Heizung kalt und Warmwasser gab es nur noch einmal die Woche –, beschlossen die Stonboroughs in ein milderes Klima zu ziehen: nach Ouchy bei Lausanne an den Genfer See. Im April 1918 kehrten sie nach Luzern zurück und holten Tommy aus Zuoz wieder zu sich.

Es galt, dem Horror vacui entgegenzuwirken. Margaret sammelte dürre Blätter und zeichnete sie. *Man macht sich keinen Begriff von der Schönheit und Kompliziertheit dieser Linien.* Sie las und beschäftigte sich mit Literatur und Philosophie. Auf der Lektüreliste erschienen Dantes „Göttliche Komödie" und Goethes „Wilhelm Meister", Johann Peter Hebels „Schatzkästlein" und Kellers „Grüner Heinrich", „Faust II" (*lässt mich eiskalt*) und immer wieder Dostojewski. Die Philosophie sollte ihr helfen, ihre Erfahrungen einzuordnen, *denn Philosophieren heißt eigentlich das Erlebte verdauen.* Nietzsche legte sie schnell wieder zur Seite: *Entweder er rennt offene Türen ein, oder er spinnt.* Schopenhauers „Die Welt als Wille und Vorstellung", das sie fünfzehn Jahre vorher schon mit Rudi und den Zitkovskys diskutiert hatte, entsprach ihr mehr, obgleich ihr sein Weltbild zu pessimistisch war. Sie, die „unerschütterliche Optimistin", tat sich schwer mit dem Bild des Individuums, das leidend, irrend und sterbend in die Bewusstlosigkeit zurücktorkelt. Aber da gab es doch auch das Mitleid, das den Willen des anderen Menschen als den eigenen erkennt. Wenn man den Egoismus aufgibt, kann man vom Ich zum Du gelangen, Grenzen überschreiten.

Während sie mit Schopenhauer um Erkenntnis rang, rang Jerome im Sportclub, um sich körperlich zu ertüchtigen. Er fuhr sogar nach Zürich, nur, um sich Ringkämpfe anzusehen.

Darin erkannte Margaret die Geschlechterdifferenz: Frauen schwingen anders als Männer, sind leichter zu begeistern. Der

Mann ist entweder ein Idiot, der nie schwingt, oder er kann sich nur für das erwärmen, was ihm liegt.

Ji kam mit hochrotem Kopf in ihr Zimmer gestürmt. Sein weißes Hemd war aus der Hose gerutscht, als hätte er zehn Purzelbäume geschlagen. Tommy im Hintergrund sah weniger derangiert aus, aber auch er machte den Eindruck, als hätte er gerade in einer Tour de Force den Pilatus erklommen, er strahlte wie im Gipfelglück.

„Es gibt neue Gäste", brachte Ji heraus, „Mädchen." Schön, wenn Kinder ins Hotel kommen, dachte Margaret, im „National" waren sie kaum vertreten, vor allem Ji fehlte es an Spielkameraden. „Soso, Mädchen, sind sie hübsch?"

„Hübsch und Prinzessinnen", kommentierte der zwölfjährige Tommy. Alle hübschen Mädchen sind in einem bestimmten Alter Prinzessinnen, wenn man sie nett anzieht. Das sagte Margaret lieber nicht laut, sonst musste sie sich wieder anhören, dass sie nicht verwinden könne, dass Ji nicht als Mädchen auf die Welt gekommen war.

„Echte Prinzessinnen", legte Tommy nach, als hätte er die Gedanken seiner Mutter erraten.

Tatsächlich hatte sich im Juni 1918 die griechische Königsfamilie ihr Exil im Hotel „National" in Luzern gesucht, wohnte jetzt mit den Stonboroughs Tür an Tür. Neben der Königinmutter Olga und der Königin Sophie, einer Schwester des deutschen Kaisers Wilhelm II., umfasste das Gefolge zahlreiche Söhne, Schwiegertöchter und Enkel, die im Alter von Tommy und Ji waren. Die Kinder fassten sofort Vertrauen zueinander, radebrechten auf Englisch und Deutsch, und Tommy, der Ruhelose, wandelte am Ufer des Vierwaldstättersees mit der gleichaltrigen Prinzessin Irene, stets darauf bedacht, eine Hand frei zu haben, falls die Prinzessin über ihre langen Röcke stolperte. Sie stolperte nicht.

Es gab viele Aufmerksamkeiten von Seiten der griechischen Familie. Königin Olga schenkte Ji ein Kinderbuch, Ihre Majestät,

Königin Sophie, lud zum Tee in ihre Suite. Immerzu kam ihre Hofdame und brachte den Kindern Süßigkeiten, den Erwachsenen teure Weine. Margaret war das nicht geheuer. Vor allem war ihr das Deutsche, schlimmer: das Preußische an Königin Sophie unsympathisch. „Du musst dir vorstellen“, erklärte sie Jerome, „da kommt eine deutsche Prinzessin aus protestantischem Berliner Milieu, diszipliniert bis zur faltenlosen Halskrause, in ein Land, in dem Sorglosigkeit und Schlendrian herrschen, jeder seinen Dreck auf die Straße wirft und sich genau diesen Dreck darum kümmert, was am nächsten Tag geschieht. Die Sonne wird scheinen, was soll man sich sorgen? Natürlich hat sich Königin Sophie, von dieser Mentalität angewidert, berufen gefühlt, andere Verhältnisse in Athen einzuführen, so hat sie es mir erzählt. Und hat überhaupt nicht verstanden, dass sie mit ihren Maßnahmen zur Hebung der allgemeinen Hygiene in kürzester Zeit bei den Griechen unten durch war. Die Frau dünkt sich etwas Besseres – und denkt, ich als Österreicherin würde ihre Verachtung der südeuropäischen Verhältnisse teilen.“

Jerome hatte mit einem Blick auf die Prinzessinnen festgestellt, dass für ihn nichts zu holen war. So hielt sich sein Interesse an den Griechen in Grenzen. Aber als die Einladungen und Aufmerksamkeiten immer opulenter wurden, beinahe zudringlich, teilte er die Bedenken seiner Frau. Die fragte sich: *Warum diese Freundschaft. Gewiss nicht pour mes beaux yeux […] Kö-*

Adrette Buben: Ji und Tommy, etwa 1915.

nigin Sophie läuft uns schrecklich nach. Heute kam schon zum zweiten Male die Hofdame zu mir. Kein Zweifel, sie halten uns für importanter als wir sind und hoffen uns als Sprachrohr zu höheren amerikanischen Stellen zu benutzen. Und das in der durchsichtigsten Weise.

Sie hatte recht mit ihrer Vermutung, bald rückte die Königin mit ihrem Begehren heraus: ob die amerikanischen Staatsbürger Stonborough nicht einen Kontakt zu Präsident Wilson herstellen könnten, ihm das Schicksal des entthronten deutschen Kaisers schildern?

Nein, das konnten sie nicht, vor allem wollten sie das partout nicht. Als Jerome und Margaret Anfang März 1919 auf die amerikanische Botschaft in Bern vorgeladen wurden, schwante ihnen Übles. Tatsächlich wurde den Stonboroughs mitgeteilt, sie würden der Illoyalität verdächtigt, ihr Umgang mit der griechischen Königsfamilie nähre die Vermutung, dass sie sich für die erneute Inthronisierung des deutschen Kaisers einsetzten. Margaret war empört über die Unterstellungen des Militärattachés, und noch beim Eintrag der Ereignisse in ihr Tagebuch war ihre Erregung nicht verflogen: *Jerome überzeugte den Mann bald von unserer Unschuld + ich drahte* (sic) *stark auf und sagte, ich sollte eigentlich eine Entschuldigung verlangen. Als der Kerl meinte, wir sollten die ganzen Griechen droppen, sagte ich, das sei gegen mein Prinzip, aber Jerome gab gleich nach + so konnte ich nur sagen, dass ich most emphatically protestiere. Ich war wütend, humiliated + verstimmt, ich hätte am liebsten geheult.*

Um die Situation nicht eskalieren zu lassen, verließen die Stonboroughs umgehend das Hotel „National". Sie mieteten die Villa Schuhmacher in Tribschen, ein Haus, in dem weder Küche, noch Heizung oder Bad funktionierten. Da war wieder Margarets unübertreffliches Organisationstalent gefragt, in kürzester Zeit ein Heim zu schaffen, in dem alles in Betrieb war, sich alle wohlfühlten, gesellschaftliche Einladungen möglich waren und sogar Musikabende veranstaltet werden konnten. Als das Busch-Quartett eines Abends im Salon der Villa Beethoven spielte, war die Welt wenigstens für kurze Zeit wieder in Ordnung. Oder, wie Margaret gern Wagner zitierte, der ja sechs Jahre in Tribschen gelebt hatte: „Nun freut sich alle Kreatur."

Der Verkehr mit der griechischen Königsfamilie wurde nicht abgebrochen, dafür sorgten schon die Söhne. Aber auch Margaret hielt Kontakt, vor allem mit Prinzessin Marie Louise aus dem Hause Bonaparte, einer Schwägerin des griechischen Königs.

Diese Freundschaft sollte sich knapp zehn Jahre später noch einmal bedeutend bewähren.

DIE MILCH DER FROMMEN DENKART

Das Szenario, das ihre Schwester von der wirtschaftlichen Not in Wien nach Kriegsende malte, war an Schrecknissen nicht zu überbieten. Kälte, Hunger und Krankheiten wie die Spanische Grippe beherrschten die Stadt und forderten ihre Opfer. Die Verzweiflung der Menschen war so groß, dass immer wieder gewalttätige Krawalle ausbrachen. Am meisten bewegte Hermine das Schicksal der Kinder: „Die Babys und Kleinkinder sterben zu Tausenden, weil es keine Nahrung gibt, vor allem keine Milch. Die jungen Mütter sind verzweifelt. Manche stehen fünf Stunden in der Eiseskälte in der Hoffnung an, ein paar Schöpfer Milch zu ergattern. Die Schlangen der tief vermummten, stummen Frauen vor den Läden sehen aus wie aufgereihte Gespenster. Fast immer warten die Frauen vergebens, es scheint so, als gäbe es in ganz Österreich keine einzige Kuh mehr oder keine Versorgungswege mehr nach Wien."

Da saßen die Stonboroughs in der Schweiz, hatten jeden Morgen ihre warme Milch zum Kaffee, aßen Käse, die Kinder lutschten Schokolade – und in Wien starben Kinder, weil sie nichts zu essen hatten. Margarets Gewissen regte sich, was heißt regen! Es biss sie mit scharfen Zähnen. Was hatte sie einmal geschrieben, als sie über Gut und Böse in der Welt nachgedacht hatte: *Ich habe entdeckt, dass das Gewissen als zweites wichtiges Forum neben dem Verstand besteht – […] Der Mensch hat beide Organe u. für ihn gibt es Beides, er muss nur mit dem richtigen Organ das Richtige aufnehmen u. constatieren.*

Jetzt „constatierte" die Wienerin mit beiden Organen, dem Gewissen und dem Verstand, das Richtige: nämlich, dass ihre Hilfe gefragt war. Schnell und großzügig. Sie ging zur Bank und ließ 100.000 Schweizer Franken zum sofortigen Abruf bereitstellen.

„Einhunderttausend Franken", wiederholt der Bankbeamte, ohne mit der Wimper zu zucken. „Sehr wohl, gnädige Frau." Sie überlegte, nicht den Schweizern, sondern den Amerikanern das Angebot zu unterbreiten, eine Hilfssendung nach Wien zu schicken. Kondensmilch im Wert von 100.000 Franken. Die Beamten zuckten mit den Schultern. Es gab eben immer Verrückte. Kondensmilch in der Höhe dieser Summe, das wäre ja ein Güterzug voll, oder?

„Davon können Tausende Kinder oder mehr mit Milch versorgt werden, Kinder, die sonst einfach krepieren." Margaret war nie um ein starkes Wort verlegen: „Otherwise they will die, they will perish like dogs."

Das beeindruckte die Beamten nicht im Geringsten, sie reagierten, wie Beamte immer verfahren: Sie erklärten sich für nicht zuständig. Margaret war wütend, gleichzeitig machte sie sich Sorgen über die Macht des Apparats: *Diese Behörden sind ekelhaft, jeder im neutralen Auslande wohnende Amerikaner mit einer „feindlichen" Gattin ist ihnen verdächtig + sie können einem den Pass wegnehmen + die Geldzufuhr abschneiden.*

Einschüchtern ließ sie sich natürlich nicht. Ob es nicht doch eine Möglichkeit gebe? Solch eine Aktion könne nur die amerikanische Gesandtschaft in Bern genehmigen, hieß es in Luzern. Jerome aber weigerte sich, mit ihr zur Gesandtschaft nach Bern zu fahren. Er kannte den amerikanischen Gesandten Pleasant Stovall und wollte sich auf keinen Fall das Wohlwollen offizieller Stellen verscherzen. Margaret hatte während des Krieges immer wieder versucht, eine Einreiseerlaubnis nach Wien zu erwirken, sie war den Beamten genug auf die Nerven gegangen, die ihr als amerikanischer Staatsbürgerin regelmäßig die Reise verwehrt hatten, Österreich war immerhin „Feindesland".

Wenn Du wüsstest, wie es mir jetzt geht, wo ich versuche für einen großen Betrag Lebensmittel nach Wien zu schaffen!, schrieb sie ihrer Schwester. *Es ist rein zum Verrücktwerden! Nur allein die Schwie-*

rigkeiten von amerikanischer Seite eine Erlaubnis für so eine Aktion zu bekommen. Trotzdem hoffe ich auf Erfolg, besonders wenn ich Jerome dazu kriege, übermorgen mit mir nach Bern zu fahren to tackle die Leute dort personally.

To tackle a problem – ein Problem anpacken, to tackle people – Leute angehen, direkt und persönlich, das waren Fähigkeiten, mit denen Madame Stonborough schon immer Erfolge zeitigen konnte. Sie konnte sich auf ihre Ausstrahlung, ihren Charme verlassen. Lieber würde sie auf die Stringenz ihrer Argumente bauen, aber sie wusste, dass Männer immer glaubten, nur sie könnten nüchtern und analytisch Entscheidungen treffen, meistens agierten sie jedoch irrationaler als Frauen.

Aber erst einmal musste sie den sich sträubenden Gatten überzeugen. „Wozu brauchst du mich eigentlich?“, grantelte der. „Du bist der richtige Amerikaner, ich bin nur eine angeheiratete Amerikanerin. That makes all the difference.“ Schließlich hatte Margaret die rettende Idee: gar nicht den amerikanischen Gesandten aufzusuchen, sondern direkt die Food Commission, die für die Verteilung von Hilfsgütern zuständig war. Damit war Jerome einverstanden. Er meinte, man müsse nur das Elend der armen österreichischen Kinder in düstersten Farben malen, dann würde die Genehmigung schon erteilt. Aber Margaret dachte politischer, strategischer. Vielleicht fühlten sich die Amerikaner ja angegriffen, wenn sie in die Rolle eines Siegers gedrängt wurden, der die Besiegten verhungern ließ, noch dazu kleine Kinder. Vielleicht würde der Repräsentant Amerikas darauf verweisen, dass auch in jenen Ländern Kinder hungerten, die unter den deutschen und österreichischen Armeen gelitten hatten. Auf dieses Argument sprang Jerome an. Gerade hatte er noch über das Vorhaben gemault, jetzt war er plötzlich Feuer und Flamme, bot an, eine gehörige Summe aus seiner Privatschatulle dazuzulegen. Wäre es nicht eine kluge Geste, fragte er Margaret, zusätzlich eine Hilfssendung für ein Land anzubieten, das Opfer der Mittelmächte war?

Die Fahrt nach Bern verlief unter starker Anspannung. Wie würde sich diese neue Behörde verhalten? Dr. Taylor, der Food Commissioner, empfing das Paar eher reserviert, von Möchtegern-Philanthropen gab es einige in der Schweiz, aber das Geschäft von Hilfe und Unterstützung verlangte enormes diplomatisches Fingerspitzengefühl. Ms. Stonborough schien das zumindest zu verstehen. Dass sie als geborene Österreicherin nicht nur an ihre Landsleute dachte, sondern eine generöse Spende für ein alliiertes Land offerierte, verdiente Anerkennung. Dass sie die Milchsendung durch die amerikanische Hilfsorganisation verschicken wollte, bewies, dass es ihr an erster Stelle darauf ankam, dass ihre Gabe die Bedürftigen erreichte, nicht, dass sie als Wohltäterin gefeiert würde.

Respekt, Madam, dachte Mr. Taylor und bot ihr eine Zigarette an. Die nahm sie dankend an, steckte sie weg und lächelte. Er fragte: „Wie viel wollen Sie geben?" *Ich meinte hunderttausend Fr. für immediate help for Vienna und noch einmal so viel für dasjenige alliierte Land, das Mr Hoover (The food Controller) für das bedürftigste hält. […] Dr. Taylor nahm einen Bleistift rechnete 2 Minuten dann sagte er, Milch sei am nötigsten, für 100000 Fr. könne ich so viel condens Milch haben, dass 4000 Kinder 30 Tage hindurch one can of milk bekämen. Diese Milch könne in 3 Tagen abgehen. Als alliiertes Land käme hauptsächlich Polen in Betracht.*

„Was ich an den Amerikanern so liebe", sagte Margaret und hakte sich vergnügt bei Jerome unter, als sie das Gebäude der American Food Relief Commission verließen, „ist ihre Effizienz. Mr. Taylor stellt zwei Fragen, ich antworte, er sagt: o.k. und verspricht, dass die Lieferung der Milch in drei Tagen abgeht. In drei Tagen! Du weißt, wie das in Wien ausgeschaut hätte: Küss die Hand, gnädige Frau, das ist ganz wunderbar, was Sie uns da anbieten, wirklich großartig, zum Niederknien, aber natürlich müssen wir schauen, dass es nicht zu diplomatischen Verwicklungen mit einem neutralen Staat kommt, dass die Schweizer Eisenbahnen einen solchen Transport zu bewältigen sich imstande fühlen, dass die Milch hinreichend von Lebensmittelkontrolleuren auf ihre Unbedenklichkeit geprüft und noch kein Verfallsdatum eingetreten ist, dass in Wien Kapazitäten zur Verteilung des Gutes zur Verfügung stehen, dass die sozialen Einrichtungen nach genauer Prüfung entscheiden können, wohin die Milch fließen soll, also gnädige Frau, so einfach ist das alles nicht. Aber wie immer sind wir hier in Wien guten Willens …"

Da gestatte sich auch Jerome den Anflug eines Lächelns und führte seine Frau in den Gasthof „Zum Falken" in der Amthausgasse, bevor es nach Luzern zurückging.

Tatsächlich erreichten 161.472 Dosen Kondensmilch der Exil-Österreicherin aus dem Hause Wittgenstein Anfang Februar 1919 Wien. Margaret wiegelte ihre Hilfe ab: „Es ist doch nur ein Tropfen auf den heißen Stein." – „Von Tropfen kann man da wohl nicht sprechen", sagte Jerome, der versuchte, hundertsechzigtausend Dosen Kondensmilch in Kubikmeter umzurechnen. Er gab den Versuch auf.

Im März kam ein Brief der amerikanischen Food Commission, unterzeichnet von Herbert Hoover, dem Leiter des Hilfsprogramms und dem Beauftragten, Dr. Taylor, in dem Ms. Margaret Stonborough-Wittgenstein formvollendet und auf feinstem Bütten im Namen der amerikanischen Regierung für ihren großzügigen Einsatz gedankt wurde. Von den österreichischen Behörden erreichte sie weder eine Bestätigung, dass die Hilfssendung angekommen sei, noch ein Dank.

„Die haben andere Sorgen", sagte Jerome.

Margaret ärgerte sich, aber der Ärger konnte ihr Engagement nicht untergraben. Die Unterstützung von Menschen, die unverschuldet in Not geraten, gehörte zur ethischen Grundausstattung der Familie Wittgenstein. Es durfte nicht bei dieser einmaligen Kondensmilch-Aktion bleiben. Sie intensivierte ihre Kontakte zu amerikanischen Diplomaten, hofierte und antichambrierte, nutzte Jeromes Beziehung zu einem Bekannten Herbert Hoovers, um mit seiner Hilfe tatkräftig für die Verbesserung der Versorgungslage in Österreich zu kämpfen.

Ganz nebenbei aber gelang es ihr tatsächlich, von den amerikanischen Behörden das Visum für eine vierzehntägige Reise nach Wien zu erwirken.

WIE NACH EINEM ERDBEBEN

Der Krieg ging ins vierte Jahr. Ludwig, den seine Kriegskameraden wegen des Tolstoi-Bändchens in der Rocktasche ironisch „Der Mann mit dem Evangelium“ nannten, kämpfte in Italien. Sein Bruder Kurt war im Mai 1917 mit dem österreichischen Generalkonsul als „feindlicher Amtsträger“ aus New York ausgewiesen worden, Hermine hatte jubelnd begrüßt, dass er doch noch Soldat werden konnte: *Eben erfahre ich, dass Kurt in Rotterdam angekommen ist. Ich bin sehr glücklich für ihn das kann ich sagen. Seine Stellung nach dem Krieg wäre höchst peinlich gewesen!* So bliebe einem Wittgenstein die Peinlichkeit erspart, sein Leben nicht für die Sache des Vaterlands in die Schanze geworfen zu haben. Als Offizier kämpfte er in den Schlachten am Piave, wo wenige Monate zuvor der Kriegsfreiwillige Ernest Hemingway verwundet worden war.

Wenige Tage vor der Unterzeichnung des Waffenstillstandsabkommens setzte Kurt am 27. Oktober 1918 seinem Leben ein Ende. Vermutungen über den Grund schossen ins Kraut: Es wurde behauptet, der heldenhafte Kurt habe sich nicht den Feinden ausliefern und in italienische Kriegsgefangenschaft geraten wollen. Oder: Er habe als Offizier die Männer, für die er verantwortlich war, nicht in eine sinnlose letzte Schlacht führen, sie zu einem Zeitpunkt opfern wollen, als der Krieg schon verloren war. Wahrscheinlicher aber war, dass ihm die Soldaten seines Trupps den Gehorsam verweigerten. Meutereien waren bei der allgemeinen Auflösung an der Tagesordnung. Die gingen Kurt aber gegen die Soldatenehre. Er richtete das Gewehr gegen sich.

Ludwig geriet in der Nähe von Trient in italienische Kriegsgefangenschaft. Die Familie hörte nichts von ihm, sorgte sich schier zu Tode, vor allem Margaret, die sich von Ludwigs Kindesbeinen an als seine Beschützerin gefühlt hatte. *Schlimme Zeiten*, notierte sie in ihr Tagebuch. *Noch immer keine Nachricht von Luki. Die Angst um ihn ist Tag + Nacht der Hintergrund meiner Gedanken*. Als amerikanische Staatsbürgerin in der Schweiz konnte sie andere Hebel in Bewegung setzen als Mutter und Schwestern in Wien, um etwas über den Verschollenen zu erfahren. Sie trat in Kontakt mit der italienischen Gesandtschaft, schrieb ans Rote Kreuz, bekniete den italienischen Militärattaché, legte ab und zu auch einen Hundert-Franken-Schein in den Briefumschlag. Endlich, Ende Dezember 1918 konnte sie triumphieren: Sie erfuhr, dass Ludwig in einem Kriegsgefangenenlager in Bellagio interniert war.

Umgehend schickte Margaret Geld nach Bellagio, um Ludwigs Situation zu verbessern. Es kam nicht an. Erst als er im März 1919 nach Cassino verlegt wurde, erreichten ihn die schwesterlichen Wohltaten, und Margaret jubelte: *Mein Herzenslukerl. Endlich zwei Karten von Dir! Die Freude ist groß, sei tausendmal umarmt + bedankt. Nur gut, dass Du endlich etwas Geld erhalten hast. [...] Uns geht es gut, materiell viel zu gut, aber das Exil ist doch drückend und schwer erträglich. [...]. Meine liebevollsten Gedanken sind immer + immer bei Dir....Ich umarme Dich in inniger Liebe Deine Gretl*

Eine Fülle von Karten und Briefen ging an den „Prisonnier de Guerre", die davon zeugen, dass sich Margaret als eine Prisonnière de Guerre dem Bruder verwandt fühlte. *Mein Herzenslukerl, Mein Herz ist angefüllt mit Liebe + Zärtlichkeit für Dich + ich sehne mich danach Dich wiederzusehen. Wer weiß, vielleicht dürfen wir zu gleicher Zeit nach Hause reisen. [...] Leider darf ich noch immer nicht nachhause reisen. Ob wir wol zu gleicher Zeit in der Heimat eintreffen werden? Ach Herzenslukerl, das wär' schön!*

Margaret aber setzte alles daran, nach Kriegsende endlich ihr Schweizer Exil zu beenden und nach Wien zurückzukehren. Sie wurde nahezu hysterisch, als ihr die amerikanischen Stellen in der Schweiz immer wieder die Ausreise verweigerten. Vor Wut und

Frustration schwoll ihr der Hals, und das nicht nur im redensartlichen Sinne.

„Jerome, ich habe einen Knoten am Hals, ich habe Krebs, Kehlkopfkrebs, ich muss nach Wien, ich muss in die Eiselsberg-Klinik. Jerome, hörst du mir überhaupt zu?"

Jerome legte den Bildband über japanische Antiquitäten aus der Hand, in den er sich vertieft hatte. Seine Sammelleidenschaft hatte ein neues Feld entdeckt, Keramik und Porzellan aus dem alten Nippon. Noch jetzt war er wütend, dass ihm ein wunderschönes Stück, das ein Glanzstück seiner Sammlung hätte werden können, in Wien vor der Nase weggeschnappt worden war. Eine blauweiße Porzellanflasche in Doppelkürbisform mit geometrischem und floralem Dekor. Vor zwei Jahren hatte er in einem Antiquitätengeschäft am Graben das seltene Objekt im Schaufester entdeckt, am Nachmittag war er hingegangen, um es zu kaufen. „Das ist leider weg", sagte der Besitzer, „das hat heute Mittag der Herr Klimt gekauft." – „Wieso sammelt der denn Japanisches?", fuhr es aus Jerome heraus, „das passt doch überhaupt nicht zu ihm." – „Da müssten sie ihn schon selbst fragen", hatte der Besitzer höflich geantwortet.

In der Schweiz kam ihm Gustav Klimt jedenfalls nicht in die Quere. Jerome legte das Buch zur Seite.

„Du bekommst kein Visum, das weißt du. In der Schweiz gibt es auch gute Ärzte. Und nicht jeder Knoten bedeutet Krebs."

„Ich habe nur Vertrauen zur Eiselsberg-Klinik. Die Ärzte dort sind Experten, wenn jemand das weiß, dann doch du, Jerome. Du kannst mich jetzt nicht im Stich lassen. Nicht in dieser Situation, wo es um Leben und Tod geht."

„Du brauchst auch von Österreich ein Einreisevisum."

„Um die Österreicher kümmere ich mich. Aber du musst zur amerikanischen Botschaft gehen. Morgen, Jerome. Jeder Tag zählt."

Jerome konnte die Worte seiner Frau nicht richtig einschätzen. Hatte sie nur einen ihrer periodisch wiederkehrenden Heimwehkoller, oder war es tatsächlich Krebsangst, die sie außer sich geraten ließ? Das lächerlich kleine Knötchen am Hals, das er ertasten konnte, wirkte nicht wie ein Malignom, aber sicher konnte man nie sein. Er würde sich um ein Visum bemühen. Abgelehnt würde es ja so und so. Aber dann hätte er wieder eine Weile Ruhe.

Vier Tage später, Ende Juni 1919, saß Margaret mit ihrer Zofe Milada im Zug Richtung Wien, zwischen großen Koffern, in denen Unmengen Schweizer Schokolade, aber auch Konserven mit feinsten Schweizer Spezialitäten ruhten. Die Koffer waren so schwer, dass nicht einmal die aufmerksamsten Kavaliere es schafften, sie ins Gepäcknetz zu hieven: „Nehmen Sie die Schweizer Alpen mit auf die Reise?", fragte einer galant. „Ach, Berge gibt es auch da, wo ich hin will", lächelte Margaret fein zurück.

Stundenlang gab es Kontrollen und Befragungen an den Schweizer und österreichischen Grenzstationen. Es fuhren nur wenige Züge, der Fahrplan war ausgedünnt wegen Kohlemangel, an Sitzplätze war auf manchen Strecken nicht zu denken. Milada seufzte in einem fort, aber Margaret blieb beschwingt: Sie fuhr heim nach Wien, würde ihre Familie wiedersehen, nach Gmunden fahren, nach Neuwaldegg, auf die Hochreith. Zwei Jahre lang hatte ihre Seele gehungert, jetzt würde sie sich sättigen an der der Liebe der Ihren. Sie vergaß, an ihren Hals zu fassen, um das Krebsgeschwür zwischen Daumen und Zeigefinger zu überprüfen.

Am Bahnhof in Wien gab es keinen Fiaker zu mieten, auch kein Mietauto. Der Vorplatz war voller Menschen – voller Dreck und Elend. Männer standen herum, als warteten sie auf den Sankt-Nimmerleins-Tag, junge Frauen trugen in Lumpen gewickelte Kleinkinder. Abfälle lagen auf den Gehsteigen, Geschäfte waren geschlossen, die Auslagen waren beschmiert, Eingänge ramponiert: Margaret kam sich in ihrem eleganten Kleid und den feinen Lederstiefelchen deplatziert vor. Schließlich fand sich ein Fiaker, der sie für 50 Kronen in die Alleegasse brachte, ein Vermögen.

Das Wiedersehen mit der Familie verlief tränenreich. Wie alt sie alle geworden sind, dachte Margaret, Mama und Mining eher zehn als zwei Jahre älter. Und alle wirkten so, als hätte sich ein Wüstenstaub auf ihre Seelen gelegt und alles Helle abgedunkelt. Nur Pauls Gesicht leuchtete für einen kurzen Augenblick auf, als die Schokoladenvorräte ausgepackt wurden. Vielleicht kann er sich damit wieder ein paar Geliebte gefügig machen, dachte Margaret, aber sie hielt den Mund.

In den folgenden Tagen nahm sie noch mehr von dem wahr, was sich in Wien verändert hatte: *Natürlich die ungeheuren Preise did strike me away. So z.B. ein Schinken = 1200 Kr. Ein Fiaker nach Neuwaldegg = 300 Kr., einen vom Graben in die Alleegasse 50 Kr. Ein paar Strümpfe 70 Kr. etc. Später fiel mir dann doch mehr auf, z.B. die unheimlichen Verbrechertypen, die man auf der Straße sah. Typen, wie sie mir nie vorher unter die Augen gekommen waren. Dann das vollkommene Fehlen von Optimismus, eigentlich von jeder Hoffnung auf die Zukunft. Die Leute leben wie während eines Erdbebens. Nichts ist mehr sicher, auch das Feststehendste kann morgen wackeln. Alle fürchten über Nacht arm zu werden.*

Sie musste nicht fürchten, arm zu werden, obgleich auch sie Geld verloren hatte. Paul hatte nämlich ohne ihr Wissen aus ihrem österreichischen Vermögen Kriegsanleihen gezeichnet, die jetzt Makulatur waren, hatte sie damit außerdem als amerikanische Staatsbürgerin in Verlegenheit gebracht.

Nach vierzehn Tagen „Heimaturlaub“ fuhr Margaret an die eheliche Front nach Luzern zurück. Der Knoten am Hals hatte sich ohne Behandlung in Nichts aufgelöst. Die Rückfahrt verlief schwierig. Margaret hatte sich Schmuck ihrer Mutter in eine Binde genäht. Die Broschennadel zwackte an einer völlig unmöglichen Stelle. So konnte sie während der Fahrt im Zug nur stehen, auch wenn dieses Mal hinreichend Sitzplätze vorhanden waren. Erst als sie die Schweizer Grenze passiert hatten, ließ sich das Schmuggelgut an einer weniger heiklen Stelle deponieren.

IHRE UNSCHULD, MADAM, RETTET SIE!

„Wie redet man eigentlich einen amerikanischen Bischof an?" Jerome zuckte mit den Schultern: Es gab Fragen, mit denen er sich nie beschäftigt hatte und nie beschäftigen wollte. In Österreich hätte Margaret keine Probleme gehabt: „Euer Exzellenz" wäre richtig, oder „Hochwürdiger Herr" oder „Bischöfliche Gnaden", am besten alle Titel gleichzeitig. Aber klang „Your Excellency" in amerikanischen Ohren nicht zu unterwürfig? Schließlich war man in einem Land, wo Hierarchien und Titel nicht so viel galten wie in Österreich – was Margaret grundsätzlich sympathisch fand. Aber natürlich konnte sie den Erzbischof von Chicago, der ihr einen Empfang gewährte, nicht einfach mit „Sir" anreden.

Margaret war im Dezember 1919 mit Jerome und den beiden Söhnen, dem dreizehnjährigen Tommy und dem siebenjährigen Ji, über Paris nach Boulogne und von dort mit dem Schiff in die Staaten gereist. Bereits im Juli hatte sie in der Schweiz den amerikanischen Staatssekretär Herbert Hoover in seinem Privatzug getroffen und ihm ihr Anliegen vorgetragen, auf einer Goodwilltour durch Amerika Geld für das darbende und hungernde österreichische Volk zu sammeln. Hoover hatte sie flugs zu einer „Special Representative of the American Relief Association" ernannt, der Hilfsorganisation, die er ins Leben gerufen hatte, und sie eingeladen, in die Staaten zu kommen.

Die Reise stand von Anfang an unter einem ungünstigen Stern. Schon in Paris gab es Schwierigkeiten: *Erstens die ewige Verzögerung der Abfahrt infolge des Streiks, dann die schrecklich unsichere Situation der Friedens Commission (bedingt durch die Nichtratifikation Amerikas) die jeden Entschluss unmöglich macht, das geht einem auf die Nerven.* Die Überfahrt auf der „Rotterdam" war derart stürmisch, dass fast alle Passagiere krank wurden, auch alle Mitglieder der Familie Stonborough. Dass das Schiff schließlich mit vier Tagen Verspätung in New York einlief, wurde unter die geringeren Übel eingereiht. Sofort wollten sich Margaret und Jerome an die Arbeit machen, sich in Redaktionsstuben vorstellen, Interviews geben, versuchen, mediale Aufmerksamkeit zu erringen unter dem Motto: *Austria is looking to America as the one hope of salvation.*

Margaret war voller Energie, aber schon am zweiten Tag nach ihrer Ankunft wurde das Vorhaben lahmgelegt. Jerome war das ganze Goodwill-Unternehmen von Anfang an nicht geheuer gewesen, er fragte sich, er fragte auch seine Frau, warum man sich die „Bettelei" antun müsse, Margaret könne doch einfach großzügige Spenden aus ihrer nach wie vor gut gefüllten Privatschatulle leisten, könne noch einmal Zigtausend Dosen Kondensmilch den hungernden Menschen in Österreich zur Verfügung stellen, seinethalben auch Fleisch und Brot und Käse oder warme Wolldecken. Margaret verstand nicht, dass ihr Mann nicht den Unterschied begriff zwischen einem Geschenk, das sie (fast) nichts kostete, und einer hart erarbeiteten Unterstützung, die ein Volk für ein anderes Volk sensibilisierte und damit zu Frieden und Versöhnung beitrug.

Jerome, entspannt, mit einer seiner Nichten (?).

Die Meinungsverschiedenheiten hatten schon während der Schiffsreise die Beziehung belastet. Jetzt aber, da die Arbeit losgehen sollte, erlitt Jerome einen schweren depressiven Schub, er nahm in kurzer Zeit sieben Kilo ab, lief nachts im Zimmer des Waldorf-Astoria-Hotels in New York wie ein angeschossenes

Tier herum, wurde von Verfolgungswahn und Selbstmordfantasien getrieben. Nachdem er eines Nachts ein riesiges Küchenmesser mit ins Bett genommen hatte, rief Margaret nach dem Nervenarzt und heuerte zusätzlich einen „Betreuer" an, der ihren Mann nicht aus den Augen ließ, vor allem nachts bei ihm blieb, damit er seine Selbstmordabsichten nicht in die Tat umsetzte. Erst nach Wochen konnte Margaret nach Hause schreiben: *Jeromes Zustand hat sich sehr gebessert, bei Tag ist er eigentlich fast normal, nur die Nächte sind noch immer schlimm.*

Der zweite Tiefschlag war, dass von Hoover keinerlei Unterstützung mehr kam, ja, dass man Margaret Hindernisse in den Weg legte, überhaupt öffentlich aufzutreten. Sie ahnte, dass sich Hoover nicht mehr exponieren wollte, weil er sich inzwischen um die Präsidentschaft bewarb und es für einen Kandidaten auf das höchste Amt in Amerika wenig opportun war, sich für ein Land einzusetzen, das im Bewusstsein der Menschen immer noch Feindesland war. So stand Frau Stonborough-Wittgenstein, die bewegt von den besten Absichten und beflügelt von ihrem legendären Optimismus den Weg in die USA angetreten hatte, plötzlich ziemlich verloren in einem Land, das doch für seine Wohltätigkeit berühmt war. Sie kämpfte, manchmal auch mit harten Bandagen. Im März 1920 schrieb sie nach Hause: *Mit meiner Arbeit war ich übel daran. […] Mit den Hoover-Bureau-Leuten war es besonders schwer. […] Was sie von uns gedacht haben weiß ich nicht, aber es scheint mir wie ein Wunder, daß sie mich nicht hinausgeworfen haben. […] Wie ich mich geplagt habe, um meinen Kopf ober Wasser zu halten …*

Sie hätte das nächste Schiff Richtung Heimat nehmen können, aber das Wort „aufgeben" konnte sie weder auf Deutsch noch auf Englisch buchstabieren.

Sie hoffte, dass die reichen und mächtigen Deutsch-Amerikaner sie unterstützen würden, aber die trauten sich noch weniger aus der Reserve als Staatssekretär Hoover: das Deutsche war durch den Krieg so verfemt, dass man besser still im Hintergrund blieb und sich ja nicht zu diesen Wurzeln bekannte. So klopfte sie auch dort an verschlossene Türen.

Aber Hilfe kam – und sie kam aus des Himmels Höhen. Margaret fand Kontakt zu Jane Addams, die als führender Kopf einer sozialen Bewegung viele Anhänger gefunden hatte. Diese empfahl sie einem protestantischen New Yorker Pfarrer, Percy Stickney-Grant, der der österreichischen Dame die Hälfte der Predigt im Sonntagsgottesdienst überließ. *Es war genau wie im Traum als ich vor dem Altar stand + in die gefüllte Kirche hineinschrie + mich an meinen eigenen Kohlen erwärmte + fühlte wie die anderen darin heiß wurden. Als ich dann herunterstieg in meinen Kirchenstuhl, begann der Chor unsere Volkshymne zu singen, die ja ein englisches Kirchenlied ist + ich stand in meiner Bank + die Thränen liefen mir über die Nase + ich sang mit lauter Stimme den deutschen Text. […] Als ich die Kirche verließ, kamen Hunderte von Menschen auf mich zu + drückten mir die Hand + gaben mir Geld + draußen war ein herrlicher Frühlingstag + die Buben + Jerome + wir fuhren alle vier in gehobenster Stimmung nach Hause.*

Von da an stieg Margaret unerschrocken auf Kanzeln und Podien von Kirchen und Synagogen, Versammlungssälen, Konzerthallen und Feuerwehrgebäuden, um ihr Anliegen zu verkünden, rührte evangelische und katholische Christen am Sonntag und Juden am Schabbat, Frauenvereine, Rotarier und Firefighters mit der Schilderung des Nachkriegselends in Österreich, vergaß auch nicht das christliche Gebot „Liebet Eure Feinde" einzuflechten und immer wieder rhetorisch geschickt mit Abraham Lincolns Worten nach dem Sezessionskrieg zu enden: „Der Krieg ist vorüber, jetzt sind wir dazu da, die Wunden zu heilen." Damit öffnete sie Herzen und Geldbeutel ihrer Zuhörer. Sie liebte es, die Menschen zu bewegen: *Das öffentliche Reden macht mir große Freude, […] wenn man die Leute zum Weinen gebracht hat, packt einen eine Art wilder Begeisterung.*

In New York traf sie Pablo Casals, der ein gern gesehener Gast im Hause Wittgenstein gewesen war, dem setzte sie zu, ein Benefiz-Konzert für Wiener Kinder zu geben.

Sie hoffte, dass Jerome, jetzt, da es ihm besser ging, sie tatkräftig unterstützen würde. Aber da hatte sie sich getäuscht. *Denn das „Zuhausesitzen" und „Indieluftstieren" ist natürlich das Schlechteste für seinen Zustand. Aber er kann sich nicht aufraffen, sondern er kann nur klagen + jammern + die Vergangenheit erscheint ihm herrlich + die Gegenwart + Amerika ist ihm entsetzlich.*

Er kümmerte sich auch nicht um die Kinder. Glücklicherweise fand sie für Tommy und Ji einen guten Privatlehrer.

„Thank you so much, Bishop Mundelein", sagte sie zur Begrüßung, als der Sekretär des Bischofs die Schiebetür zum Empfangszimmer öffnete, und verfiel in die Andeutung eines Knickses, was bei geistlichen Herren nie ganz falsch sein konnte. Das hochgeschlossene, knöchellange, enge schwarze Kleid, das nach ihren Erkundungen die angemessene Garderobe für einen solchen Empfang war, erlaubte auch nicht mehr als diese Idee einer Verbeugung vor dem Hohen Herrn. George Mundelein, im schlichten dunklen Anzug mit violettem Kollar gab sich jovial, auch wenn er nicht recht wusste, mit welchem Anliegen diese österreichische Dame, eine Countess, wenn er die Ankündigung recht erinnerte, zu ihm kam.

Da musste er nicht lange auf Aufklärung warten.

Margaret erzählte von ihrem Anliegen, von ihren bisherigen Aktivitäten. Und jetzt würde sie gerne in der Holy Name Cathedral von Chicago für ihre Mission werben …

Der Erzbischof lächelte milde. „Madam, Sie wissen aber, dass in der Kirche Gottes Wort und nicht Menschenwort verkündet werden soll!" Als Margaret ihn fragend, ja bestürzt anschaute, weil sie ihr Engagement in Frage gestellt sah, lächelte der Erzbischof noch gütiger: „Your innocence saves you!" Damit unterstützte er das Vorhaben der theologisch nicht versierten, aber „unschuldigen" Wohltäterin.

Der Satz „Your innocence saves you!" wurde später zum geflügelten Wort im Hause Stonborough-Wittgenstein, jede echte oder gespielte Naivität konnte damit lachend entschuldigt werden. Die Geschichte von Margaret und *ihrem* Bischof, der später zum Kardinal ernannte wurde und über 20 Jahre lang dem Erzbistum Chicago vorstand, ging in das Familiengedächtnis ein.

Als die Familie nach erfolgreicher Mission nach Wien zurückgekehrt war, sagte Tommy: „Jetzt könntest du doch eigentlich Botschafterin werden. Sogar beim Vatikan!“

DIE ZASTROW-BRÜDER

Nein, sie hätte sie nicht ins „Romanische Café“ bestellen sollen. An einem Vormittag unter der Woche um elf Uhr wirkte der Hauptraum mit seinen siebzig oder mehr Tischen, von denen nur wenige besetzt waren, einfach trostlos wie eine überdimensionierte Bahnhofshalle. Abends sah es hier natürlich anders aus, wenn sich Künstler und Flaneure um freie Plätze drängten. Es gab eben in Berlin keine Kaffeehäuser Wiener Stils, ein Manko, das sie schon beinahe zwanzig Jahre zuvor registriert hatte, als sie unmittelbar nach ihrer Heirat mit Jerome nach Berlin gezogen war. Wenn wenigstens ein Sommertag gewesen wäre und man auf der Terrasse hätte sitzen können.

Sofort bei ihrem Eintreten hatte sie Frau von Zastrow und ihre Buben entdeckt, kein Kunststück in dem leeren Raum. Die Mutter sah schmal und verhärmt aus, ganz in Schwarz gekleidet mit einem Hut, der vor dem Krieg modern gewesen sein mochte. Die Söhne saßen rechts und links von ihr, ungefähr so alt wie Ji, aber kräftiger gebaut, einer sah vor sich hin, das musste der zwölfjährige Wedigo sein, er wirkte eingeschüchtert, strich mit seiner linken Hand immer an der Holzkante des Tisches entlang. Vor ihm stand ein unberührtes Glas Brause. Das Glas des anderen Jungen, des dreizehnjährigen Jochen, war schon bis zur Neige leergetrunken, er sah sie mit neugierigem Blick an. Mit dem werde ich mehr Arbeit haben, dachte Margaret spontan. Als sie auf den Tisch zuging, standen alle drei wie auf Kommando auf, die Jungen legten mit zackiger Bewegung die Hände an die Hosennaht, machten eine Verbeugung, die man in Berlin „Diener“ nannte, Margaret sah auf zwei Scheitel, sehr gerade durch halbnasses Haar gezogen. O je, Preußen! Konnte man die nach Wien verpflanzen? Bis die einen Hauch von danubischem

Charme entfalteten, würde die Donau noch einige Male über die Ufer treten. Sie begrüßte Frau von Zastrow betont herzlich, umfing ihre Hand und hielt sie lange, gab auch den jungen Burschen einen kräftigen Händedruck. Der Schüchternere der beiden, Wedigo, zuckte leicht zusammen. Die Konversation schleppte sich mühselig von einem deprimierenden Thema zum nächsten, das Wetter, die Lebensmittelpreise, die Wohnungsnot in Berlin, Nachkriegsmisere. Irgendwann wurde Margaret des Gejammers müde und fragte die Jungen nach ihren schulischen Interessen. Da kam nicht viel. Der Keckere sagte: Sport. Aber die Schule habe keine Turnhalle, kein Sportfeld, nichts. Als sie nach Mathematik, Physik, Latein fragte, wurde das Gespräch einsilbig, erstarb schließlich ganz.

Nachdem die Jungen zwei Stücke Bienenstich verspeist hatten, packte Margaret den Stier bei den Hörnern und bot den Zastrow-Buben an, in den Sommerferien nach Wien und Gmunden zu kommen, dort gebe es Sportplätze und einen See vor der Haustür, John, ihr Sohn, würde sich über Gesellschaft freuen. Latein sei auch nicht sein Lieblingsfach. Da lachte Jochen von Zastrow zustimmend. Glaub' ja nicht, dass du meiner Nachhilfe entrinnst, dachte Margaret, ohne eine Miene zu verziehen. Frau von Zastrow nickte gottergeben und sagte: „Ich bin Ihnen so dankbar!" Niemand sprach von Adoption oder Pflegeelternschaft. Man würde nach den Ferien weitersehen, das war das Äußerste an Andeutung auf eine Zukunft der Jungen in Wien. Margaret bestellte eine heiße Schokolade für die beiden, Frau von Zastrow und sich selbst noch einen weiteren Kaffee, das half die Gesprächspausen zu überbrücken. Sie beobachtete, wie sich Wedigo und Jochen am liebsten mit ungebremster Gier auf die Schokolade gestürzt hätten, sich aber ihrer Erziehung besannen und das Getränk in geziemenden Schlucken einverleibten. Gut so, meine jungen Herren, le style est l'homme même.

Als sie das Café verließen, sah Margaret, dass die Buben kurze Hosen trugen, darunter Kniestrümpfe. Und das im Jänner! Die Schnürschuhe hatten schiefe Absätze, waren aber blank gewienert.

Sie hatte sich schon länger mit dem Gedanken getragen, Kinder zu adoptieren. Bereits 1920, als sie in Amerika weilte, wo die Adoption von Kindern als völlig selbstverständlich galt, war in ihr die Idee gereift, verwaiste Kinder anzunehmen. Mit Hermine hatte sie sich über den Ozean hinweg brieflich ausgetauscht. Die äußerte Bedenken, die Margaret aber mit einem Handstreich wegwischte: Die Skepsis, ob man den Pflichten eines Erziehers gewachsen sei, komme ihr vor, als wolle man lieber ein Kind verhungern lassen aus lauter Angst, es könne sich an der eigenen Kost den Magen verderben. Das sei doch *Narretei.*

Aber erst 1923 wurde das Thema für sie wieder aktuell. Tommy war nach England gegangen, um in Cambridge wie zuvor sein Onkel Ludwig ein Studium aufzunehmen. Jerome hatte sich in Paris niedergelassen, er kam zwar immer wieder zu Besuch, auch sie fuhr gelegentlich zu ihm. Die meiste Zeit aber lebte sie allein mit Ji in der großen Wohnung in der Renngasse. Es war eine Art familiäres Vakuum entstanden, das es zu füllen galt. Ji brauchte einen Spielkameraden, vielleicht auch einen Konkurrenten, damit der verwöhnte Knabe sich nicht zu sehr in der Rolle des Little Prince einrichtete.

Bei einer Abendgesellschaft kam Margaret mit Professor Radermacher, einem Altphilologen, ins Gespräch, ein Wort gab das andere, sie erzählte, dass sie Kinder zur Pflege aufnehmen wolle. Sie sollten aus guter Familie sein, unverschuldet in Not geraten. „Unverschuldet kann ja nur bedeuten: durch den Krieg aus der Bahn geworfen", sagte Radermacher. Sein Freund, der preußische Kulturminister Otto Boelitz, habe kürzlich geklagt, wie viele adelige Familien aus Pommern und Ostpreußen Hab und Gut verloren hätten, oft seien auch die Väter im Krieg geblieben – ein großes Elend. Radermacher würde Margaret den Kontakt zu dem Minister vermitteln. Und der wiederum nannte die verwitwete und verarmte Irmgard von Zastrow aus pommerschem Adel mit ihren Söhnen als der Hilfe bedürftig.

„Aber Gretl, warum denn pommerscher Adel? Ich begreife dich nicht. Haben wir denn nicht ähnliche Schicksale in Österreich? Sind nicht durch den Zusammenbruch der Monarchie viele Familien heimatlos geworden, haben Haus und Hof verloren, und die Staatsangehörigkeit obendrein. Wie viele Väter sind auch bei uns im Krieg geblieben!"

Aber Margaret wehrte Minings Bedenken ab: „Eine Empfehlung ist natürlich keine Garantie, dass es gutgeht. Aber mir ist einfach wohler dabei. Ich will einfach nicht, dass da die letzten Bauerntrampel ankommen, denen man zuerst den Gebrauch von Messer und Gabel erklären muss."

„Und plötzlich glaubst du, dass aus dem Adel die wohlerzogenen Kinder kommen? Welch ein Sinneswandel! Bisher hast du von den Wiener Edlen immer als von parasitärem Geschmeiß gesprochen. Oder habe ich mich da verhört?"

„Diese Kinder, die alles verloren haben, sind bestimmt keine Parasiten."

„Und warum Preußen? Tust du den Jungen nicht etwas an, wenn sie in der Schule verlacht werden? Allein der Name Wedigo – kommt der von Witiko? – ist doch ein Stigma. Wird sich Ji nicht vielleicht der neuen Brüder schämen, statt sich zu freuen?"

„Kinder sind überall Opfer, was schert mich die Nationalität. Ich würd' auch russische Kinder nehmen."

„Gretl, du übertreibst."

So ging das noch eine Weile hin und her, bis Hermine kapitulierte. Ihre Schwester suchte einfach immer die größeren Herausforderungen. War das nicht schon zwanghaft?

Das Problem war wie immer Jerome. Sie ahnte, dass *diese Kind-Idee ein harter Bissen* für ihn sei, hoffte aber, er würde ihn schlucken. Sie wollte nichts über seinen Kopf entscheiden, bei einer rechtlichen Adoption müsste er als Ehemann ohnehin seine Zustimmung geben. Aber Margaret ging es zunächst nicht um juristische Feinheiten, sie wollte Jeromes grundsätzliches Einverständnis, er sollte die Rolle des Ziehvaters bejahen und sie nach seinen Möglichkeiten ausfüllen. Bei einem Besuch in Paris im Frühjahr 1924 bot sie all ihr diplomatisches Geschick (im Umgang mit dem Ehemann eher unterentwickelt) und ihre Beredsamkeit (eher überentwickelt) auf, um Jerome vom moralischen Wert und praktischen Nutzen einer Adoption zu überzeugen. Jerome aber machte alle Schotten dicht, verweigerte sich jeder Diskussion. Margaret redete mit Engelszungen, schließlich ließ er sich nolens volens dazu herab, einem Sommerurlaub für die Kinder in Gmunden zuzustimmen, vielleicht einer längeren Pflege. Adoption aber niemals.

„Hast du in deiner grenzenlosen Naivität überhaupt bedacht, dass du die Kinder rechtlich zu Miterben machst?“ – „Jerome, es ist genug für vier Erben da.“ – „Über mein Vermögen verfügst du nicht.“

Margaret schickte ihre Sekretärin nach Berlin, um die Buben abzuholen. Sie kamen mit nichts als dem, was sie auf dem Leibe trugen, in Wien an. Margaret kleidete sie ein, meldete sie in der gleichen Schule an, die Ji besuchte, im feinen Theresianum in der Favoritenstraße, und nahm beherzt die Aufgabe in Angriff, die Buben zu ertüchtigen und ihnen Geborgenheit zu bieten. Die schulischen Leistungen erwiesen sich schnell als katastrophal, was nicht nur dem Unterschied zwischen österreichischem und deutschem Schulsystem geschuldet war. Auch Ji tat sich nicht eben als hochbegabter und fleißiger Schüler hervor. So wurden die Nachmittage in der Renngasse, aber auch die Sommerferien in Gmunden zur intensiven Nachhilfe genutzt, die Margaret selbst in die Hand nahm. Sie war ja in allen Fächern beschlagen, in Mathematik und den Naturwissenschaften, in allen Sprachen.

Einmal hörte sie, wie Jochen abends im Bett zu seinem Bruder sagte: „Und ich habe gedacht, wir könnten hier Sport treiben! Aber immer heißt es nur: Lernen! Lernen!“ Der treuherzige Wedigo antwortete: „Aber es gibt immer genug zu essen. Und denk mal, was wir für gute Schuhe haben.“

Als Jerome im Sommer 1924 in Gmunden eintraf, kam es zum Eklat. Alle standen zur Begrüßung in der Halle Spalier: Margaret und die drei Buben, Leopoldine, Helene mit Max und ihren Kindern, die zahlreiche Dienerschaft. Jerome umarmte Ji und seine Frau, küsste seiner Schwiegermutter die Hand, begrüßte Schwägerin und Schwager und alle Salzer-Kinder, gab der Haushälterin die Hand, dem Gärtner, dem Chauffeur, den Zimmermädchen, der Köchin und dem Küchenpersonal. Die zwei Zastrow-Buben ließ er demonstrativ stehen, als wären sie Luft, gönnte ihnen nicht einmal einen Blick. Man wechselte irritierte Blicke, war es möglich, dass Jerome einer solchen Grobheit fähig war? Margaret schüttete am gleichen Abend Hermine ihr Herz aus: *Jeromes erste Begrüßung der Buben war bös. [...] Mir fiel ein Stein auf's Herz + die Buben waren nicht wenig eingeschüchtert.*

Jerome sprach auch an den folgenden Tagen kein Wort mit Jochen und Wedigo, übersah sie, sie existierten einfach nicht. Die Buben wagten kaum noch, laut aufzutreten und schlichen sich möglichst unbemerkt in den Park und an den See. Bei Regen zogen sie sich in ihr Zimmer zurück.

Schließlich fragte Ji seinen Vater: „Was hast du eigentlich gegen die beiden? Sie sind in Ordnung." Jerome fragte zurück: „Hat dich deine Mutter aufgehetzt? Ich habe nur zwei Söhne, der eine studiert in Cambridge, der andere steht vor mir. Und damit hat sich's."

Die Situation spitzte sich zu, als Frau von Zastrow erschien. Margaret hatte sie für einige Tage nach Gmunden eingeladen, damit sie ihre Söhne wiedersehen konnte. Jerome weigerte sich, Frau von Zastrow zu begrüßen, er ließ sich das Essen aufs Zimmer bringen, um bei den Mahlzeiten nicht mit ihr am Tisch sitzen zu müssen. „Schick die Buben mit ihrer Mutter zurück nach Berlin!", befahl er seiner Frau.

Margaret spürte, dass Frau von Zastrow allein mit ihr sprechen wollte. Im Trubel von Gmunden, wo täglich neue Gäste auftauchten, Mimi Bacher, Tante Clara aus Laxenburg, Klassenkameraden von Ji und jede Menge Jungvolk aus aller Herren Länder, die die Neffen und Nichten anschleppten, fand sie keine ruhige Minute. Margaret liebte dieses lebhafte Treiben, der Park war ständig erfüllt von Lachen, am meisten Spaß schien es den jungen Leuten zu machen, wenn die Wiesen gemäht werden mussten: Da stellte Margaret keinen Gärtner an, diese Arbeit überließ sie den Besuchern. Am See warfen die jungen Burschen die Mädchen in den immer kühlen Traunsee, schwammen dann hinterher und spielten Einfangen der Nixen. Und immer hieß es: „Gretl, könntest du einmal kommen", oder „Tante Gretl, dürfen wir …", oder „Gnädige Frau, was soll heute gekocht werden …"

Vielleicht ging sie Irmgard von Zastrow auch aus dem Weg. Was konnte eine Unterredung schon anderes bringen als Beschwerden über Jeromes provozierendes Verhalten?

Jerome bei Schießübungen auf der Hochreith, neben ihm Margaret und Helene.

Es brachte anderes. Als die beiden Frauen sich endlich doch in Margarets Zimmer bei einer Tasse Tee gegenübersaßen, sagte Frau von Zastrow: „Ich würde die Buben wieder mit nach Berlin nehmen. Aber es geht nicht. Der Arzt hat ein schweres Lungenleiden bei mir festgestellt. Ich habe nur noch wenige Monate zu leben. Bitte kümmern Sie sich um sie. Ich habe niemanden sonst."

Margaret sah die Frau schweigend an. Der ging es um das Wohl ihrer Kinder, ihr eigenes Leben hatte sie schon aufgegeben. „Frau von Zastrow, ich verspreche Ihnen, dass ich mich um Ihre Söhne kümmern werde. Sie haben Einblick in meine ehelichen Schwierigkeiten gewonnen. Falls mein Mann zu mir nach Wien zurückkommt, könnte es sein, dass ich Jochen und Wedigo in ein Internat geben muss. Aber ich werde dafür sorgen, dass es ihnen an nichts fehlt, dass sie eine gute Bildung und Ausbildung erhalten."

Frau von Zastrow erhob sich, ergriff Margarets Hand, küsste sie und sagte leise: „Vous êtes vraiment une femme généreuse." Am nächsten Tag reiste sie ab. Ein halbes Jahr später, im Februar 1925, erreichte Margaret die Nachricht, dass Irmgard von Zastrow gestorben war.

Margaret war jetzt de facto alleinerziehende Mutter von vier Söhnen. Zu einer Adoption von Wedigo und Jochen kam es allerdings wegen Jeromes anhaltender Ablehnung nie, so musste sich die Pflegemutter oft genug mit dem deutschen Vormund der Zastrow-Buben herumschlagen, einem Onkel mütterlicherseits, der ihr ständig Entscheidungen über die Zukunft der Brüder erschwerte. Sie ärgerte sich über den uneinsichtigen Herrn, setzte aber doch immer durch, was sie für das Richtige hielt, um ihre Ziehsöhne zu anständigen Menschen zu bilden.

WO DU HINGEHST

Jerome hatte gerufen – und wie immer war sie gekommen. Eigentlich war es ja eine absurde Situation: Ihr Mann und sie hatten sich getrennt, lebten schon seit zwei Jahren nicht mehr zusammen, sie in Wien und in Gmunden, er in Paris – und dennoch war es eine Trennung, in der alles in der Schwebe blieb. Man blieb auf freundschaftlichem Fuß, besuchte sich, Jerome kam zu Familienfesten nach Wien, er lebte in Paris in einem Hotel. Ein Hotelzimmer konnte man jederzeit aufgeben, nichts war endgültig festgeschrieben, Möglichkeiten einer erneuten Annäherung nicht ausgeschlossen. Aber jetzt hatte Jerome ihr mitgeteilt, er wolle sich einen festen Wohnsitz nehmen. Er habe sich ein Appartement gemietet. Sie könne ihm helfen, es wohnlich zu machen, im Einrichten von Wohnungen habe sie doch Erfahrung.

Ja, dachte Margaret, nicht ohne einen Anflug von Bitterkeit, Wohnungen haben wir mehr als reichlich gewechselt, und immer war Jeromes unstetes Wesen daran schuld. Kaum hatte ich aus einer Wohnung so etwas wie ein Zuhause geschaffen, hatte ihm Atmosphäre und Charakter gegeben, einen Stil, der etwas über seine Bewohner aussagen sollte, musste ich wieder an Auflösung denken: Jerome zog es in eine andere Stadt, zu einer neuen Beschäftigung, neuen Studien. Und jetzt besann sich Jerome darauf, dass sie einen besonderen Sinn für elegante Interieurs hatte. Wenn jemand wusste, in welche Räume Louis-Philippe-Sessel passten, mit welchem Stoff sie bezogen sein mussten, welche Spiegel man wählte, in welcher Art von Kästen Jeromes Asiatika-Sammlung nicht einfach aufbewahrt, sondern so präsentiert werden konnte, dass sie ein Licht auf ihren Besitzer warf, wie Jeromes Bilder zeitgenössischer Künstler hängen mussten, welches Porzellan auf was für einem

Tisch zur Geltung kam, wie man Antikes und modernes Design subtil in Beziehung setzte, dann war eben sie es.

Sie fuhr nach Paris. Er holte sie nicht einmal vom Bahnhof ab: Er habe so viel um die Ohren. Vom Hotel aus fuhren sie mit dem Taxi in die angemietete Wohnung. Margaret staunte nicht schlecht: dieses feine Etablissement sah nun wirklich nicht nach einem pied à terre aus. Jerome führte ihr deutlich vor Augen, dass er sich in einem der teuersten Arrondissements von Paris eine prachtvolle Adresse zu schaffen gedachte. Bien, er konnte es sich leisten.

Trotzdem gab es ihr einen Stich. Die Anmietung dieser repräsentativen Räume hatte etwas Auftrumpfendes an sich, sie unterstrich Jeromes Willen zu einer endgültigen Trennung von allem, was Wien bedeutete, von seiner Ehefrau, deren Familie, deren hochmögenden Freunden. Außerdem missbilligte Margaret von Herzen, dass Jerome nichts im Ausgleich für den Luxus zu tun beabsichtigte. Von einem Gefühl sozialer Verpflichtung schien er nicht behelligt zu sein, er konnte seinem Hedonismus unbekümmert frönen, ein wohlhabender Privatier, unbelastet von ehelichen oder väterlichen Pflichten, unbelastet von einer geregelten Arbeit. Das war in Margarets Augen unanständig.

Gleichwohl machte sie sich mit dem ihr eigenen ästhetischen Sachverstand und ihrer Routine daran, die Wohnung perfekt auszustaffieren. Hermine gegenüber formulierte sie ihr Unbehagen: *Zu tun gibt es sehr viel. Vor allem mit Jeromes Wohnung, in die er in wenigen Tagen einziehen will. Das ist eine große Arbeit und dabei ist es eine die mir keine Freude macht. Das ganze Abenteuer scheint mir so sinnlos. Wozu? Zu welchem Ende? Wird er sich wirklich hier ansiedeln?*

Am ersten Tag nach ihrer Ankunft gab es heftigen Streit. Anlass waren wieder einmal Wedigo und Jochen von Zastrow. Schon bei der ersten Erwähnung tobte Jerome los: „Ich werde sie nie als Söhne anerkennen, niemals.“ Margaret versuchte einzulenken: „Wir müssen sie ja nicht adoptieren, wenn du das nicht willst, aber sie brauchen ein Zuhause, eine Zukunft.“ Jerome geriet in Fahrt, seine

Wangen verfärbten sich ins Violette: „Wir müssen gar nichts. Ich muss gar nichts. Wenn du dir den Gedanken in den Kopf gesetzt hast, wenn du dich wieder als Retterin der Mühseligen und Beladenen fühlen willst, bitte! Ich will die beiden Jungen nicht sehen. Ich habe nichts mit ihnen zu schaffen."

„Aber Jerome, du hast deine Einwilligung gegeben."

„Vielleicht habe ich in einem unbedachten Augenblick, erschöpft von deinem Insistieren, gesagt: Well then, aber das war kein Ja. Ich sage dir: diese Jungen sind Luft für mich. They don't exist to me."

Margaret sah, wie sich um Jeromes Lippen weiße Wut-Bläschen bildeten, sie verließ das Zimmer. Als sie aus der Hoteltür trat, nahm sie zum ersten Mal seit ihrer Ankunft wahr, dass in Paris Frühling herrschte. Die Passanten hatten die Mäntel geöffnet, die jungen Damen führten knielange, enggeschnittene rote Röcke unter schwarzen Jacken spazieren, die Blumengeschäfte hatten Kamelienstöcke auf das Trottoir gestellt, auf der Seine glitzerte die Sonne in hellen Flecken.

Ein Spaziergag im Jardin du Luxembourg würde ihr guttun. Er tat ihr nicht gut. Ihre kalte Wut ließ die eingetopften Palmen verfroren aussehen. Das Lärmen und Schreien der von ihren Bonnes ausgeführten Kleinkinder zerrte an ihren Nerven. Und das Karussell, das Rilke zu seinem schönen Gedicht inspiriert hatte (*Und dann und wann ein weißer Elefant*), war längst abgebaut.

Sie ging in den Louvre. Wo, wenn nicht hier, konnte ihr aufgeregtes Herz Ruhe und Erlösung finden?

Sie sah die vielen Bilder, die sie kannte – und sah sie nicht. Bis dann doch ein Ensemble von vier großformatigen Bildern ihre Aufmerksamkeit auf sich zog. Hatte sie Poussins Jahreszeiten-Bilder jemals wirklich genau betrachtet? Jedes Bild griff eine Geschichte aus dem Alten Testament auf. Am meisten zog sie das hellste der Gemälde an, der Sommer, die Darstellung der Geschichte von Ruth und Boas.

Spontan erinnerte sie sich, wie zu ihrer Hochzeit vor ziemlich genau zwanzig Jahren beim festlichen Mittagessen, nachdem ihr Vater Karl nach der Suppe eine ebenso kurze wie nüchterne Rede gehalten und dem Paar Gesundheit und Wohlstand gewünscht hatte, ihr Onkel Paul nach dem dritten Gang in einen Toast ausgebrochen war, der schwärmerisch das ergänzte, was den Worten des Brautvaters gefehlt hatte: die Erwähnung der Liebe. „Wie sagt so schön die Braut in der Bibel: *Wo du hingehst, da will auch ich hingehen, wo du bleibst, da bleibe ich auch, dein Volk ist mein Volk, dein Gott ist mein Gott.*" Selbstgefällig hatte sich Onkel Paul wieder hingesetzt und die Serviette für die Nachspeisen umgebunden: hatte er seinem Bruder Karl doch gezeigt, was eine richtige Brautrede war! Und spielte nicht der Satz „dein Volk ist mein Volk" auf die verschiedenen Nationalitäten des Paars an, war nicht der Ausruf „dein Gott ist mein Gott" eine passende Botschaft für ein Paar, bei dem der Ehemann Protestant, die Braut katholisch war? Da war ihr Vater Karl aufgesprungen: „Gretl, nach Pauls Willen packst du sofort deine Sachen und nimmst noch heute ein Schiff nach New York. Du musst nämlich nicht deinem Mann, sondern deiner Schwiegermutter folgen. *Wohin du gehst, da will auch ich hingehen*, sagt nämlich Ruth, eine Frau aus Moab, zu ihrer Schwiegermutter Naomi, einer Israelitin. Obwohl sie einen anderen Glauben hat und einer anderen Kultur angehört, wagt sich Ruth in die Fremde. Und dort wird sie zur Urgroßmutter Davids, begründet ein neues Geschlecht. Vielleicht passt das ja wenigstens auf das junge Paar." Alle Gäste lachten befreit auf, Justine, Pauls Ehefrau, am lautesten.

Jetzt, vor dem Bild von Poussins „Sommer", fiel Margaret diese Episode wieder ein. Sie musste lächeln, wenn sie daran dachte, wie ihr Vater, dem jegliche religiöse Orientierung abzugehen schien, an diesem Tag, ohne es zu wollen, seine jüdischen Wurzeln geoffenbart hatte.

Margaret hatte die Geschichte von Ruth nachgelesen, natürlich nicht am Abend der Hochzeit, aber auf der Hochzeitsreise. Jerome und sie hatten in Luxor im feudalen Winter Palace-Hotel logiert, das englischen Kolonialcharme mit üppig ausgestelltem Orientalismus verband. Im Nachtkastl fand Margaret keine Touristeninformationen zum Tal der Könige oder zum Tempel von Karnak, sondern eine englische Bibel. Margaret war belustigt, sie las an gegebenem Orte die Geschichte von Moses im Binsenkörbchen, konnte sie aber kaum mit dem träge und braun vor ihrem Fenster fließenden Nil verbinden. Sie schlug das Buch Ruth auf, wollte Jerome daraus vorlesen, aber der war schon eingeschlafen. Wie viele Merkwürdigkeiten die Geschichte um Ruth bereithielt, die Karl nicht erzählt hatte: dass Naomi ihre Schwiegertochter in Betlehem zu einem ihrer Verwandten schickt, zu Boas, bei dem Ruth die Ähren auf dem Felde liest. Nach der Ernte legt sich Ruth auf Naomis Geheiß nachts zu Boas auf die Tenne und „deckt zu seinen Füßen auf". Boas wird zum „Löser", indem er Ruth zum Weibe nimmt, damit nach israelitischem Recht das Erbe in der Familie bleibt. Keine Geschichte von Liebe, sondern von Erbrecht und sozialer Absicherung der Witwen. Aber auch eine Geschichte von Unterwerfung und Auferstehung, von Mut und Größe, von Bereitschaft, das Vertraute aufzugeben und sich ins Unbekannte zu wagen.

Margaret versenkte sich in das Bild, nahm als geübte Betrachterin die Komposition der Farben wahr, die wie immer bei Poussin etwas Gedämpftes aufwiesen, als habe sich ein braun-goldener Schleier auf die Szenerie gelegt: Im Zentrum Boas, hervorgehoben durch den gelben Überwurf seines Gewandes, in herrschaftlicher Statur und gebieterischer Geste, und vor ihm auf den Knien Ruth, die Hände bittend ausgestreckt: Ich bin Ruth, deine Magd. Eine demütige Gebärde, keine anzügliche Szene auf der Tenne, von der die Bibel spricht, (was sollte man sich bei der Formulierung „sie deckte zu seinen Füßen auf" eigentlich vorstellen?) Ein Moment der Entscheidung, in der Boas' und Ruths Leben seine Wendung nimmt.

Als Margaret den Louvre verließ, war sie schon beinahe wieder vergnügt. Die Begegnung mit Kunst verfehlte nie ihre Wirkung auf sie. Es gab eben etwas jenseits der Kleinlichkeiten des Alltags, jenseits ehelicher Querelen, das die Sinne weitete und den Horizont erblauen ließ.

Auf dem Rückweg ins Hotel kam sie im Quartier Latin an einigen Antiquitätengeschäften vorbei und besah sich die angebotenen Möbel. Vielleicht sollte sie Jerome zu Louis-seize-Sesseln raten. Darauf malträtierte man sich den Rücken noch viel mehr als auf Louis-Philippe-Möbeln. Recht geschah ihm.

NÜCHTERNHEIT UND VERZÜCKUNG

Gretl rief Mining an: sie möge doch bitte in die Renngasse kommen, sie habe ein neues Bild gekauft und brenne darauf, Minings Urteil zu erfahren. Das Amt der Kunstkritikerin im Hause Wittgenstein hatten ihr die Geschwister weitervererbt. Verstand sie doch darum am meisten von Kunst, weil sie selbst Unterricht bei den Malern Anton Nowak und Franz Hohenberger genommen und viele Jahre selbst gemalt, sich jetzt aufs Zeichnen verlegt hatte.

Der Schock stand Mining ins Gesicht geschrieben, als sie im Prunksalon der Stonborough-Wohnung, hell ausgeleuchtet, auf einer Staffelei Gretls Neuerwerbung sah. Gretl fasste sie am Arm, feixte lachend: „Da staunst du, was?“

Es war eine Zeichnung von Egon Schiele, zum Teil mit Wasserfarben und Gouache koloriert: eine auf einen Diwan ausgestreckte Frau im Dreiviertelprofil, halb liegend, halb sitzend, nur mit einem losen Hemdchen bekleidet, das ihre Brust freilässt. Mit der rechten Hand lupft sie den Tüll, entblößt ihren Unterleib. Mit schwarzkrausem Schamhaar und rot angemalten Schamlippen präsentiert sie auf provozierende Weise dem Betrachter ihre Nacktheit. Die breitgespreizten Beine stecken in schwarzen Strümpfen, von roten Bändern gehalten.

Hermine rang nach Atem. „Das Bild wirst du doch nicht aufhängen?“

„Du meinst, dann muss ich den Salon versiegeln, weil niemand den Schock überlebt?“

„Es ist obszön.“

„Ja“, gab Gretl fröhlich zu. „Sehr obszön. Und großartig, oder? Verglichen mit Schiele ist der Klimt doch ein naiver Voyeur.“

Hermine blieb bestürzt. Aber bei aller Empörung musste sie zugeben, dass die Strichführung elegant, die Komposition von leuchtender Expressivität war. Die Kennerin siegte über die Prüde: „Ein erstklassiges Bild, Gretl. Aber versteck es, um Gottes willen! Was sollen deine Buben denken?“

Gretl nahm die Zeichnung und rollte sie ein: „Wusste ich doch, dass es dir gefallen würde“, sagte sie zufrieden. Sie ließ Kaffee bringen.

„Abgesehen vom Unanständigen: Das Bild würde doch überhaupt nicht in diese Wohnung passen. Ein größerer Stilbruch lässt sich kaum denken“, gab Hermine mit Blick auf das Belle-Époque-Interieur ihren Bedenken eine neue Wendung.

„Du meinst, der ‚wilde Barock‘ verträgt sich nicht mit der Moderne. Aber gerade doch. Die Versöhnung des Unversöhnlichen macht doch den Reiz der Kunst aus. Aber warte ab, bald werde ich den Barockplunder hinauswerfen, dann beginnt eine neue Epoche: Ich werde mich dem streng Griechischen zuwenden, falls der Hanak Anton endlich einmal mit seiner Skulptur fertig wird.“

Hermine wusste natürlich, worauf Gretl anspielte:

Hanak gehörte als Bildhauer zu den bekannten Secessionisten, hatte gute Kontakte zu Klimt und den Förderern der Wiener Werkstätte Otto und Eugenia Primavesi, war schon von Karl Wittgenstein geschätzt und mäzeniert worden. Gretl hatte 1919 eine Gewandfigur im antiken Stil in Auftrag gegeben, für die sie Modell stehen wollte. Es folgten eine Anzahl, ja, eine Unzahl von Sitzungen und Stehungen, über hundert Zeichnungen, vielfache Entwürfe in Gips, Speckstein und Terrakotta, die Fältelungen des Gewandes wurden immer neu drapiert, die Höhe der Statue immer neu variiert, von 2,42 Metern auf 2,63 Meter geschraubt, aber Gretl war nicht zufriedenzustellen.

„Hanak redet mich seit Neuestem nur noch mit ‚Meine gestrenge Frau Stonborough‘ an, wie findest du das?“

„Wahrscheinlich bist du sehr streng. Das ist auch richtig. In der Kunst gibt es keine Nachsicht.“

„D’accord, Mining. Wenn nichts aus dem Hanak wird, über-

Ferienidyll auf der Hochreith: Gruppe mit Margaret, Helene und Tommy auf der Balustrade.

springe ich die antike Phase und stürze mich wieder auf etwas Neues. Die radikale Moderne, zum Beispiel. Dann kommt der Schiele an die Wand.

Und einen Picasso muss ich haben. Ich wollte mich irrsinnig gern von ihm malen lassen. In Paris habe ich 1911 Kontakt mit ihm aufgenommen. Aber er hat abgelehnt. Der malt nur, wozu er Lust hat. Aber die Preise für einen Picasso sind inzwischen happig, wirklich geschmalzen."

Hermine machte sich so ihre Gedanken. Sie liebte Gretls starke Empfindungen, ihr heißes Herz für die Kunst, sie schätzte durchaus auch ihren Sachverstand. Aber ihr Wankelmut war ihr fremd, diese heftigen Wechsel in ihrem Geschmack. Was ihr heute gefiel, konnte sie schon morgen über den Haufen werfen. Sie, Hermine, war dagegen eine *Compromissnatur*, das Abwägen und gewissenhafte Überprüfen war in ihr Wesen eingeschrieben. Da konnte sie nicht aus ihrer Haut heraus. Bei Gretl kam zum Verstand immer die Leidenschaft, und selten konnte man voraussehen, was bei ihr überwog.

„Ich habe mal wieder in Tolstois ‚Was ist Kunst?' gelesen, Mining. Er spricht von Kunst als Werken ‚von kühler Nüchternheit und entrückender Verzückung'. Sag selbst: Der hat den Picasso einfach vorausgeahnt. Und den Schiele auch."

DIE WELT IST ALLES, WAS DER FALL IST

Ludwig war schon sehr speziell. Er war das jüngste der acht Wittgenstein-Kinder, fünfzehn Jahre jünger als Hermine, sieben Jahre jünger als Margaret, ein ausnehmend hübsches Kind mit feingezeichnetem, mädchenhaftem Gesicht unter dunklen Locken, ein Kind, das dazu verführte, gehätschelt und verzärtelt zu werden, hatte es doch ein labiles Gemüt und eine noch fragilere Gesundheit. Was gar nicht zur sepiagehauchten Daguerreotypie eines Engels passte, waren seine Zornesausbrüche. Als Kleinkind schrie er, kaum konnte er laufen, hämmerte er mit den kleinen Fäusten gegen die Türfüllungen und brüllte das Personal zusammen. Am heftigsten übermannte ihn die Wut, wenn ihm jemand nicht zuhörte. Schon als Kind konnte er ohne Punkt und Komma reden, verschluckte sich allenfalls, wenn er vergaß, Luft zu holen.

„Der kleine Wüterich", nickten sich die älteren Geschwister zu, manche im stillschweigenden Einverständnis, dass es ganz normal sei, im Hause Wittgenstein verrückt zu werden.

Der Jähzorn wuchs sich nicht aus. Geduld kam nicht angeflogen. Nervöse Erregung blieb ein Dauerzustand.

Er war erst zehn Jahre alt, als Fräulein Minna eines Tages bei Leopoldine Wittgenstein um Gehör bat. Die Hausnäherin sei völlig außer sich zu ihr gekommen: „Der kleine Bub wird mir noch die Nähmaschine ruinieren." Es bedurfte ausführlicher Erklärungen, bis die Mutter verstand, worum es ging. Ludwig interessierte sich für die Nähmaschine – für den technischen Ablauf des Nähens, das Zusammenwirken von Nadel und Oberfaden mit Greifer und Unterfaden zu einer Verschlingung, den Transport des Garns über einen Spulenwickel, den automatischen Transport des Stoffes durch Walzen und Räder. Ständig schaute er der Näherin über die Schulter, löcherte sie mit Fragen nach Warum, Weshalb, Wieso und Wie, sodass die arme Frau fürchtete, der Bub werde sich in einem unbeobachteten Augenblick an der Maschine vergehen und sie auseinandernehmen, um mehr über ihre inneren Geheimnisse zu erfahren.

Leopoldine erzählte belustigt ihrem Mann von Ludwigs merkwürdiger Neugier. „Du interessierst dich für Nähmaschinen?", fragte dieser seinen Sohn.

„Ich baue gerade eine", sagte der kleine Bub nicht ohne Stolz. „Willst du sie sehen?"

Tatsächlich hatte er einen Mini-Apparat aus Holzstäben, Drähten, Nähgarnspulen und stibitzten Nähnadeln gebaut, der das Modell der Nähmaschine nachbildete und zeigte, dass er das technische Prinzip verstanden hatte. Die Maschine nähte sogar einige Stiche, bevor die Nadel abbrach.

Dieses Mal sagte Karl Wittgenstein nicht „Weiberkram". Er staunte.

Die Hauslehrer aber stöhnten über den eigenwilligen Jungen. So warf der Vater seine pädagogischen Prinzipien über Bord und erklärte sich bereit, seine jüngsten Söhne Paul und Ludwig in öffentliche Schulen zu schicken. Vielleicht, dass diese sich dort in eine Richtung entwickelten, die Hans, Kurt und Rudi verweigert hatten: in seine, Karls Richtung.

Paul wurde in das humanistische Gymnasium Babenbergerring in Wiener Neustadt eingeschult, bei Ludwig erwiesen sich die Wissenslücken als zu groß, um dort aufgenommen zu werden.

Er wurde auf die Realschule nach Linz geschickt, die damals einen vorzüglichen Ruf genoss, keine zweite Wahl also. Man legte dort Wert auf eine naturwissenschaftliche Bildung und vernachlässigte die humanistischen Fächer, die in den bildungsbürgerlichen Familien nach wie vor hoch im Kurs standen. Ludwig wurde beim Griechisch- und Lateinlehrer Dr. Josef Strigl untergebracht, wohl fühlte er sich in der Schule nicht. Er verachtete seine Mitschüler und redete sie von oben herab mit „Sie" an. Seine Leistungen waren mittelmäßig bis schlecht, die rechtfertigten kein arrogantes Auftreten. Dass er Kontakt zu Adolf Hitler hatte, der zur gleichen Zeit das Realgymnasium besuchte, aber in einer höheren Klasse, ist wohl Legende. Ludwigs Maturazeugnis im Jahr 1906 ließ keine außerordentliche Begabung erkennen. Nur in Religionslehre hatte er ein „vorzüglich", Englisch und sittliches Betragen wurden mit „lobenswert" bewertet, Französisch, Geschichte, Mathematik, Physik liefen unter „Befriedigend" ab, in Deutsch, Chemie und Darstellender Geometrie hatte es nur zu einem „Genügend" gereicht. Vom Sportunterricht war er befreit. Im schriftlichen Deutschaufsatz war die Orthografie des Schülers gar als „ungenügend" gerügt worden. Dass so einer, des Deutschen kaum mächtig, ausgerechnet eine Neigung zur Philosophie entwickelte, war in des Vaters Augen dummes Zeug. Für Karl Wittgenstein war es beschlossene Sache, dass endlich einer seiner Söhne – der jüngste! – Maß an den väterlichen Fußstapfen nahm: Ludwig sollte Maschinenbau studieren. Er war sogar dazu bereit, das erste Mal musste Vater Karl keinen Druck ausüben. Dass er unbedingt in Berlin studieren wollte, fand elterlichen Segen: die Technische Hochschule in Berlin-Charlottenburg galt als die beste in Deutschland. Da sich eine Wohnung bei Stanislaus Jolles, einem Dozenten der TH, fand und Schwester Gretl in der Nähe wohnte, stand der junge Student unter umfassender Fürsorge und Kontrolle. Alles bestens.

Ludwig aber entzog sich schnell den wohlmeinenden Frauen: seiner Schwester, aber auch der Gattin des Herrn Jolles. Deren Suche nach Nähe zu dem hübschen und immer hübsch melancholisch dreinblickenden Studenten ging über kuchenbackendes Bemuttern deutlich hinaus.

Er wechselte zum Studium nach Manchester und beschäftigte sich mit der Entwicklung von Flugmotoren. 1911 lernte er den Philosophen und Mathematiker Bertrand Russell kennen, freundete sich mit ihm an, zog nach Cambridge, um bei ihm zu studieren.

Russell schrieb im November 1911 seiner Freundin Lady Ottoline Morrell: *Ich glaube, mein deutscher Ingenieur ist ein Narr. Er ist davon überzeugt, dass sich das Empirische dem Wissen entzieht. Ich sagte ihm, er solle zugeben, dass kein Rhinozeros im Zimmer sei. Aber er wollte das nicht zugeben.*

Ludwig übte sich sein Leben lang in immerwährender Flucht von dem ihn strangulierenden Wittgenstein-Clan, war aber gleichzeitig gebeutelt von kindlicher Sehnsucht nach Zuhause. Nicht nur darin war er seiner älteren Schwester Gretl ähnlich. Die beiden waren einander innig zugetan, heftig in Streit und Auseinandersetzungen, einig in gemeinsamen intellektuellen Orientierungen, symbiotisch in ihrer Familiensolidarität. An Gretl musste sich Ludwig reiben, in Mining fand er eine Ersatzmutter, zu seiner heiteren Schwester Lenka hatte er ein herzlich-unbekümmertes Verhältnis. Sie schickte ihm Gugelhupf und Schokoladentrüffel nach England, er schrieb ihr, dass er gerne mit ihr *blödeln* wollte.

Mining durfte ihn kritisieren, weil bei ihr selbst der Tadel in die Watte des Wohlwollens gepackt war. So, wenn sie schrieb: … *zu diesem Verstand besitzt Ludwig auch ein grosses Herz, und das ist das Schönste, was man von einem Menschen sagen kann. Freilich fügt sich eine Persönlichkeit von solcher Stärke nicht wie ein harmloses, glattes Steinchen in jede Gemeinschaft ein – Ludwig fügte sich sogar besonders schwer ein, da er schon von Kindheit auf fast krankhaft schmerzlich unter jeder ihm unkongenialen Umgebung litt …*

Gretl ging robuster mit dem empfindsamen Menschen um, neigte dazu, ihn zu überwachen, kritisierte seine Rechthaberei, zerrupfte seine Freunde: *Alle Schwäne Lukis sind Gänse.*

Er selbst kannte Anflüge von Selbstkritik, sah sich als einen Menschen, in dem Verstand, Sensibilität und Triebhaftigkeit stark ausgeprägt in unterschiedliche Richtungen strebten; sie in eine Balance zu bringen erforderte tägliche Kraftanstrengung. Niederlagen erzeugten Schuldgefühle und das Bedürfnis, durch Askese ein besserer Mensch zu werden. Tolstoi war und blieb das große Vorbild.

War Margaret in seiner Kindheit und Jugend die ältere Schwester mit starkem Drang, den Buben auf den rechten Weg zu geleiten, wandelte sich die Beziehung mit jedem Lebensjahr, das Ludwig an Alter und Weisheit zunahm. Bald waren beide auf Augenhöhe, bald schon bewunderte Margaret das intellektuelle Format des kleinen Bruders, der plötzlich ein großer geworden war. Sein moralischer Rigorismus *impressionierte* ihr über die Maßen, wusste sie doch, dass sie selbst in der Theorie zu großen Anstrengungen und Verzicht fähig war, in der Praxis aber doch das komfortable Leben liebte. Dass er sich 1914 freiwillig als Soldat meldete und alles daransetzte, an gefährlichsten Frontabschnitten zu kämpfen, machte ihn für sie zum einsamen Heroen. Als er im August 1919 aus der Gefangenschaft entlassen wurde, stand sie mit der Mutter und den Geschwistern am Bahnhof und schluchzte hemmungslos. Der Lukerl: Mager war er geworden, aber die Sonne von Cassino hatte ihn gebräunt. Um seine Mundwinkel hatten sich haardünne Falten gezogen. Sein dunkler Haarschopf fiel ihm in die Stirn, unbedingt musste er zum Friseur. Er lächelte nicht, Margaret wusste, ihm war dieser rührselige Empfang peinlich. Er wollte auf die Hochreith, anständig essen, schlafen und wandern. Und keinesfalls Fragen im Stil von „Wie war es denn im Krieg? Und wie in der Gefangenschaft?" beantworten. Seine Mutter spielte für ihn an diesem Abend in der Alleegasse Beethoven-Sonaten. Das war genau richtig. Er schloss die Augen, und Margaret schien es, als hätte sich die Andeutung eines Lächelns auf sein Gesicht geschlichen. Sie konnte aber auch irren.

Am nächsten Tag war Ludwig schon zur Hochreith gefahren, als sie in der Alleegasse eintraf. Hermine nahm sie gleich mit auf ihr Zimmer.

„Weißt du, was Ludwig uns gestern zu später Stunde eröffnet hat? Er verzichtet auf sein Erbe und vermacht alles Paul, Helene und mir. „Und Gretl?", habe ich ihn gefragt. „Die hat eh genug", hat er gesagt.

„Vielleicht hat er ja Recht. Ich habe genug. Aber wovon will Luki denn leben?“ – „Er sagt, er will aufs Lehrerseminar gehen und Volksschullehrer werden.“ – „Was für eine Verschwendung“, entfuhr es Margaret, „was für eine Verschwendung! Und was für eine Konsequenz!“

„Wir haben ihn alle gefragt, warum er sein Erbe ausschlage, was er damit bezweckt, er könnte doch weiterhin bedürftige Künstler unterstützen, aber warum diese selbstauferlegte Armut? Das einzige, was er geantwortet hat, war: *Wenn du auf einen Berg gehst, nimmst du da einen schweren Rucksack mit?*“

Viel später wurde Hermine zugetragen, Ludwig habe einem Freund erklärt, warum er sein Erbe seinen Geschwistern vermacht habe: *Ich schenke mein Geld nicht den armen Leuten, aber ich schenke mein Geld meinen reichen Geschwistern, die sind schon durch Geld verdorben.*“

Hermine schrieb einen Brief an ihren Bruder: *Ich verstehe nämlich nicht, warum Du Greti dabei übergehst. Das ist doch eine große Kränkung glaube ich, nicht wegen des Geldes sondern es ist kränkend enterbt zu werden. Wenn Du eine Absicht dabei verfolgst, so ist das etwas ganz anderes.* Gretl war offensichtlich nicht gekränkt. Sie hatte eher Probleme damit, dass ihr Bruder als einfacher Volksschullehrer aufs Land gehen wollte. Sie verstand ja seinen „Tolstoi-Weg“, wie sie es nannte, aber war dieser Rückzug in die Provinz, dieser Verzicht auf die Entfaltung seiner intellektuellen Möglichkeiten nicht allzu asketisch?

Ludwig zog aus der Alleegasse aus und wohnte während seiner Ausbildung zum Lehrer in der Pension einer Frau Wanicek in der Unteren Viaduktgasse. Nachdem er seine erste Stelle als Lehrer in Trattenbach angetreten hatte, verbat er sich jeglichen Besuch von zu Hause, sogar von Hermine, und das mit harschen Worten: Ein Besuch gegen seinen Willen sei in seinen Augen *die denkbar gröbste Missachtung ein Zeichen von Mangel jeden Respektes den ein Mensch der Freiheit des Anderen schuldig ist.* Der einzige Freund, mit dem er einen engen Kontakt pflegte und dessen Besuche er ertrug, war der Gymnasialprofessor Ludwig Hänsel, den er aus der italienischen Kriegsgefangenschaft kannte. Hänsel hatte Ludwig in dem Entschluss bestärkt, Lehrer zu werden. Ständig bat Ludwig ihn, Bücher nach Trattenbach zu schicken, manchmal Unterrichtsmaterial für alle Schüler, das Ludwig aus eigener (schmaler) Tasche bezahlte. Hermine, die mütterlich um Ludwig besorgt war, wandte sich regelmäßig an Hänsel, um Neues über ihren Bruder zu erfahren, seinen Gesundheitszustand und seine Stimmungslage. Zum Ausgleich für die Mühen ließ sie dem Herrn Professor, seiner Gattin und den drei Kindern eine Fülle von Naturalien, die in der Nachkriegszeit offensichtlich hochwillkommen waren, zukommen: Milch und Fleisch und *Conserven* und Stoffe für Kleider, einen finanziellen Beitrag für die Sommerferien via Postsparkasse, Karten für ein *Concert* im Musikverein.

Schickten Hermine oder Margaret ihrem Bruder Pakete, gleichgültig ob Bücher oder Esswaren, kamen sie ungeöffnet zurück. Es war, als hätte er sich von seinen Schwestern losgesagt. „Er spürt Missbilligung auch da, wo es keine gibt", sagte Hermine.

Selten schrieb er Hermine und berichtete über sein neues Umfeld: *Ich bin von Gehässigkeit und Gemeinheit umgeben. Die Menschen sind natürlich im Durchschnitt nie viel wert. Aber in Trattenbach sind sie noch nichtsnutziger und unverantwortlicher als sonst irgendwo.* „Das ist doch reiner Masochismus, sich dort zu exponieren", empörte sich Margaret. Die Briefe an Hänsel beklagten ähnlich schonungslos das Leben in der niederösterreichischen Provinz, so dass ihm sein Freund im September 1920 antwortete: *Ich wünsche Dir Kraft und Besinnung. Es bleibt Dir – bei Deinen Qualitäten – ja doch nichts übrig, als ein Heiliger zu werden (wenn Du einmal die Sentimentalität: das Selbstmitleid losgeworden bist).*

Sie schickte ihren Fahrer ins Nachbardorf, er solle dort warten, wollte nicht, dass ihr luxuriöses Delage-Auto vor dem Haus parkte, in dem der Lehrer Wittgenstein wohnte. Vielleicht würden dann seine Schüler zusammenlaufen. Die Kirche von Trattenbach hatte sie schon im Vorüberfahren gesehen, auch das in ihrem Schatten stehende zweistöckige Schulhaus, dessen Dach durchhing, als sei es unter den Seufzern von Generationen unwilliger Schüler eingesunken. Die Häuser und Höfe wirkten verwahrlost. Auch das Gasthaus „Zum Braunen Hirschen" sah nicht eben einladend aus. In einem Nebengebäude des Gasthauses, einer Mansarde unter dem Dach, wohnte Ludwig.

Sie musste schlucken, als sie das armselige Zimmerchen betrat: ein Bett, ein Nachtkastl, ein Sessel und ein winziger Tisch. Ludwig schaute auf, erstarrte, sprang auf und schrie: „Wie kannst du es wagen, einfach hier hereinzuplatzen, habe ich euch nicht allen verboten, mich zu besuchen? Geh, verlass sofort mein Zimmer, sofort!"

Auf dem Tisch lagen Pilze, ausgebreitet auf einem Zeitungspapier. Bei Ludwigs heftiger Bewegung fielen einige auf den Fußboden, er hob sie nicht auf.

Margaret war gekommen, weil sie sich nicht damit abfinden wollte, dass ihr Liebling Lukerl sich von ihr abschottete, sie und ihre Schwestern wie Aussätzige behandelte. Was waren denn das für Allüren! Mining durfte natürlich nichts davon wissen, dass sie sich keinen Deut um Ludwigs Verbot scherte, die vergötterte ihn und verteidigte alle seine exzentrischen Grillen.

„Ich geh' ja schon", sagte sie und hob die Pilze auf: „Parasol und Krause Glucke, Maronenröhrlinge und hier sogar ein Steinpilz. Hast du die selbst gefunden?" Sie setzte sich aufs Bett, da es keinen zweiten Sessel gab.

„Die Leute hier kennen keine Pilze. Wenn ich welche mit zum Bauern nehme, denkt die Frau, ich will alle vergiften. Jetzt müssen die Schüler die Pilze kennenlernen. Dann werfe ich sie weg."

„Schad' drum!", sagte Margaret. „Kannst du sie dir nicht braten?"

„Siehst du einen Herd?"

„Wo isst du denn?"

„Bei dem Bauern Traht im Schlaggraben. Mittags nach der Schule. Primitive Kost. In der Milchkanne nehme ich mir etwas für abends mit.“

„Man kann es mit der Askese auch übertreiben“, lag Gretl auf der Zunge. Aber sie behielt den Kommentar für sich.

Sie fragte nach seiner Arbeit. „Das geht dich nichts an.“ Margaret wartete. Schließlich sprach Ludwig doch: Er habe fünfzig Schüler in einer Klasse, die Jungen dickschädelig, störrisch, wenig begabt, gingen nach der fünften Klasse auf die Bürgerschule, manche blieben auch zu Hause, sie müssten auf dem Hof arbeiten, beschieden die Väter dem Herrn Lehrer. Die Mädchen verträumt, höher begabt als die Jungen. Und doch nichts als verfluchte Weiber. Die Schulbücher taugten alle nichts, er schreibe jetzt ein neues. Ein Wörterbuch für die Volksschule, das das Erlernen der Rechtschreibung revolutionieren würde. 2000 Wörter habe er schon gesammelt.

„Und was unterrichtest du sonst noch?“

„Alles, alle Fächer. Religion, Rechnen, Lesen, Schreiben, Pflanzenkunde, Heimatkunde. Ich baue mit den Schülern Modelle von Dampfmaschinen und Eisenhämmern, skelettiere tote Igel und Eichhörnchen, aber da fangen die Mädchen an zu speiben. Nachts erkläre ich ihnen die Sterne.“

„Und Musik? Wie ich dich kenne, pfeifst du deinen Schülern Beethoven-Symphonien vor.“

„Die Zauberflöte haben sie lieber. Alle können schon Papagenos Vogelfänger singen, die Jungen pfeifen dazu den Flötenpart, die Eltern fragen: Wozu brauchen die Kinder das?“

„Ich glaube, Luki, du bist der ideale Lehrer.“

„Ach, red’ doch keinen Schmarrn! Ich habe keine Geduld. Ich dresche immer noch mit den Fäusten auf Türfüllungen ein.“

„Was ist mit deinem philosophischen Traktat? In der Kriegsgefangenschaft hat dir das Schreiben das Leben gerettet. Vielleicht hilft es dir auch hier.“

„Niemand will das Zeug hören oder lesen – geschweige denn

veröffentlichen." Plötzlich war seine Stimme schneidend, aggressiv. Er holte aus der Schublade des Tisches, auf dem noch die schmutzigen Pilze lagen, ein Notizheft heraus, stand auf und fing an, mit großem Pathos zu deklamieren, halb Predigt, halb Rede an ein uneinsichtiges Volk:

Die Welt ist alles, was der Fall ist.
Die Welt ist die Gesamtheit der Tatsachen, nicht der Dinge.
Die Welt ist durch die Tatsachen bestimmt und dadurch, daß es alle Tatsachen sind.
Denn, die Gesamtheit der Tatsachen bestimmt, was der Fall ist und auch, was alles nicht der Fall ist.
Die Tatsachen im logischen Raum sind die Welt.
Die Welt zerfällt in Tatsachen.
Das logische Bild der Tatsachen ist der Gedanke.
Die Gesamtheit der wahren Gedanken sind ein Bild der Welt.

Dann klappte er sein Heft zu, dass es knallte und schrie: „Raus hier, verschwinde endlich, raus!" Und stürmte selbst aus dem Zimmer.

Margaret stand auf, hielt sich am Tisch fest, benommen stierte sie auf das Heft: „Logisch-philosophische Abhandlung" stand auf dem Deckblatt geschrieben. Sie ging ins Freie, auf dem Hof flogen erschreckte Hühner auf, Ludwig war nirgends zu sehen. Ihrem Fahrer hatte sie einen viel späteren Zeitpunkt genannt, an dem er sie abholen sollte. In das Gasthaus „Zum Braunen Hirschen" wollte sie nicht gehen, dort würde sie nur Aufsehen erregen. So blieb ihr nichts anderes übrig, als sich zu Fuß auf den Weg ins Nachbardorf zu machen. Sie musste über eine Stunde bis ins fünf Kilometer entfernte Otterthal laufen. Die Landschaft war leer und grün, sie begegnete keinem Menschen, nur Krähen begleiteten sie. Der Chauffeur saß im Wirtshaus. Otterthal wirkte genauso trostlos wie Trattenbach.

„Das Bild ist ein Modell der Wirklichkeit“: Ludwig Wittgenstein, etwa 1929.

Nach zwei Jahren in Trattenbach wurde Ludwig Wittgenstein versetzt, nach Puchberg am Schneeberg, nach Haßbach, wo er nur vierzehn Tage blieb, und schließlich nach Otterthal.

Wenn er in den Ferien nach Wien kam, war er nicht mit seinen Geschwistern, sondern mit Freunden zusammen. Mit Ludwig Hänsel natürlich, mit Rudolf Koder, seinem Kollegen aus Puchberg, und dem Bildhauer Michael Dobril, der Skulpturen schuf, als hätte er das Wort Secession noch nie gehört. Seine Schwestern mied Ludwig. Die aber kamen nicht von ihm los.

„Verstehst du sein Buch?“, fragte Hermine. Gemeint war der „Tractatus“, zunächst 1921 in den „Annalen der Naturphilosophie“, 1922 in zweisprachiger Fassung in einem englischen Verlag erschienen. Ludwig hatte ihnen im Sommer ein Exemplar gegeben, mehr auf den Tisch geknallt als überreicht: „Ihr versteht es ja ohnehin nicht!“

„Weißt Du, ich habe das Gefühl, dass sich Ludwig in wirren Theorien verfängt, sich in immer neue Ideen hineinschraubt, bis er schließlich verrückt wird.“

Margaret lachte: „Er ist schon verrückt, Mining, keine Angst.“ Sie goss ihr eine neue Tasse Kaffee ein. Hermine kam gerne „auf einen kurzen Moment“ in die Wohnung in der Renngasse.

Sie gab sich mit Gretls flotter Diagnose nicht zufrieden. Hinter vorgehaltener Hand nannten die Geschwister Hermine manchmal „Mütterchen Sorge“. Es gab ja in der Familie genügend Anlass zu Besorgnis, aber bei Mining gehörte es zu ihrem Wesen, ständig Kummer um ihre Lieben zu nähren.

„Ich habe das Gefühl, er will besser und gescheiter sein als alle anderen, ist nie mit sich zufrieden, das kann natürlich ein Stimulans für sein Arbeiten sein, vielleicht führt es ihn aber in die Depression. Er ist so verschroben, so weltfremd, so verbohrt …"

„Mining, lass nur. Es ist alles nicht so kompliziert, wie es sich auf Anhieb liest."

„Natürlich, die klügste Schwester versteht ihren Bruder!"

Margaret legte begütigend die Hand auf Hermines Arm. „Ist es nicht komisch, dass Ludwig, der in der Schule so schlecht in Deutsch war, sich jetzt mit solcher Leidenschaft für die Sprache interessiert? Damals haben wir uns amüsiert über die Briefe, die er aus Linz schrieb. Was soll aus einem Jungen werden, der so viele Fehler macht, hast du immer gesagt."

„Der Papa hat es immer toleriert. Hat gesagt: ‚Vielleicht kann er besser Schrauben drehen als Wörter drechseln.'"

„Seine Sätze im ‚Tractatus' sind von bestechender Logik."

„Ich bin zu dumm dafür."

„Mining, ich bitt' dich, mach dich doch nicht klein! Du bist eine der intelligentesten Frauen überhaupt."

„Ich habe immer das Gefühl, man muss den Lukerl vor sich selbst retten."

„Aber das geht nicht. Bei Ludwig funktioniert das nicht. Er ist kompromisslos. Er ist ein Diktator. So wie er seine Sätze formuliert, dulden sie keinen Widerspruch. Er hat die Wahrheit gepachtet. Er glaubt, er kann die Probleme der Philosophie ein für alle Mal lösen."

„Sag selbst, Gretl, das ist doch ein Anfall von Größenwahn."

„Aber alle Genies sind größenwahnsinnig."

Margaret liebte Ludwig – aber auch sie verstand ihn nicht. Mit seinen philosophischen Thesen konnte sie sich auseinandersetzen, aber nicht mit dem, was sie seinen „Demutswahn" nannte. Musste der Mensch in Sack und Asche gehen, sich kasteien, seine Geistesgaben an Bauernschädel verschwenden, um Gutes in die Welt zu bringen? Er hatte doch in Cambridge angefangen, Philosophie zu studieren, hatte von seinem Lehrer Bertrand Russell und dessen „Principia Mathematica“ geschwärmt. Warum verfolgte er diesen Weg nicht weiter?

„Weißt du, was er mir einmal gesagt hat“, erinnerte sich Hermine, „was das Ziel seiner Philosophie sei? Einer Fliege den Weg aus dem Glas zu zeigen!“

„Das ist doch wunderbar! Welch ein schöner Gedanke! Dann kann er doch auch sich selbst den Weg aus seinem Glashaus weisen!“

Davon war Hermine nicht überzeugt. Sie würde sich weiter sorgen müssen um diesen Buben, der einfach mit zu viel Verstand und zu dünner Haut auf die Welt gekommen war. Er war der Welt nicht gewachsen.

Vor allem nicht seinem Beruf, unter dem er zunehmend litt.

Seinem Freund Hänsel schrieb er 1924: *Ich bin in Otterthal! Wie es hier gehen wird, weiß Gott allein. Ich lebe in Angst und Bangen! Auf meiner Brust liegt es schwer und ich schleppe mich herum wie ein gefolterter. [...] Hier geht es nicht gut und vielleicht geht es jetzt mit meiner Lehrerei zu Ende. Es ist zu schwer für mich. Nicht eine sondern ein Dutzend Kräfte wirken gegen mich, und was bin ich! [...] ich werde ein klägliches Ende nehmen.*

Im April 1926 kam Ludwig nach Wien zurück, sah aus wie ein geprügelter Hund, tiefe Ringe unter den Augen, nervöses Flattern der Hände. Wortkarg. Abweisend. Margaret nahm sich sofort seiner an und quartierte ihn in ihrer Wohnung ein. Nein, er gehe nicht mehr zurück nach Otterthal. Er habe sein Lehrersein beendet. Alles aus und vorbei.

Es hatte einen Vorfall gegeben. Ludwig hatte einen elfjährigen Schüler geohrfeigt, der war ohnmächtig zusammengebrochen und litt seither unter Schwindel und Taubheit. Ludwig wurde vorläufig vom Dienst suspendiert, der Vater des geschlagenen Josef Haidbauer könnte Anzeige erstatten, dann käme es zu einem Gerichtsverfahren.

Paul konnte sich nicht enthalten, Margaret zu zitieren: *Der Luki hat halt eine große Begabung als moralische Instanz.* Margaret drohte mit einer Kopfwäsche.

Sie war glücklich, Ludwig in dieser Krisensituation auffangen zu können. Er erlaubte ihr eine Annäherung, die es viele Jahre nicht gegeben hatte. Tommy, der zu diesem Zeitpunkt in Cambridge studierte, schrieb sie: *Von Luki sehe ich viel + das tut mir + wie ich glaube auch ihm gut. So eine lange Trennung, wie es die unsere war, hat das Schöne, dass sich auf beiden Seiten allerlei noch nicht Ausgetauschtes aufspeichert, wodurch große + ganz neue Anregungen möglich werden.*

Bei dem folgenden Dienstaufsichtsverfahren sprach die Schulbehörde den Lehrer Wittgenstein von aller Schuld frei, der Schüler leide an Leukämie und sei schon häufiger ohnmächtig geworden. Ludwig aber bat um Entlassung aus dem Dienst.

Margaret lud ihre Geschwister ein, auf den glücklichen Ausgang der „Affäre" ein Glas Champagner in der Renngasse zu trinken, aber Ludwig lehnte das ab. *Ich werde in einer Woche die Stelle eines Gärtnergehilfen antreten.* Er hatte sich bei den Barmherzigen Brüdern in Hütteldorf um diese Stelle beworben, am liebsten wäre er dort gleich in den Orden eingetreten.

„So ein Holler", entfuhr es Margaret, „der Luki und Klostergärtner! Als wenn der Bursch' keine anderen Talente hätt! Aber ich werd' schon eine passende Beschäftigung für ihn finden."

DIE VOLLKOMMENHEIT DES HIMMELS

Es hatte einige erstaunte Gesichter in der Familie gegeben, sogar einiges Stirnrunzeln, als Margaret 1926 ein Grundstück in der Kundmanngasse kaufte, um sich hier ein Stadtpalais zu errichten. Ursprünglich hatte sie die repräsentative Renngasse als Ort eines künftigen Stonborough-Hauses vorgesehen. Die Kundmanngasse, benannt nach dem Bildhauer des berühmten Schubert-Denkmals, lag in keinem der großbürgerlichen Wiener Bezirke, war verhältnismäßig weit vom Zentrum entfernt, eher kleinbürgerlich als nobel, weiß Gott keine Adresse für eine Wittgenstein. Nur Ludwig kannte sich hier gut aus: Die Lehrerbildungsanstalt, die er in den Jahren 1919 und 1920 besucht hatte, lag dem Grundstück gleich gegenüber.

Aber Hermine hatte schon recht, wenn sie den anderen Geschwistern erklärte: „Das Grundstück ist sehr eigenartig – und darum passt es zu Gretl."

Der Grund war schwer zu bebauen, er lag ziemlich hoch über dem Straßenniveau, darauf stand ein kleines, zum Abbruch bestimmtes Haus, die alten Bäume im Garten sollten aber in jedem Fall erhalten bleiben. Die Umgebung war wenig eindrucksvoll, Hermine nannte die Nachbarhäuser „inoffensiv" – wenn das ein Kompliment sein sollte, war es schon sehr euphemistisch.

Margaret hatte Paul Engelmann mit dem Bau betraut, einen jungen Architekten aus der Loos-Schule, mit Ludwig seit der Zeit in Olmütz befreundet, wo beide die Offiziersausbildung durchlaufen hatten. Hermine war sehr mit ihm zufrieden gewesen, als Engelmann einige Räume in der Neuwaldegger Villa umgestaltet hatte, allerdings als Innenarchitekt. Damals hatte Margaret ihre Schwester zu ihrer Wahl beglückwünscht: *Ich muss Dir sagen, dass ich mich sehr freue über Deine Architekten-Wahl. Der kleine Engelmann hat mir gleich besonders gut gefallen+ wenn ich auch keine Ahnung habe ob er Talent hat, so bin ich doch überzeugt, dass man sich mit ihm verständigen kann, weil er dieselbe Sprache spricht wie wir + mir persönlich ist das viel wichtiger, als ein Talent, das zu mir keine Beziehung hat.*

Bauherrin und Architekt arbeiteten eng zusammen und verstanden sich gut, vielleicht auch darum, weil Engelmann, ein ebenso freundlicher wie nachgiebiger Mensch, alle Wünsche seiner Auftraggeberin eilfertig zu erfüllen trachtete, auch wenn er dadurch bei seinen eigenen Ideen Abstriche machen musste. Es war nicht so ganz einfach zu begreifen, was Frau Stonborough vorschwebte: eine Stadtvilla im klassisch historisierenden Stil, wie es das elterliche Palais in der Alleegasse war, mit repräsentativen Räumen und einem ausladenden Vestibül zwischen den Stockwerken oder eine Architektur nach Grundsätzen von Adolf Loos, die von einer hermetischen, den Bau umschließenden Außenhülle und einer klaren Raumanordnung um eine zentrale Halle im Stil eines römischen Atriums geprägt war.

Engelmann entwarf einen Grundriss nach dem anderen, variierte, veränderte, entwarf neu, löschte aus, zeichnete, korrigierte, wandelte ab, modifizierte – sein Skizzenbuch füllte sich, er versuchte, den Spagat zwischen den schwankenden Neigungen der Bauherrin zu schaffen: sich der Moderne zu öffnen, ohne auf das wohlvertraute Ambiente des großzügig „Gemütlichen" zu verzichten, das sie in den Bauten der Belle Époque fand, nicht nur in der Allleegasse, sondern auch in ihrem gegenwärtigen Domizil im Palais Schönborn-Batthyány. Schließlich schälte sich doch ein kompromissloses Grundmuster heraus: ein streng geometrisches Gebilde aus Kuben, die um eine zentrale Terrasse herum geschichtet waren, drei Stockwerke, voll unterkellert, eine Raumhöhe von mindestens 3,50 Meter, eine Wohnfläche von mindestens 1000 Quadratmetern, von allen Räumen Sicht auf den Garten, ansonsten eher eine Atmosphäre des Eingeschlossenseins, des mehr Nach-innen- als Nach-außen-Lebens. Das einzige offene Element sollte die südliche Terrasse mit ihren breiten Stufen und der Glaswand neben der Halle sein.

Im Mai 1926 interessierte Margaret ihren Bruder Ludwig für den Bau. Was zunächst als therapeutische Überbrückungsmaßnahme für einen deprimierten Hilfsgärtner gedacht war, wuchs sich unter der Hand zu einer tages-, ja nachtfüllenden Tätigkeit aus: Ludwig Wittgenstein verbohrte sich mehr und mehr in das Projekt, bis er es endlich ganz in die Hand bekam. Engelmann musste der stärkeren Persönlichkeit weichen.

An Tommy schrieb Margaret, als Ludwig in die „Firma" eingetreten war und Paul Engelmanns und ihre eigenen Entwürfe zu überarbeiten begann, voller Begeisterung: *Er hat sofort die Leitung übernommen + sein geistiges Übergewicht + seine schöpferische Überlegenheit sind so unleugbar, dass der Engelmann und ich „soo klein" geworden sind.*

„Ist dir klar, dass Ludwig Maschinenbau-Ingenieur ist, sich mit Flugtechnik beschäftigt hat, niemals mit Architektur?", warnte hingegen der Schwager Max Salzer. „Er kann einen düsenbetriebenen Propeller bauen, aber ein Haus? Ich hoffe, du erlebst kein Waterloo." – „Was soll denn dieser dumme Vergleich, Max?", fragte Margaret zurück. „Wir sind hier nicht im Krieg."

Bauherrin Stonborough und der selbsternannte Architekt Wittgenstein gerieten nicht in einen Krieg, wohl aber in tägliche Scharmützel mit Handwerkern und dem Bauleiter Jacques Groag. Und manchmal wurde scharf geschossen. Platzwunden, Streifschüsse, Granatsplitter blieben nicht aus.

Ludwig radikalisierte Engelmanns Raumplanung, warf auch noch die letzte Ornamentik hinaus – Engelmann hatte zum Beispiel ägyptische Säulen in der Eingangshalle vorgesehen –, gab der äußeren Skulptur aus kubischen Massen dadurch mehr Strenge, dass er mit langen, schmalen Fenstern die Vertikale betonen ließ, setzte die Wuchtigkeit der weißen Blöcke in Kontrast zu dem leicht hügeligen Garten mit seinen schönen alten Bäumen: Kastanien, Pappeln, ein Nussbaum, Ahorn.

„Dass du mir ja nicht anfängst, Blumen in den Garten zu pflanzen! Gar abscheuliche Geranien oder Begonien oder Fleißiges Lieschen oder andere Ausgeburten von Gärtnerhirnen. Das wäre eine Sünde wider den Geist des Hauses."

„Aber Luki, zu einem Haus, das der französischen rationalité huldigt, gehören eigentlich in Buchsbaum gefasste Rabatten, ein paar Akeleien, Phlox und Glockenblumen vor den kahlen Mauern."

„Untersteh dich! Wenn du unbedingt etwas Blühendes brauchst, nimm Büsche, aber setz' sie weit genug vom Haus entfernt. Vielleicht einen Fliederstrauch oder einen Rhododendron."

Sobald die ersten Mauern hochgezogen waren, klebten an den Innenseiten kleine weiße Zettel: *Simplex sigillum veri.* Die des Lateinischen unkundigen Handwerker fragten nicht nach. Die anderen wussten, dass hier mit dem Wort des mittelalterlichen Philosophen und Theologen Ockham das Evangelium des Architekten hing: *Einfachheit ist das Merkmal der Wahrheit.*

Einfachheit war teuer. Wittgenstein bestand auf den neuesten Bautechniken. Die Außenwände aus Ziegeln waren von Beton und Eisenbetonträgern umgeben. Betonrippen und Betonquerbalken festigten die Decken. Das gläserne Pultdach wurde mit dünnen Stahlträgern gehalten. Statt Kachelöfen gab es im Erdgeschoß eine Fußbodenheizung unter dünnen Xylolith-Fliesen, die teurer waren als echte Steinplatten, in den übrigen Geschoßen Heißwasserradiatoren. Türen und Fenster bestanden aus Stahl und Glas, Stiegen und Treppenabsätze aus Kunstgranit.

Ludwig Wittgenstein erwies sich als ein Fanatiker der Genauigkeit. Er zeichnete jedes Fenster, jeden Fensterriegel, jede Tür, jeden Türgriff, jeden Heizkörper so akribisch, als handele es sich um ein optisches Präzisionsinstrument. „Sagen Sie, Herr Ingenieur, kommt es Ihnen wirklich auf jeden Millimeter an?", fragte ein Handwerker, der alle Schlüssellöcher per Hand in die Metallkästchen an der

Tür bohren musste. Er hatte den Satz noch nicht beendet, als ihm schon ein so donnerndes „Ja!“ entgegenschallte, dass er erschrak. Seither fragten die Bauleute nicht mehr, sondern führten Befehle schweigend aus. Im Endeffekt war ja nur wichtig, dass sie anständig bezahlt wurden, und das wurden sie.

Margaret ließ sich von der Botschaft ihres Bruders anstecken, dass Ethik und Ästhetik eins seien, dass nur in einem ästhetisch perfekten Haus ein gutes Leben möglich sei. Wiederholte er nicht, was sie vor vielen Jahren bei Kierkegaard gelesen hatte?

Sie wurde zur Meisterin der Geduld. Und des allzeit geöffneten Geldbeutels, aus dem jede hypertrophe Forderung, jede Grille, jede manische Millimeter-Verrücktheit beglichen wurden.

Da war zum Beispiel die Sache mit den beiden Heizkörpern in einem kleinen Zimmer im ersten Stock, die Ludwig entworfen hatte. Die Radiatoren sollten symmetrisch angeordnet in zwei Ecken des Raums stehen, aus zwei gusseisernen Teilen mit einem minimalen Zwischenraum gefertigt sein und auf Füßen ruhen. Nach vielen Aufträgen an heimische Firmen musste der Architekt erkennen, dass die Radiatoren so, wie er sie entworfen hatte, in Österreich gar nicht gegossen werden konnten. Es wurde Gussware aus dem Ausland bestellt, die meiste erwies sich als untauglich, andere wurde so lange zugeschliffen, bis endlich das erwünschte Ergebnis erreicht war. Dieser Prozess, zwei kleine Heizkörper für ein einziges Zimmer zu gewinnen, dauerte ein volles Jahr. Wenn Geschwister oder Freunde mit Unverständnis reagierten, sagte Margaret: „Aber schaut sie euch an! Sind sie nicht in ihrer Art vollkommen? Außerhalb der Heizperiode stelle ich Plastiken darauf, es gibt kaum elegantere Sockel für Kunstwerke.“

Aber die Radiatoren waren eine Bagatelle im Vergleich zu den Problemen mit den Türen und Fenstern. Sie entwarf Ludwig aus Eisen und Glas. Da die schmalen Teilungsleisten zwischen dem Glas nur senkrecht verliefen und nicht durch waagerechte Streben gestützt wurden, damit die Ästhetik des Vertikalen uneingeschränkt zum Ausdruck kommen konnte, war bei der Schwere und Größe der Glasscheiben eine Ausarbeitung technisch kaum durchführbar. Ludwig verhandelte mit acht Firmen, ließ sich nicht beirren, wenn die Spezialisten sagten: „Das geht nicht." Was scherten ihn die vermeintlichen Gesetze des Machbaren, er hatte ausgerechnet, dass alles möglich war, sofern man sich an seine präzisen Anweisungen hielt. Der Ingenieur einer Firma, die monatelang an einer Modelltür gearbeitet hatte, brach schluchzend zusammen, als die Tür als unbrauchbar zurückgeschickt wurde. Aber Ludwig Wittgenstein ließ nicht locker. Und bekam schließlich die Türen, die er wollte.

An einem Frühlingsabend 1927, an dem Margaret die Fenster ihres Zimmers weit geöffnet hatte, um die Verheißung sonniger Tage auf der Haut zu spüren, klopfte ihre Zofe: Da sei ein dringender Anruf gekommen, die Gnädige Frau möchte umgehend auf die Baustelle kommen. Es gebe wohl Meinungsverschiedenheiten. Schon wieder, stöhnte die Bauherrin. Immer wieder gerieten Ludwig und Jacques Groag aneinander. Dabei einten sie doch ähnliche ästhetische Vorstellungen. Groag, der Bautechniker, auch ein Schüler Adolf Loos', verfocht entschieden die Klarheit der Raumordnung, setzte auf Funktionalität und Authentizität des Materials. Aber als Techniker, der auch die Kalkulation und Durchführung des Baus zu beaufsichtigen hatte, trieben ihn Ludwig Wittgensteins ästhetischer Rigorismus, der die Plangröße des Realisierbaren souverän verachtete, seine immer neuen Änderungswünsche und Forderungen an den Rand der Verzweiflung.

Und immer, wenn es gar nicht mehr weiterging, wenn zwei Kampfhähne erbittert voreinander standen und sich am liebsten das Fleisch blutig gehackt hätten, wurde Margaret gerufen. Sie war die Bauherrin, sie musste Position beziehen, ihr Plazet oder Veto erteilen, musste die stetig steigenden Baukosten akzeptieren oder ablehnen.

Als sie in der Kundmanngasse ankam, sah sie gleich, dass Groag eine Art Zusammenbruch erlitten hatte. Er saß zusammengesunken auf einem Sessel in der Eingangshalle, den Kopf gesenkt, den Oberkörper gekrümmt, schweigend. Ludwig war nirgendwo zu sehen, es tauchten auch keine Arbeiter auf, die sonst immer in den Räumen werkten. Es schien, als hindere eine Scheu vor der Größe einer Tragödie die am Bau Beteiligten daran, die Stille zu durchbrechen. Margaret sprach Jacques an, aber er reagierte nicht. Sie berührte ihn sanft an der Schulter. Da hob er den Kopf und sagte mit vor Erschöpfung schleppender Stimme: „Es geht nicht mehr, es geht nicht mehr."

Geometrie und Funktion: das Stiegenhaus im Palais Stonborough.

Was nicht mehr ging, war aus Groag nicht herauszubekommen. Margaret setzte ihn in ein Mietauto und schickte ihn nach Hause, bat ihn aber dringend, am nächsten Morgen wieder zu Stelle zu sein. Man habe schließlich einen Vertrag. Dann machte sie sich auf die Suche nach Ludwig.

Sie fand ihn in dem kleinen Haus in der Erdbergstraße, das auf ihrem Baugrund hinter den Rasumofsky'schen Gärten stand, er hatte es als Wohnung und als Architektenbüro bezogen. Ludwig hatte jedenfalls keinen Zusammenbruch erlitten, er stand gelassen vor dem Zeichenbrett und trug mit rotem Stift Änderungen in den Bauriss ein.

„Komm einmal her, Gretl", sagte er, ohne den Blick von der Zeichnung zu wenden, „schau: Die Decken sind einfach zu niedrig geraten, sie müssten nach den Gesetzen der vertikalen Ausrichtung der Räume, der Proportionalität der Türen und Fenster drei Zentimeter höher gesetzt werden. So wie es jetzt ist, ist die Harmonie gestört. Du wirst Kopfschmerzen in den Zimmern bekommen, ohne zu wissen, woran es liegt."

„Aber Lukerl, das untere Stockwerk ist fertig, der Plafond eingezogen. Und was machen denn in Gottes Namen drei Zentimeter bei der gewaltigen Raumhöhe aus? DREI!"

Ludwig nahm sie am Arm und ging mit ihr auf die Baustelle, ging mit ihr durch die Halle und in den Salon, erklärte, dass die schmalen, langgezogenen Fenster mehr Abstand zur Decke brauchten, mehr Luft, nicht um mehr Helligkeit zu gewinnen, sondern um das ästhetische Zusammenspiel aller Elemente zu einer Art Goldenem Schnitt zu führen. „Wenn man Kompromisse macht, hat man verloren. Entweder ist etwas vollkommen, oder es ist Murks. Du wirst nie in diesen Räumen leben können, ohne immer wieder verzweifelt zum Plafond zu schauen: Ach, wäre er doch dem Himmel etwas näher!"

Und dann zitierte Ludwig Goethe, und wie immer, wenn er zitierte, Goethe selten, oft Nietzsche, noch öfter Schopenhauer, schlich ein ironisches Lächeln um seine Mundwinkel, das signalisierte: Ich versuche, meine Argumente mit Hilfe anderer zu erhärten, was aber lächerlich ist, weil allein meine Argumente zählen und für sich stehen. „*Vollkommenheit ist die Norm des Himmels, Vollkommenes wollen die Norm des Menschen*. Siehst du das ein?", fragte er insistierend.

Margaret zögerte. „Und jetzt alles wieder rausreißen und erneut mit dem Betonieren anfangen? Und was heißt hier Goldener Schnitt? Die Raumhöhe ist jetzt 3,84 Meter statt der von dir gewünschten 3,87 Meter. Soll die Höhe der Fenster in einem Verhältnis des Goldenen Schnitts zur Raumhöhe stehen, macht das bei der Fensterhöhe höchstens einen Zentimeter aus. Vermindere die Höhe der Fenster doch um diesen Zentimeter, dann hast du wieder deine Proportio Divina!"

„Gratulation an die Mathematikerin. Du kennst deine Formeln. Aber ich habe von einer *Art Goldenem Schnitt* gesprochen, ich meinte damit die absolute Klarheit der Proportion, die untrügliche Gewissheit über das Verhältnis von Fläche und Höhe."

„Was gibt dir denn diese untrügliche Gewissheit? Folgt sie einem nachvollziehbaren Prinzip? Luki, mir ist das alles zu … abgehoben."

Ludwig lächelte und sagte eine Weile nichts. Dann, als hätte er die triftigste Antwort auf ihre Einwände gefunden: „*Es gibt allerdings Unaussprechliches. Dies zeigt sich, es ist das Mystische.*"

Da wusste Margaret, dass sie aufhören musste, nach Argumenten zu suchen.

Nach Hause zurückgekehrt fragte sie sich, ob Ludwig und sie sich nicht in eine Sackgasse manövriert hatten, in die Widersprüchlichkeit eines Entwurfs, der zwei Göttern huldigen sollte: der absoluten Funktionalität und der ebenso absolut gesetzten ästhetischen Proportionalität. Ludwig glaubte, beides erreichen, etwas in sich Vollkommenes, ein „objektives Ideal" schaffen zu können. Je schwieriger sich dies erwies, desto rigoroser beharrte er auf beidem. Margaret war bisher immer bereit gewesen, Ludwig in allen seinen gestalterischen Entscheidungen zu folgen – und noch um die Form der Türklinken hatte er eine ästhetische Generaldebatte entfacht –, sie hatte seine Autorität anerkannt, auch gegen Engelmann, gegen Groag. Auch gegen die Vernunft, der die immensen Kostensteigerungen widersprachen.

Aber jetzt waren die ersten leisen Zweifel in ihr aufgetaucht, ob jederzeit der göttliche Funke in ihrem Bruder wohnte, ob er der geniale Architekt war, für den er sich und sie ihn hielt, oder aber ein Maschinenbauingenieur mit verrückten Ideen, die er als dogmatische Glaubenssätze handhabte.

Sie würde noch einmal mit ihm über die Deckenhöhe diskutieren. Aber sie ahnte schon, dass am Ende der Plafond fallen würde, um im zweiten Anlauf dem Himmel näher zu sein. Nicht, dass sie sich Ludwig fügen würde. Aber sie war seine Schwester im Geiste: radikal und kompromisslos wie er. Und der Wille, etwas Vollkommenes, Unerhörtes zu schaffen, würde sich als stärker erweisen denn alle Zweifel.

Jacques Groag tat, wie ihm geheißen, wies die Arbeiter an, die Decke einzureißen und drei Zentimeter höher wieder einzuziehen. Die Arbeiter fluchten. Groag schrieb seinem Bruder:

Ich komme nach einem Tag bösester Streitereien, Diskussionen, Quälereien, ganz zerdrückt mit Schädelweh heim und so geht's oft. Meist zwischen mir und Wittgenstein. Es ist so viel unterschied (sic) *in der Art über Sachen kaufmännisch technischer Natur zu denken, daß es beiderseits empfindlicher Art immerfort Reibereien gibt.*

DIE HAUSGEWORDENE LOGIK

Als das Haus Mitte Dezember 1928 halbwegs bezugsfertig war – als allererstes Möbelstück war ein Flügel eingezogen –, bestand Ludwig darauf, ein Fest für den Baumeister Friedl und seine Arbeiter, und nur für diese zu geben. „Die habe ich genug malträtiert, die haben es verdient, dass man ihnen zeigt, wie man ihre Arbeit geschätzt hat." Margaret war nicht begeistert von dieser Idee. Man konnte den Handwerkern doch ein Präsent geben. Was sollte sie einen Abend lang mit Schlossern und Spenglern und Zimmerleuten reden? *Ich habe mich dazu gezogen wie ein Strudelteig*, schrieb sie Tommy. Das Fest verlief aber zu allgemeiner Zufriedenheit. Die Bodenheizung funktionierte, die Räume, noch sparsam möbliert, erstrahlten in heller Nüchternheit. Die Handwerker erschienen in schwarzen Anzügen, die alle zu eng geschnitten waren, als hätten sie Jahrzehnte im Kleiderschrank verbracht und darauf gewartet, bei einer Beerdigung getragen zu werden. Nur einer tauchte auf, als müsse er noch eben schnell alle Schlösser auswechseln und die Türrahmen abschleifen – in Arbeitshosen, offenem Hemd und grauem Janker: der Architekt. „Der fesche Bua trägt heut' nur einen Frack, weil ja nichts Besonderes angesagt ist", begrüßte Margaret ihren Bruder mit einem Wangenkuss. Sie bewegte sich in ihrem schwarzen Seidenkleid ebenso elegant wie natürlich, gab allen Arbeitern betont herzlich die Hand, hielt eine kleine Rede. Ob die Arbeiter mit den Schubert-Sonaten etwas anzufangen wussten, gespielt von der mit den Wittgensteins befreundeten Pianistin Marie Baumayer, war nicht auszumachen; die Gesichter, in die Margaret sah, wirkten ernst und gefasst. Keinen Zweifel aber gab es, dass die Leckereien aus der Konditorei Demel goutiert wurden. Allerdings hatte Margaret sie in der Größenordnung eines kleinen Buffets nach einer musikalischen Soiree geordert und musste feststellen, dass die Teller in wenigen Minuten leergefegt waren und die Arbeiter vergebens auf Nachschlag warteten. Aber sonst war alles gelungen. *Und das Haus sah herrlich aus.*

Das konnten nicht alle Wiener so sehen. Das Haus war, da es überhaupt nicht zu den übrigen Gebäuden im Bezirk von St. Rochus passte, eine Provokation. Es ging das Gerücht, dass sich die berühmte Opernsängerin Maria Jeritza das Anwesen errichtet habe. Eines Abends stand auf dem Gehsteig vor dem Haus eine Ansammlung von schreienden Menschen, die ihrer Wut über die „architektonische Missgeburt" Ausdruck verliehen und skandierten: „O Jeritza, o Jeritza, o Jeritza." Margaret amüsierte sich, als sie davon hörte.

Kubistisches Würfelspiel: das Palais Stonborough, heute Haus Wittgenstein genannt.

Hermine, deren Geschmack eher konservativ war, äußerte sich feinsinnig über das Haus, und das tat Margaret wohl: Es sei *eine Wohnung für die Götter* und *hausgewordene Logik*. Das Haus habe die gleiche einfache und statische Schönheit wie die Sätze des „Tractatus".

Ludwig wäre aber nicht Ludwig, wäre er rundum zufrieden gewesen. Ein Stiegenfenster war nicht so ausgefallen, wie er es sich vorgestellt hatte. Er wusste, dass er seiner Schwester jetzt nicht mehr damit kommen konnte, es herauszureißen und zu ersetzen. Der finanzielle Bogen war überspannt, ihre nahezu unendliche Geduld verbraucht. Aus eigener Tasche konnte er nichts bestreiten, seine Taschen waren leer. Außerdem war er gerade auf dem Sprung ans Trinity College in Cambridge. Aber – so berichtete er später Hermine – zum ersten und letzten Mal in seinem Leben habe er in einer Lotterie gespielt, hätte er gewonnen, wäre das Geld in ein neues Fenster geflossen. So blieb in seinen Augen ein Mangel am Haus haften – und damit ein Vorwurf für einen Menschen, der sich sein Leben lang an der Unvollkommenheit der Welt abarbeitete.

Margaret aber richtete mit Elan das Haus ein, wie immer in ihrem berühmten Stil, Unvereinbares zusammenzuführen. Die Wände waren eine ideale Fläche, um Bilder ihrer Kunstsammlung zur Geltung zu bringen. Dabei musste sie eine Auswahl treffen, sie wollte nur solche Bilder aufhängen, die dieselbe Sprache wie das Haus sprachen, ihm sich als dem dominierenden Kunstwerk unterordneten. Anders als in der Alleegasse, wo die Bilder *die Herren der Wände* waren, was für Margaret ein Beweis für *eine miese Architekturperiode* war.

Im Vestibül gab es nur ein einziges Kunstwerk, die Gipskopie eines griechischen Diskuswerfers. Die stand wie ein Rufzeichen für edle Einfalt und stille Größe.

Bei den Möbeln verfuhr sie weniger apodiktisch. In den hohen, schmucklosen Räumen fühlten sich die Möbel der Wiener Werkstätte aus ihrer ersten Wohnung in Berlin wohl. Schmuckstück ihres privaten Salons war der Schreibtisch, von Josef Hoffmann gebaut, der obere Aufsatz wie bei einer Anrichte mit vielen Fächern und Schubladen gestaltet. Dazu gehörte der Schreibtischsessel mit hochgezogenen Wangen, bezogen mit Blumenstoff von Kolo Moser. Diese Möbel kombinierte sie freimütig mit antikem Mobiliar, Jugendstil ging zusammen mit Louis-quinze und Louis-Philippe, geometrisches Design mit verspieltem Nippes.

Ludwig war erstaunlicherweise einverstanden damit, dass seine Schwester die heilig-nüchternen Hallen mit buntem Leben füllte und franchement nur ihrem Geschmack folgte. So lange sie nicht Teppiche auf den Kunststeinboden legte oder Tapeten oder Gobelins an die Wände hängte, oder gar Kronleuchter an die Decken, wo Ludwig nackte 200-Watt-Glühbirnen vorgeschrieben hatte, räumte er ihr alle Freiheiten ein.

Und dann kamen Mitte Dezember die ersten Besucher. Margaret hatte die geliebte Tante Clara eingeladen, die den Wittgenstein-Geschwistern in ihrer Kindheit oft genug ein Muttersatz gewesen war, bei der sie das hatten finden können, was ihnen zu Hause fehlte: Wärme, Verständnis, Geborgenheit. Clärchen war inzwischen 78 Jahre alt, war ihr Leben lang unverheiratet geblieben, aber wahrlich keine ältliche Jungfer, sondern eine für ihre Zeit ausnehmend freigeistige Person. Margaret ließ sie von ihrem Fahrer von Schloss Laxenburg abholen und nahm sie am Eingang in Empfang, gespannt, wie Tante Clara auf das Haus reagieren würde. Die sagte erst einmal gar nichts, schaute sich neugierig um, wollte auch, obgleich es zu schneien begonnen hatte, an Margarets Arm das Haus von außen umrunden, bevor es ins Innere ging. Dort nahm sie den Hut ab, schüttelte den Schnee vom Kragen ihres Mantels, schüttelte den Kopf und sagte: „Das hat der Luki dir also eingebrockt!" Dabei lachten ihre Augen vergnügt. „Ihr beide hattet einander schon immer verdient." – „Wie meinst du das, Tante?" – „Zwei gleichermaßen Verrückte, die sich gegenseitig stimulieren, immer noch ein Alzerl exzentrischer zu sein als der Andere. Und jetzt habt ihr euren Hirngespinsten ein Denkmal gesetzt. Kolossales Ding!“

Margaret ging auf Tante Clärchens Ton ein. „Komm mit, jetzt zeig ich dir Sachen, die du noch nie gesehen hast, die es in ganz Wien nicht ein zweites Mal gibt. Was hältst du von diesen doppelten Flügeltüren: auf einer Seite haben sie durchsichtiges Glas, auf der anderen Milchglas, so dass du wählen kannst, Offenheit oder opake Intimität. Für andere da zu sein oder ganz für dich, geschützt vor neugierigen Blicken.“ – „Was hast du denn zu verbergen, Kinderl? Doch nicht etwa einen Liebhaber?“ – „Und hier das große Speisezimmer: Die Speisen kommen mit dem Aufzug aus der Küche, im Keller ist ein Anrichtezimmer, das aber durch eine unsichtbare Metalltür vom Essraum getrennt ist: kein Tellerklappern, keine störenden Gerüche. Lautlos und wie von Geisterhand bewegt, öffnet sich die Metalltür und die dienstbaren Geister tragen das Essen auf.“ Tante Clara fand Bratengerüche eher appetitanregend. Aber sie bewunderte die Proportion des Raums und Margarets Geschick, den Eindruck von Harmonie und Symmetrie zu verstärken, indem sie nur einen langen Tisch in die Mitte gestellt („Hast du den in einem Kloster den Mönchen abgeschwatzt? Er schaut aus wie aus einem Refektorium.“) und die Sessel – nach höfischer Manier – an der Wand aufgereiht hatte. So gingen sie von Raum zu Raum, und Tante Clara sparte nicht mit Kommentaren. „Müsst ihr denn immer auf dem Präsentierteller sitzen, gibt es denn gar keine Vorhänge vor den Fenstern?“ Stolz zeigte ihr Margaret die Kurtinen: Vorhänge aus Metall, welche aus dem Untergeschoß vor die Fenster im Erdgeschoß hochgezogen werden konnten. „Zu unserer Zeit nahm man Damast“, sagte Clara trocken. Ausschütten vor Lachen wollte sie sich, als es aus den repräsentativen Zimmern, der Halle, der Bibliothek, dem Musikzimmer in Margarets private Gemächer ging: „Hier schläfst du? Kinderl! Du hast dir ein Palais von 1000 Quadratmetern geschaffen und schläfst eingekastelt auf ein paar Quadratmetern wie ein Soldat in einem Feldlager?" Margaret hatte die Idee gehabt, Salon und Ankleidezimmer durch einen schmalen offenen Raum zu verbinden, in welchen ihr Bett exakt hineinpasste. Tagsüber wurde das Bett mit einer Seidendecke verhüllt. Es war ein eigenwilliges Schlafzimmer, das musste sie zugeben.

Nur einmal wurde Tante Claras Kritik beißend. „Gebe Gott, dass du nie so alt wirst wie ich, Gretl, zumindest nicht in diesem Haus. Diese schmale Wendeltreppe, die in die oberen Stockwerke führt, ist schlichtweg eine Katastrophe. Und dann noch ohne Geländer! Wer soll denn da bitte hochkraxeln? Mein Gott, Luki und du seid in der Alleegasse groß geworden, wo es dieses wunderschöne Vestibül gibt, breite, bequeme Stufen aus weißem Marmor, herrliche Geländer – und hier habt ihr in eine Ecke ein enggewundenes Gebilde gequetscht, als ginge es auf den Heuschober eines Bauernhauses. Nein, Gretl, nein. Lass das Ungetüm rausreißen!"

Trotz der Schelte ließ es sich Clara Wittgenstein nicht nehmen, auch die oberen Geschoße zu besichtigen, die Beletage, in der Margaret Zimmer für Jerome und seinen Diener und für die Kinder untergebracht hatte, und das zweite Obergeschoß mit Zimmern für die Dienerschaft.

„Für Jerome?", fragte Clara nach. „Ich dachte, ihr seid ..." – „Ja, Jerome hat eine Wohnung in Paris. Aber er soll hier wohnen können, wenn er nach Wien kommt. Wir haben gemeinsame Kinder. Wir sind noch Eheleute, und werden es auch bleiben. Jerome soll eine Heimat behalten."

„Ach, Gretl", sagte Clara. In ihrer Stimme schwang das Mitgefühl eines Menschen, der sich in andere hineindenken kann, auch wenn er nie vergleichbare Erfahrungen gemacht hat. Margaret führte die alte Dame wieder die Hexentreppe hinunter. Im Salon wartete ein Gläschen Champagner, da sagte die Tante niemals nein. Draußen verdickte sich der Schnee, der Blick in den Park wirkte wie eine Seidendecke fürs Gemüt. Eigentlich, fand Tante Clara, sei das Haus doch „ganz gemütlich".

„Lass das nur nicht den Luki hören. Ich glaube, bei dem Wort ‚gemütlich' sträuben sich ihm Haare."

Abends, nachdem Tante Clara wieder wohlbehalten auf ihrem Schloss angekommen war, läutete sie noch einmal bei Gretl an: „Weißt du, ich halte das Haus für eine epochale Leistung. Das wollte ich dir unbedingt noch sagen."

Ludwig schrieb seiner Schwester Ende der dreißiger Jahre, zu einem Zeitpunkt, als Margaret vor ihrer Emigration nach Amerika Wertvolles ausräumte und vor den Nazis in Sicherheit zu bringen suchte: *Gestern dachte ich, ich weiß nicht warum, an das Kundmanngassenhaus + wie entzückend Du es eingerichtet hast + wie wohltuend. In dieser Sache verstehen wir uns.*

Seine eigenen Leistungen als Architekt beurteilte er selbstkritisch und band sie in den Diskurs über Kunst und Leben ein, der Philosophen und Literaten von Nietzsche über Kierkegaard bis Thomas Mann beschäftigt hat: … *mein Haus für Gretl ist das Produkt entschiedener Feinhörigkeit, guter Manieren, der Ausdruck eines großen Verständnisses (für eine Kultur etc.). Aber das ursprüngliche Leben, das wilde Leben, welches sich austoben möchte – fehlt. Man könnte auch sagen, es fehlt ihm die Gesundheit.* Er formulierte damit aber wohl auch seine Selbstzweifel, die Frage nach dem, was für sein Leben ursprüngliche Bedeutung hatte: *Die Arbeit an der Philosophie ist – wie vielfach die Arbeit in der Architektur – eigentlich mehr die Arbeit an einem selbst. An der eigenen Auffassung. Daran, wie man die Dinge sieht. (Und was man von ihnen verlangt.)*

Natürlich hatte Ludwig recht, wenn er in das Haus Wittgensteinsche Qualitäten wie Sensibilität, gute Manieren und Verständnis für Kultur eingeschrieben hatte. Margaret füllte diese Ideen mit Leben und führte damit den Salon ihrer Eltern in der Alleegasse fort. Sie hatte zwei Logen in der Oper gemietet, die sie freigiebig ihren Freunden anbot, Opernbegeisterte fanden in der Kundmanngasse immer ein offenes Haus. Nach den allsonntäglichen Matineen im Musikverein stand für Gäste im Salon ein opulentes Buffet bereit. Maler, Musiker, aber auch Politiker, vornehmlich sozialdemokratischer Couleur, gaben der Gastgeberin nur allzu gern die Ehre. Margaret wurde neben Berta Zuckerkandl eine der beliebtesten Salonièren in Wien. Und eine der großzügigsten. Nicht nur arrivierte Künstler waren willkommen; sie förderte den Nachwuchs, stipendierte begabte junge Leute, stellte Musikern kostbare Instrumente zur Verfügung – da war sie in allem die Tochter ihres Vaters. Und auch das „wilde Leben", das Ludwig vermisste, wusste sich in der Kundmanngasse gelegentlich zu entfalten. Adoleszentenbälle gerieten hier aus den Fugen gediegener Wiener Walzerseligkeit und mündeten zu fortgeschrittener Stunde in Tänze der dreißiger Jahre wie Quickstepp und Slowfox. Margaret schaute amüsiert zu. Ludwig hätte vermutlich über die Penetration von Chaos in geordnete Systeme gegrübelt.

Die Freundschaft der Wittgenstein-Familie zu Paul Engelmann hatte Bestand. Er trug es seinem Freund Ludwig nicht nach, dass dieser ihn als Architekt ausgebootet hatte. Hermine schenkte ihm einige von ihr gefertigte Zeichnungen mit Innenansichten des „Kundmanngassenhauses". Er bedankte sich artig:

Sehr geehrtes gnädiges Fräulein! Die Ansichten der Zimmer in der Kundmanngasse haben mir eine unglaubliche Freude gemacht und ich danke Ihnen sehr dafür. Sie sind als Bilder ganz außerordentlich schön. Das ist Ihre Leistung. Daneben ist auch die Leistung Ihrer Schwester und Ihres Bruders zu sehen. Trotzdem ich also an diesen Bildern gar keinen Anteil habe, befriedigt mich doch der Gedanke, mit der Entstehung so schöner Dinge irgend etwas zu tun gehabt zu haben. Leider mehr negativ als positiv: Ich wollte damals etwas anderes, eigenes. Jetzt, wo die Arbeit Ihres Bruders hier in endgültiger Form zu sehen ist, ist erst sichtbar, um wieviel dieses Eigene hinter diesem, damals von mir nur wenig verstandenen Besseren zurückgeblieben wäre. […]

Ich danke Ihnen sehr und bin ihr sehr ergebener Paul Engelmann

FRIEDE AUF ERDEN

Heinrich Postl war wie immer der Fels in der Brandung. Wenn Margaret mit flatternden Nerven und fliegenden Röcken durch die Räume rauschte, ihren Fahrer mal hierhin, mal dorthin beorderte, ihn mit ständig wechselnden Aufträgen verwirrte, sagte Postl: „Gnädige Frau können beruhigt sein, es wird sich schon alles ausgehen und eines der schönsten Weihnachtsfeste der Familie werden."

Postl stammte aus Puchberg am Schneeberg, wo er den jungen Volksschullehrer Ludwig Wittgenstein kennengelernt hatte, einen etwas sonderbaren Menschen, aber einen leidenschaftlichen Lehrer. Die Musik hatte sie zusammengeführt. Postl war in Puchberg ein gefragter Sänger, kein Kirchenkonzert fand ohne seine Beteiligung statt, kein weltliches Chorkonzert konnte auf ihn als Solisten verzichten. Als Ludwig Puchberg verließ, empfahl er ihn seiner Schwester Gretl als Universaltalent: Hausmeister, Butler, Handwerker, Gärtner, vor allem aber ein geerdeter Mensch, der in einem Haushalt wie dem der Stonboroughs immer für eine Harmonie dissonanter Akkorde sorgen würde.

Ludwig hatte nicht zu viel versprochen, Heinrich Postl wurde ab 1928 der unverzichtbar gute Geist der Familie, Margaret war er treu ergeben und auch noch Margarets Kindern bis zur Aufgabe des Hauses zu Diensten. Er hatte auf dem Grundstück der Kundmanngasse ein Portierhäuschen mit eigenem Klavier. Natürlich verbrachte er immer auch die Sommermonate mit der Familie in Gmunden. Pierre Stonborough, der Enkel, erzählt, wie er als junger Bursche, wenn er aus Amerika im Sommer nach Gmunden kam, zusammen mit Heinrich Postl und Rudolf Koder ein spontanes Terzett bildete, das mit einer solchen Begeisterung Mozart-Opern sang, einschließlich aller weiblichen Rollen, dass der Traunsee Wellen schlug.

Weihnachten war im Hause Wittgenstein ein Familienfest, mehr als das: eine uneinnehmbare Bastion, errichtet von den Eltern, verteidigt gegen alle Versuche, Lücken in die Mauern zu reißen, auch wenn die Kinder und die anwachsende Enkelschar heftig an den Toren rüttelten und Auslass begehrten. Dann wurden die Zugbrücken hochgezogen: Wann immer ein Familienmitglied eigene Wege gehen zu müssen glaubte, konnte es auf einen Reisesegen hoffen, aber zu Weihnachten fanden sich alle wieder zusammen. Das hatte die Kraft eines religiösen Gesetzes. Nachdem Karl 1913 gestorben war, führte Hermine auch im Namen ihrer Mutter die Tradition fort, und nach Leopoldines Tod 1926 hielt Hermine, von allen als legitimes Familienoberhaupt anerkannt, die Rituale bis zum letzten Rauschgoldengel hoch.

An Heiligabend wurde der majestätische Baum im großen Salon in der Alleegasse – die seit 1921 Argentinierstraße hieß, aber von niemandem so genannt wurde – aufgestellt und angezündet, zuerst wurde das Personal beschenkt, dann gab es das Diner, Gans natürlich mit üppigen Beilagen, dann tauschten die Geschwister samt Kindern und Enkeln Geschenke aus – und danach gerieten sie sich mit der Regelmäßigkeit von Mondphasen in die Haare. Der alljährliche Streit war im Laufe der Jahre zum festen Bestandteil des Rituals geworden, den eigentlich auch niemand missen mochte, vergewisserte man sich doch auf diese Weise, obwohl Mitglied eines großen Clans, seiner individuellen Einzigartigkeit. Margaret schrieb zwar: *Ich kann mir beim besten Willen nicht vorstellen, dass unter uns Geschwistern ein Zerwürfnis möglich sein kann, das schwere Narben hinterlässt.* Die Wunden, die allweihnachtlich gerissen wurden, hinterließen dennoch Spuren, vielleicht nur haarfeine Risse. Zu abweichend voneinander waren die Lebensweisen, zu unterschiedlich die Wahlverwandtschaften, sodass Ludwig einmal aus Cambridge seiner Schwester Hermine schrieb, sie möge doch an Heiligabend jede Menge Freunde der Familie einladen, das würde vielleicht die mit Sicherheit zu erwartenden Spannungen katalysieren und die schlimmsten Zerwürfnisse unter den Geschwistern verhindern: *Wir sind eben alle ziemlich harte und scharfkantige Brocken, die sich darum schwer aneinander schmiegen können. [...] es [ist] nur gemütlich unter uns, wenn wir durch Freunde verdünnt sind.* Er dröselte das schwierige Beziehungsgeflecht zwischen den Geschwistern auf, die Konstellationen und Allianzen und die unvereinbaren Idiosynkrasien.

Ludwig verehrte Mining, nannte sie die „tiefste" unter den Geschwistern. Gretl verstand sich mit Mining, meistens sogar sehr innig: *Du sprichst eben meine Sprache + lachst mein Lachen + umarmst wie ich umarme.* Mining war für sie immer und unangefochten das Zuhause. Gretl hatte sich nicht immer mit Ludwig verstanden, aber nach dem gemeinsamen Hausbau in der Kundmanngasse war eine große Nähe entstanden. Ludwig wusste wohl auch, dass er Gretl viel verdankte, weil sie ihn in der kritischen Zeit nach der Entlassung aus dem Schuldienst vor einer schlimmen Depression bewahrt hatte. Paul hingegen verstand sich mit allen Geschwistern schlecht, am schlechtesten mit Ludwig. Er behauptete, er könne nicht Klavier spielen, wenn er Ludwig im Nebenraum wisse, er spüre dann förmlich, wie dessen Missbilligung unter der Türritze hindurch in den Raum schleiche. Helene mit der „harmlosen Fröhlichkeit", die ihr Ludwig zugeschrieben hatte, und ihr Mann, Max Salzer, hatten sich am deutlichsten von den übrigen Geschwistern abgenabelt und führten ihr eigenes Leben mit ihren Kindern, waren aber natürlich zu Weihnachten auch mit von der Partie.

Sollten sich wider Erwarten und wider alle Erfahrung an einem Weihnachtstag doch alle Geschwister vertragen, dann war ja immer noch Jerome da; einen sichereren Garanten für ausbrechende Animositäten gab es nicht. Die Solidarität gegen ihn war allerdings immer nur ein schwaches Klebemittel, und Gretl blieb in jeder Situation die loyale Ehefrau, mochte sie innerlich auch noch so sehr vor Wut auf ihren Gatten kochen.

Im Jahr 1928 bat Margaret Mining, die weihnachtliche Tradition in der Alleegasse zu durchbrechen und den Heiligen Abend in ihrem neuerbauten Haus in der Kundmanngasse zu feiern, als Einweihungsfest für die Familie.

Heinrich Postl half bei den Vorbereitungen, wo er nur konnte. Manchmal sang er geistliche Gesänge, am liebsten Bach. Bei der Motette: „Der Geist hilft unser Schwachheit auf" betonte er vor allem die Zeilen: *Nun hilf uns, fröhlich und getrost / In deinem Dienst beständig bleiben*, und lachte dabei seine Dienstherrin an. Spätestens bei dem Vers *Und stärk des Fleisches Blödigkeit* hatte er sie gewonnen, entzückte doch diese Metapher sie immer wieder von Neuem.

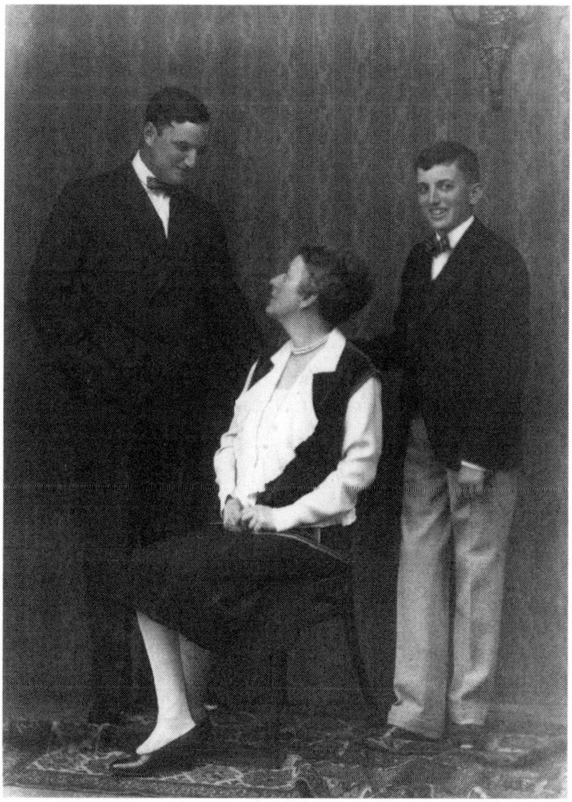

„Ach, die Söhne!" Margaret mit Tommy und Ji, 1927.

Margaret war davon überzeugt, dass der Geist des Hauses die Gäste beeinflussen würde: weg von der neobarocken Alleegassen-Gemütlichkeit mit all ihrer sentimentalen Hinterhältigkeit hin zu einem aufrichtigeren, geradlinigeren Umgang miteinander. Natürlich würde es einen Weihnachtsbaum und Geschenke und gutes Essen geben, aber auch Gespräche, die die Klarheit der Räume aufnehmen sollten, Logik statt Emotionalität, Proportion statt Ausschweifung.

Die Rechnung ging nicht auf. Zwar war Ji aus Salem gekommen, wo seine Mutter ihn ins berühmte Internat geschickt hatte, damit sich seine schulischen Leistungen verbesserten. Dass Tommy nicht da war, weil er in Amerika studierte, war für die Mutter einfach verdrießlich. Auch sonst gab es *trouble über trouble*. Schuld war Jerome, der aus Paris angereist war, aber die anwesenden Ziehsöhne Zastrow wie immer demonstrativ missachtete und nichts unterließ, um alle vor den Kopf zu stoßen. Margaret weinte sich bei Tommy brieflich über das misslungene Fest aus, auch wenn sie ihn damit zum Verbündeten gegen seinen Vater machte.

Am nächsten Tag kam es noch schlimmer. Hermine und Paul wollten dann doch nicht auf eine Weihnachtsfeier in der Alleegasse verzichten. *Dann kam eine Einladung von Pauls Hand in der er den Papa bat, zur Bescherung in die Alleegasse zu kommen. Papa was visibly delighted, aber mir war gleich schissig zumute + natürlich war es a dismail* (sic) *failure. Ich weiß ja, dass die Alleegassen Athmosphäre immer aufreizend auf ihn wirkt + dass ihn dort immer der Teufel reitet*, schrieb Margaret an Tommy.

Erst schimpfte Jerome über den angeblich miesen Wein. Seit er in Paris lebte, spielte er sich gern als Weinkenner auf, obwohl Margaret vermutete, dass er einen Bordeaux nicht von einem Burgunder unterscheiden konnte. Paul als Gastgeber verzog keine Miene, Mining rieb sich heftig das Gesicht. Das war eine unbewusste Angewohnheit, immer rubbelte, knetete und kniff sie mit Zeigefinger und Daumen Wangen, Oberlippe und Kinn, wenn sie nervös war.

Schnell blühten dann rote Flecken auf ihrer Haut, die Oberlippe schwoll an, sie merkte es nicht. Während der zweite Gang aufgetragen wurde, griff Jerome seinen Schwager Ludwig frontal an: „Dieses Haus ist doch eine einzige Geschmacksverirrung, eine Katastrophe, die hirnverbrannte Idee eines Volkschullehrers. Ich komme mir vor wie in einem Gefängnis." Er ließ das Besteck auf das Messerbänkchen fallen, dass es klirrte. „Wenn die schweren Metalltüren hinter mir zufallen, kriege ich einen klaustrophobischen Anfall, als käme ich nie wieder aus der Einzelhaft heraus. Das ist doch kein Haus, das ist in Beton gegossener Wahnsinn." Margaret war fassungslos. Sie signalisierte mit künstlichem Husten und Trit ten gegen Jeromes Schienbein, er möge aufhören mit seiner Suada, aber der war richtig in Fahrt. Mining ging ans Grammofon und legte Bachs Weihnachtsoratorium auf. Die Trompeten durften jubeln, der Chor jauchzen und frohlocken und die Tage preisen. Aber als das Rezitativ des Evangelisten anhob, hatte Jerome wieder Atem geschöpft, der Teufel gab ihm erneut die Sporen, er erging sich in weiteren Schmähungen über das Haus. Margaret spürte, wie Ludwig neben ihr zu zittern begann. Sie legte beruhigend ihre Hand auf seinen Arm. Da erhob sich Ludwig und verließ schweigend das Speisezimmer. Das Essen wurde beendet, Höflichkeitsfloskeln versuchten die Stille zu entlasten: „Reichst Du mir bitte … Könnte ich noch etwas von dem Strudel … Ich glaube, ich brauche noch ein Glas Rotwein …" Kaum war die Nachspeise gegessen, löste sich die Gesellschaft auf.

In der Kundmanngasse angekommen, zogen sich alle wortlos auf ihre Zimmer zurück. Margaret wusste vor Zorn und Scham nicht, was sie tun sollte. Sie zog sich aus und legte sich ins Bett, stand nach wenigen Minuten auf, kleidete sich wieder vollständig an, bürstete die Haare, steckte sie auf, als wolle sie ausgehen, riss die Kämme heraus und warf sie auf den Boden, als stecke in den Zähnen ein tödliches Gift. Schließlich ging sie zum Schreibtisch und begann einen Brief an Tommy. Sie wusste, dass es unrecht war, ihm ihr Herz auszuschütten, den Vater beim Sohn anzuschwärzen und den Sohn in Konflikte zu stürzen. Aber sie war außer sich, außerhalb und jenseits ihrer pädagogischen Grundsätze, die verlangten, Kinder nicht in eheliche Streitereien einzubeziehen.

Er [Jerome] hat während des ganzen Abendessens über mein Haus geschimpft + da der Luki ihm gegenüber neben mir saß, wäre ich am liebsten gestorben. Am Weg nach Hause habe ich dann die allergrößte Dummheit begangen, die zu begehen war; ich habe ihn gefragt: ‚Wie konntest Du!!' Da war natürlich der Teufel los + sein Zorn über sich selbst ergoß sich über mich + alle. Und ich fühlte ‚in währenddem' meine Dummheit, war aber zu exasperated um mich zurück zu halten zu können. Der Ji hatte auch den ganzen Abend mit den Thränen gekämpft.

Am meisten schämte sie sich vor Ludwig. Warum war sie nicht aus Protest aufgestanden, hatte Jerome zurechtgewiesen und ihren Bruder verteidigt? Es war ihr selbst unerklärlich. Wer hatte in ihr Gehirn ein Schloss eingebaut, auf dem „eheliche Loyalität" stand und das zuschnappte, wenn alle sich über Jerome empörten? Der Reflex war pervers, aber nicht zu unterdrücken. Dabei lohnte Jerome ihr Verhalten nicht einmal, hielt es wahrscheinlich für eine Schwäche, die es weidlich auszunutzen galt.

In dieser nächtlichen Stunde, den Füllfederhalter in der rechten, die Haarbürste noch immer in der linken Hand, vor ihrem Bett stehend, in dem sie keinen Schlaf finden würde, kam ihr der Gedanke, dass Jeromes Aggression die Rache dafür war, dass sie sich ihm verweigerte. Dabei begehrte er sie schon lange nicht mehr. Aber vielleicht war die Eifersucht eine stärkere Leidenschaft als die Liebe. Und ihr Rückzug aus der Zweisamkeit eine Kränkung, die er nicht verwand. Vielleicht war es aber auch die Wut darüber, dass sie mit Ludwig etwas Bleibendes geschaffen hatte, nicht mit ihm, dass mit diesem Haus „ein Gedanke zu Ende gedacht worden war", während Jerome in Paris nichts zustande brachte, außer in den Tag hineinzuleben. Schlimmer hätte sie ihm sein nutzloses Leben nicht vor Augen führen können als mit diesem vollendeten Werk. Es ging nicht um unterschiedlichen Geschmack, um kubische Räume und Metalltüren, sondern darum, dass seine Frau, immer noch seine Frau, mit einem anderen etwas hervorgebracht hatte, das nicht einen einzigen Zug von ihm trug.

Heinrich Postl begrüßte seine Herrin am nächsten Morgen, an dem sie wie jeden Tag, gleichgültig, wie lang oder kurz die Nacht gewesen war, um acht Uhr im kleinen Frühstückszimmer saß und einen Tee trank, mit Bachs Kantate zum Sonntag nach Weihnachten:

Gottlob! nun geht das Jahr zu Ende,
Das neue rücket schon heran.
Gedenke, meine Seele, dran,
Wieviel dir deines Gottes Hände
Im alten Jahre Guts getan!
Stimm ihm ein frohes Danklied an.
So wird er ferner dein gedenken
Und mehr zum neuen Jahre schenken.

Als er in das graue Gesicht der Gnädigen Frau sah, verstummte er.

ABER DER RICHTIGE, WENN'S EINEN GIBT

Margaret las Tolstoi nicht nur, um sein Verständnis von Kunst und Religion zu ergründen. Sie fand in ihm wie in keinem anderen Dichter den subtilen Darsteller der Beziehungen von Paaren: all die unglücklichen Lieben, die Eifersuchtsdramen, all dieses Verfehlen von Glück durch falsche Erwartungen, die niederschmetternde Macht der Gewohnheit. Dass Tolstoi selbst in einer unglücklichen Ehe gelebt hatte und auf der Flucht vor seiner Frau im Bahnwärterhäuschen von Astapowo gestorben war, hatte Margaret gerührt. Ludwig verurteilte solche Rührung als sentimental und untolstojanisch. Hermine gab zu bedenken, ob es für Sofia Tolstaja einfach gewesen sei, mit einem Mann verheiratet zu sein, den die Welt als Heiligen verehrte, der ihr aber die Aufzucht von dreizehn Kindern überließ, die Abschrift seiner Werke, die Arbeit auf dem Gut Jasnaja Poljana; schließlich sei sie doch selbst eine künstlerisch begabte Frau gewesen. „Sie war habgierig", beschied Margaret knapp, Habgier galt ihr als eine der schlimmsten Sünden.

Sie fand eine Art Trost darin, das Scheitern ihrer Ehe mit Jerome in einen größeren Zusammenhang zu stellen, ihm mit Hilfe von Tolstois Literatur eine Normalität zuzuweisen, die den Alltag nicht einfacher machte, aber das Dramatische abschwächte. Gelacht hatte sie, als sie in des Dichters Tagebüchern auf eine Stelle stieß, in der sie ihr individuelles Schicksal gespiegelt sah: *Romane schließen damit, dass Held und Heldin heiraten. Damit müsste man anfangen, aufhören aber damit, dass sie sich wieder trennen, das heißt befreien. Denn das Leben von Menschen so beschreiben, dass man mit der Schilderung der Hochzeit abbricht, ist nicht anders, als beschriebe man die Reise eines Mannes und bräche den Bericht an der Stelle ab, wo er Räubern in die Hände fällt.*

Sie war in die Hände eines Räubers gefallen. Jerome hatte ihr die Überzeugung geraubt, dass eine Ehe, auf Liebe und gemeinsame Werte gegründet, ein Leben lang halten werde.

Trotzdem: Margaret kannte keine Resignation, Verzweiflung schon, das war die natürliche Reaktion auf Jeromes gesammelte Lieblosigkeiten, auch Wut konnte Stunden und Tage anhalten, aber Resignation passte nicht zu ihrem Charakter, das war etwas für Feiglinge.

Und obgleich ihre Ehe eine Katastrophe war, hielt sie am Wert der Institution fest. Wo die Liebe geschwunden war, gab es doch Verantwortung füreinander, galt immer das Versprechen des Ehegelöbnisses: in guten und schlechten Tagen einander beizustehen. Trennung ja, wenn es nicht anders ging – aber Scheidung? Eine neue Verbindung? Das kam nicht in Frage. Das wäre gefehlt.

Wie hatte sie vor vielen Jahren mit den Zitkovsky-Brüdern und Rudi gelacht, als sie in ihrem philosophischen Zirkel über Kierkegaards „ekstatischen Vortrag“ gestolpert waren: *Heirate, du wirst es bereuen, heirate nicht, du wirst es auch bereuen; heirate oder heirate nicht; du wirst beides bereuen; entweder du heiratest oder du heiratest nicht, du bereust beides.*

In einem Brief an Hermine schrieb sie über Pauls Ehelosigkeit, rechtfertigte gleichzeitig mit souveräner Ironie ihre eigene Ehe: *Und der Paul muss heiraten, garnicht um glücklich zu werden, sondern eigentlich um unglücklich zu werden. Er schrumpft ja immer mehr ein ohne Sorgen und Schmerzen für irgend einen anderen Menschen.*

Ehegeschädigt wie sie war, glaubte sie gerade darum zu wissen, wie eine gute Ehe auszusehen hätte: Sie sollte zwei Menschen sittlich auf eine höhere Stufe führen. Kierkegaard hatte das doch ganz einfach auf den Punkt gebracht: *Die Ehe ist eine Schule des Charakters, man heiratet, um seinen Charakter zu veredeln und auszubilden.*

In ihrem Begehren, andere auf den richtigen Weg zu führen, den sie selbst nicht gefunden hatte, wurde Margaret zu einer Heiratsvermittlerin und Ehestifterin, aber auch zu einer Eheverhinderin par excellence. Mit ihrer vielgerühmten Menschenkenntnis konnte sie entscheiden, wer zu wem passte, wer sich noch bewähren und einer Ehe als würdig erweisen musste, welche Leidenschaften schnell verglühen würden. Sie riet zu, sie riet ab, sie übte Druck aus, sie traf Entscheidungen. Zum Besten aller, verstand sich.

Da war zum Beispiel Marguerite Respinger. Tommy hatte die Tochter eines Schweizer Geschäftsmanns als Kommilitonin in seinem ersten Semester in Cambridge kennengelernt und eingeladen, den Sommer 1924 mit ihm und seiner Familie in Gmunden zu verbringen. Vielleicht war er in Marguerite verliebt. Sie hatte ein Puppengesicht mit leicht umflorten Augen, die in die Welt blickten, als müsste sie fragen, ob diese einen Platz für Fräulein Respinger bereithielte. Margaret nahm, wie es ihre Art war, das zierliche junge Mädchen sofort in ihre Obhut, und in kurzer Zeit gehörte Marguerite zum Wittgenstein-Clan. Sie zog nach Wien, um dort an einer Kunstschule Zeichenunterricht zu nehmen; sie verbrachte die Sommer in Gmunden. Aber nicht zwischen ihr und Tommy entspann sich eine Beziehung, sondern zu aller Erstaunen und Margarets Befremden zwischen dem „Margueritlein" und Ludwig! Dabei hatte Ludwig doch mit Frauen nichts im Sinn, was alle wussten, aber niemand aussprach.

1925 hatte Ludwig sich am Bein verletzt. Er musste liegen. Schnell versammelten sich im Gästezimmer seiner Schwester jeden Nachmittag seine Freunde und Bewunderinnen, er las ihnen aus Johann Peter Hebels Kalendergeschichten vor. Zum engen Kreis gehörten die Brüder Talla und Arvid Sjögren, die Söhne von Hermines bester Freundin Mima Bacher, 25 und 23 Jahre alt. Auch Marguerite war ständige Zuhörerin, ihre Augen wurden immer leuchtender. Ludwig entwickelte eine innige Zuneigung zu dem jungen Mädchen, das den intellektuell anspruchsvollen Frauen der Wittgensteins nicht das Wasser reichen konnte, aber etwas Warmherziges ausstrahlte, das seine nervösen Bedrängnisse linderte. Ihr hielt er nicht seine berühmten Vorträge, stundenlange Monologe, wenn sich das Schleusentor seiner Beredsamkeit öffnete, mit ihr ging er abends, nachdem sein Bein geheilt war, in amerikanische Wildwestfilme: *Ich kann mir kein Ausruhen des Geistes denken, was mir adäquater wäre als ein amerikanischer Film. Was ich sehe & die Musik geben mir eine seelige Empfindung, vielleicht in einem infantilen Sinne aber darum nicht weniger stark.* Er liebte den vorhersehbaren Ablauf der Geschichten, die wagemutigen Helden (ein Serienheld hieß damals Tom Mix), die wilde Jagd auf Räuber und Verbrecher, der Sieg des Guten, die Befreiung des entführten Mädchens, das Happy End mit einer schmalzigen Liebesszene. Anschließend stromerte er mit Marguerite durch einfache Beisln und Kaffeehäuser und genoss die „Wonnen der Gewöhnlichkeit". Tommy sagte: „Wenn die Marguerite da ist, kann der Onkel Ludwig sogar lächeln." Marguerite lächelte auch, aber ganz verstand sie nicht, warum Ludwig aus dem reichen Hause Wittgenstein wie ein armer Schlucker lebte. Er wiederum versuchte, das „Tierchen", wie er sie manchmal nannte, zu erziehen, das war der Zwanzigjährigen eher lästig.

Auch Margaret ließ nicht ab von pädagogischen Bemühungen, aus Marguerite „etwas zu machen", gab ihr „ordentliche" Literatur zu lesen, suchte ihre Ausdrucksweise zu verbessern und ihre allzu saloppe Art, sich zu kleiden. Und redete ihr die Zeichenkurse aus: dafür sei sie wirklich nicht begabt.

Beim Umzug in die Kundmanngasse staunte sie nicht schlecht, als nicht nur Jacques Groag auftauchte, Elektriker, Möbelpacker und Talla Sjögren als technischer Universalist, sondern plötzlich auch Marguerite zwischen den Arbeitern herumsprang. „Ach, ich dachte, ich kann vielleicht Kaffee kochen", stotterte sie wie ertappt.

Papperlapapp, dachte Margaret, als hätte das verwöhnte Fräulein jemals Kaffee aufgebrüht, die wollte Ludwig sehen, das war doch klar. Wahrscheinlich eine Verabredung für den Abend treffen.

Margaret irrte selten, hier irrte sie. Es war nicht Ludwig, der Marguerite in die Kundmanngasse zog, auch wenn sie weiterhin abends mit ihm in Cowboy- und Gangsterfilme ging. Manchmal ging er auch allein und sagte ihr dann am nächsten Morgen: „Im Kino gewesen. Geweint." Darauf konnte sie sich keinen Reim machen.

Marguerite hatte sich in Talla Sjögren verliebt. Als sie kleinlaut Tante Gretl ihre Gefühle gestand, lief diese zu großer Form auf. Jedenfalls zitierte sie die jungen Liebesleute zu sich und erklärte ihnen frank: Eine rasche Heirat sei in hohem Maße unvernünftig, für eine Ehe seien sie nicht reif. Talla müsse sich zudem erst eine Existenz aufbauen, am besten in Amerika, in diesem nachkriegsgeschädigten Österreich stünden die Chancen schlecht. Noch heute werde sie Tommy nach Amerika schreiben, damit er Talla behilflich sei, eine Tätigkeit zu finden, die seiner technischen Begabung entspreche.

Das junge Paar nickte beklommen. Wer konnte sich schon Tante Gretls Ratschlägen und Anordnungen entziehen. Talla ging hin, besorgte sich Ausreisepapiere, was sich als extrem schwierig herausstellte; noch in Böhmen geboren, war er nach dem Krieg tschechischer Bürger, fiel unter eine restriktive tschechische Einreisequote. Er schwor Marguerite Treue, Marguerite weinte, der junge Techniker begab sich aufs Schiff in das verordnete Land.

Im Sommer 1929 fuhr auch Margaret für zwei Monate mit Ji und Arvid, Tallas Bruder, nach Amerika, um ihren Sohn Tommy zu besuchen und sich von Tallas Fortschritten zu überzeugen. An Hermine schrieb sie begeistert, dass Tommy Talla gut untergebracht habe, obwohl Talla ein sehr schlechtes Englisch spreche und keine Ahnung von Geschäften habe: *Das Verhältnis zwischen Tom und Talla ist bezaubernd + der Talla ist so lieb + so gut + so reizend, dass er mir immer wieder viel zu gut für diese Welt erscheint. Der Tom sagte gestern: „Er ist eben ein Engel."*

War es Margaret gelungen, die Hochzeit zwischen Marguerite und Talla – vorläufig – zu hintertreiben, zog sie die Fäden bei dessen Bruder Arvid in die entgegengesetzte Richtung. Arvid hatte sich in

Clara, Margarets Nichte, Tochter ihrer Schwester Helene und Max Salzers, verliebt. Die Eltern waren gegen diese Verbindung, Clara, genannt „Pussy", war schließlich erst fünfzehn Jahre alt. Margaret hingegen förderte eine Verlobung, hielt den zwölf Jahre älteren Arvid aber dazu an, das junge Mädchen zu erziehen. Auch da fiel das Wort von der „höheren Sittlichkeit". Als das Paar einige Jahre später heiratete, richtete Margaret ihm ein üppiges Hochzeitsfest in ihrem Haus in der Kundmanngasse aus. Fünf Kinder entsprangen dieser Ehe, obwohl Hermine über die Hochzeit des Paares in einer anzüglichen Weise, die überhaupt nicht zu ihrer altjüngferlichen Art passte, gespottet hatte: *Clärchen schien mir so trocken wie ein Stroh und alle Hochzeitsgäste dementsprechend. […] Jetzt wird's sich zeigen, ob Arvid vertrocknen wird oder ob es ihm gelingt das Clärchen feuchter zu machen.*

Talla und Arvid waren nicht die einzigen, denen Margaret tatkräftig zu ihrem Glück verhalf, oder zu dem, was sie dafür hielt. Wann und wo immer es im weiten Bekanntenkreis kriselte, Ehen angebahnt oder verhindert werden mussten, wurde Tante Gretl zu Hilfe gerufen. Georg, der junge Graf Schönborn, Tommys Freund und Sohn der Schönborns, in dessen Palais in der Renngasse Jerome und sie gewohnt hatten, wollte eine standesgemäße, aber etwas leichtlebige junge Frau heiraten, die Gräfin Elisabeth Orrsich. Margaret griff zu ihrer bewährten Methode: Georg wurde nach Amerika geschickt, seine Auserwählte in den „Verein gegen Verarmung" gesteckt, um ihr durch soziale Aufgaben die Flausen auszutreiben. Nach der Zeit der moralischen Prüfung durfte das Paar heiraten und wurde glücklich.

Warum nur hatte Margaret vor ihrer Heirat mit Jerome nicht eine Art „Tante Gretl" gehabt, die segensreich in die Verbindung hätte eingreifen können! Einmal war sie vor ihrer Verlobung mit Jerome zu Tante Clara nach Laxenburg gefahren; als sie nach dem Besuch die Tante aushorchen wollte, wie sie denn den Auserwählten fände, hatte diese nur knapp gesagt: „Er ist klug." Nichts weiter.

Hätte ihr das zu denken geben sollen? Und wenn: hätte sie sich einen Mann ausreden lassen? Wohl kaum.

Die Geschichte mit Marguerite, Ludwig und Talla blieb kompliziert. Ludwig liebte Marguerite. Die Einträge in seinem Tagebuch künden von Sehnsucht und Leid eines Liebenden und Zweifelnden: *Von allen Menschen, die jetzt leben würde mich ihr [Marguerites] Verlust am schwersten treffen, das will ich nicht frivol sagen, denn ich liebe sie oder hoffe, daß ich sie liebe.* Nur in einem war er sich sicher: Eine bürgerliche Ehe wollte er keinesfalls eingehen. Allein die Vorstellung war ihm ein Graus. Aber war es nicht genau das, was sich Marguerite ersehnte? Hellsichtig sah der Philosoph, wie dieses Dilemma enden musste und wappnete sich gegen den Schmerz: *Dabei weiß ich aber daß die Sache aller Wahrscheinlichkeit nach hoffnungslos ist. D.h. ich muß gefaßt sein, daß sie jeden Moment sich verloben & heiraten kann. Und ich weiß daß das sehr schmerzlich für mich sein wird. Ich weiß also daß ich mich nicht mit meinem ganzen Gewicht an diesen Strick hängen soll weil ich weiß daß er einmal nachgeben wird. […] Es ist schwer so uneigennutzig* (sic) *zu lieben daß man die Liebe hält & von ihr nicht gehalten werden will. – Es ist schwer die Liebe so zu halten daß man, wenn es schief geht sie nicht als ein verlorenes Spiel ansehen muß sondern sagen kann: darauf war ich vorbereitet & es ist auch so in Ordnung.*

Im Sommer 1929 überraschte Marguerite ihre mütterliche Freundin Gretl mit dem Geständnis, dass ihr Ludwig eine Art Heiratsantrag gemacht habe. Ludwig war inzwischen in Cambridge in Philosophie promoviert worden, bezog, gemessen am Reichtum der Wittgensteins, ein schmales, doch festes Einkommen als Dozent, war also für Marguerite durchaus attraktiv, zumal ihre Gefühle für den fernen Talla abgekühlt waren.

„Was heißt denn: eine Art Heiratsantrag? Was hat er genau gesagt?"

„Ja, so genau weiß ich das auch nicht mehr", druckste Marguerite herum. „Er hat gesagt, er sei in mich verliebt."

„Tatsächlich? Und was weiter?“

„Ich könne vielleicht seine Haushälterin werden. Ich sei wie eine Schwester für ihn. Und so könnten wir zusammenleben.“

Margaret atmete durch. Das platonische Angebot klang nicht nach einer dramatischen Sinnesänderung ihres Bruders.

„Marguerite, wenn er dich als Schwester begehrt, so will er nichts weiter. Hinter Ludwigs Worten wirst du nie mehr finden als das, was er wirklich sagt. Du hast dir, vielleicht aus Eitelkeit, etwas eingebildet.“

Marguerites Augen füllten sich mit Tränen.

„Ich schicke dich mit dem Wagen auf die Hochreith, dort könnt Ludwig und du euch aussprechen.“

Als Marguerite zurückkam und bestätigte, dass Ludwig sie zwar liebe, sie aber doch nur als Schwester um sich haben wolle, hatte Margaret schon eine vernünftige Arbeit für Marguerite gefunden, die das junge Mädchen auf andere Gedanken bringen sollte. Sie schickte sie als Pflegerin zur Fürstin Irma zu Fürstenberg, eine Arbeit, die dem jungen Mädchen zuwider war. Als sie aufbegehrte und wieder ohne Beschäftigung war, riet ihr Margaret im Verbund mit Ludwig, eine Stelle in einem Fürsorgesäuglingsheim anzunehmen. Sie fügte sich, war aber dem Elend, das sie sah, nicht gewachsen, fiel in eine Depression. Margaret rastete nicht und verschaffte ihr dieses Mal eine Stelle ohne karitative Belastung in der renommierten Buchhandlung Kreil am Graben. Ihrem Bruder meldete sie nach Cambridge, dass es mit dem „Margueritlein“ vorangehe, sie sehe überall Fortschritt und guten Willen, das Kind werde langsam erwachsen. In Wirklichkeit ging nichts voran, der Umgang mit Büchern und Lesern verschaffte dem jungen Mädchen keine Befriedigung, keine helleren Gedanken.

Im Sommer 1931 lud Ludwig Marguerite zu einer gemeinsamen Reise nach Norwegen ein, das sei ein Land, in dem man sich erholen könne. Er hatte sich schon vor dem Krieg in der Nähe von Skjolden, einer 200-Seelen-Gemeinde am Sognefjord, ein bescheidenes, einsam gelegenes Haus bauen lassen, das eigentlich mehr Hütte als Haus war. Es lag an einem Steilhang, fast unzugänglich; um ins Dorf zu kommen, musste er das Ruderboot nehmen. Marguerite war aufgeregt, diese Reise musste ihr Verhältnis klären. Es klärte sich gleich am ersten Tag: Ludwig hatte sie im Fremdenzimmer eines Bauernhofs untergebracht, mit nichts als einer Bibel im Nachtkastl, während er in seine Hütte zog und sich dem einsamen Denken hingab. Marguerite war fassungslos, ging ratlos ein bisschen spazieren, trank abends im Wirtshaus mit einheimischen Jugendlichen, deren Sprache sie nicht verstand, Kirschsaft, weil es keinen Rotwein gab, badete an schönen Tagen im Fjord, auch wenn das Wasser lausig kalt war, verkürzte den Sommerurlaub auf vierzehn Tage und kehrte nach Wien zurück. Ludwig aber hoffte unverdrossen, sie könne sich entscheiden, mit ihm in einer „keuschen Verbindung" zu leben.

Die Affäre zog sich weiter hin. Marguerite und Ludwig konnten nicht voneinander lassen, konnten aber auch nicht zueinander finden. *Ich habe jetzt das Gefühl, als müßte ich in's Kloster gehn (innerlich), wenn ich die Marguerite verlöre*, schrieb Ludwig in sein Tagebuch. Marguerite führte kein Tagebuch.

Sie trafen sich 1932 noch einmal auf der Hochreith. Dann verließ Marguerite Respinger Wien, ging zurück in die Schweiz, ließ sich in Bern zur Krankenschwester ausbilden.

Als sie 1933 in Paris den aus Amerika zurückgekehrten Talla Sjören wiedersah, kam es zu einer erneuten Annäherung der beiden. Vom Aufflammen einer Leidenschaft konnte aber kaum die Rede sein. Weihnachten 1933, als sich alle wieder in der Alleegasse trafen, fragten Talla und Marguerite treuherzig Tante Gretl um Rat. Sie wüssten nicht, ob sie sich liebten, einerseits ja, dann doch wieder nicht, und da sei doch immer noch der Ludwig, manchmal drehten sich die Gefühle eben wie das Riesenrad im Prater …

Da platzte Margaret der Kragen. Über Jahre hin hatte sie dieses Auf und Ab mitgemacht, immer wieder alles für Marguerite getan, um ihrem Bruder die Zuneigung der jungen Frau zu erhalten, jetzt war Schluss. Finita la Commedia. Sie griff zu ihrer berühmten Kopfwäsche, verlangte, dass sich die beiden auf der Stelle verlobten und setzte Himmel und Hölle in Bewegung – und die österreichischen Behörden konnten ein Vorhof der Hölle sein, die kirchliche Administration nicht der wahre Himmel –, dass das Paar am Sonntag nach Weihnachten in der evangelischen Pfarrkirche in der Wiener Innenstadt getraut würde, in der gleichen Kirche, in der auch sie Jerome das Ja-Wort gegeben hatte. Keine Bedenkzeit, kein Aufgebot, kein Aufschub, sofortige Vollstreckung. Eine Stunde vor der Hochzeit suchte Ludwig Marguerite auf und sagte ihr: *Du machst ein Schiffsreise, und das Meer wird rauh sein. Bleibe mir immer verbunden, so wirst Du nicht untergehen.*

Bei der Zeremonie waren nur die beiden Trauzeugen John Stonborough und Arvid Sjögren anwesend. Ji flüsterte Arvid nach dem Segen des Pfarrers zu: „Es ist wie eine Nottaufe." Arvid flüsterte zurück: „Oder eine Notoperation." Nach der Trauung gab es kein Fest, keinen Empfang, nur ein Auto mit Chauffeur, das das Paar nach Gmunden brachte, wo es einige Flittertage verbringen sollte. Zurück blieb ein tieftrauriger Ludwig Wittgenstein. Die einzige Frau, die er geliebt hatte und je lieben würde, hatte sich ihm entzogen. Schlimmer: Sie war in eine ihm verhasste Ehe geflohen. *Der bürgerliche Geruch des Verhältnisses Marguerite – Talla ist mir so grausig, unerträglich daß ich vor ihm aus der Welt fliehen könnte. Jede Beschmutzung kann ich ertragen, nur die bürgerliche nicht.*

Einen Tag nach der Hochzeit kam Talla ziemlich verstört aus Gmunden zurück in die Alleegasse. Dort saß die nachweihnachtliche Gesellschaft beim Tee und reagierte aufgeregt: Was war los? Was war passiert? Ein Unfall? Ludwig wurde leichenblass: Was war mit Marguerite? Aber Talla bestand darauf, mit Tante Gretl allein zu sprechen. Seine ihm angetraute Frau weigere sich, die Ehe zu vollziehen, brachte er mühsam hervor. Margaret eilte sofort an ihren Schreibtisch und schrieb einen „Brandbrief" an Marguerite, die Buchstaben tanzten noch gebieterischer als sonst, nahmen den Umfang von drei Schreiblinien ein, die Füllfeder schien das Papier zu durchstechen: Marguerite solle jetzt sofort und ohne weitere Spompanadln ihren ehelichen Pflichten nachkommen. Schluss jetzt mit den Ausflüchten. Damit schickte sie Talla kurzerhand nach Gmunden zurück. Die besorgte Gesellschaft, die im Salon auf Erklärungen wartete, speiste sie mit einer anderen Geschichte ab: die Heizung in Gmunden sei ausgefallen. „Das Telefon auch?", fragte Hermine. Sie war ihrer jüngeren Schwester ergeben, aber nicht immer billigte sie die Weise, mit der Gretl die Menschen nach ihrem Willen steuerte und, ja, bevormundete. Auch wenn es möglicherweise zu deren Bestem war, durfte man so in das Leben erwachsener Menschen eingreifen? Hermine sprach dann erstaunlich deutlich von Gretls „Eigentümlichkeiten", die Anlass zu Tadel gäben.

Ludwig zog sich an diesem Abend auf sein Zimmer zurück, ließ sich von der Köchin Tee und Zwieback bringen: *Die Verzweiflung hat kein Ende & der Selbstmord endet sie nicht, es sei denn, daß man ihr eine Ende macht indem man sich aufrafft.*

Er raffte sich auf und fuhr zurück nach Cambridge.

Vier Jahre später, 1937, kam Marguerite Sjögren mit Ehemann Talla noch einmal nach Wien, um dort ihr zweites Kind auf die Welt zu bringen. Margaret begegnete ihr äußerst kühl, Ludwig begrüßte sie zum Weihnachtsfest mit alter Wärme und Zuneigung. Einige Monate später wanderten Talla und Marguerite nach Chile aus, kauften sich eine Hacienda, zogen vier Kinder groß. Die Ehe war dem Vernehmen nach sehr glücklich. 1945 wurde Talla Sjögren auf seiner Farm von einem Wilderer erschossen. Marguerite kehrte in die Schweiz zurück und heiratete ein zweites Mal.

DER SCHWARZE FREITAG

Sie lag auf ihrem Bett und dämmerte vor sich hin. Milada, ihre Zofe, hatte ihr Tee gebracht, die Schmerzen linderte der nicht. Feste Nahrung konnte sie schon seit Wochen nicht zu sich nehmen, so sollte sie wenigstens viel trinken. Der Arzt hatte ihr eine Morphium-Spritze gegeben und gesagt: „Wir brauchen eben Zeit."

Wochenlang hatte sie eine eitrige Kieferentzündung geplagt, die alles Sprechen und Schlucken unerträglich machte. Schließlich hatte sie sich zu einer Operation entschlossen in der Hoffnung, dem peinvollen Zustand ein Ende zu setzen und endlich wieder ein Mensch zu werden. Diese Hoffnung hatte getrogen. Die Schmerzen nach der Operation waren schlimmer als zuvor, der Kopf dröhnte, die Sinne waren benebelt von Schmerzmitteln.

Und dann kamen Telegramme von Jerome aus Paris. Zuerst verstand sie gar nicht, was er schrieb. Hatten doch alle im Haus die Nachricht vom Börsenkrach in New York von ihr ferngehalten, um ihre angegriffene Gesundheit und ihr labiles seelisches Gleichgewicht nicht noch weiter zu belasten.

„Ein Alptraum", „un cauchemar", telegrafierte Jerome. „Wir sind ruiniert", „Alles verloren", „Vernichtet".

Als am nächsten Morgen dann Heinrich Postl mit leiser Stimme die Bach-Kantate für den zweiten Sonntag nach Epiphanias anstimmte, *Ach Gott, wie manches Herzeleid / begegnet mir zu dieser Zeit! / Der schmale Weg ist trübsalsvoll / den ich zum Himmel wandern soll*, wollte sie dann doch wissen, ob es etwas noch Trübseligeres als die vermaledeiten Schmerzen in ihrem Kiefer gab. Margaret verlangte nach Zeitungen. Die fettgedruckten Rubriken sprangen ihr in die Augen, ohne dass sie zunächst verstand, worum es bei dem „Börsenkrach in New York" und dem „Schwarzen Donnerstag" ging. Erst ein Bericht des Amerika-Korrespondenten der „Neuen Freien Presse" brachte Licht ins Dunkel: *In den Büros der Börsenmakler löste eine aufregende Szene die andere ab. Zahlreiche Personen, besonders weibliche Spekulanten, fielen in Ohnmacht, als sie erfuhren, dass sie ihr Kapital verloren hatten. Verzweiflungs- und Wutausbrüche waren auf der Tagesordnung. Auch im Inseratenteil der Zeitungen machte sich bereits der Börsenzusammenbruch bemerkbar. Zahlreiche Luxusautomobile der teuersten ausländischen Marken und wertvoller Schmuck werden zum Verkauf angeboten von Leuten, die noch gestern Millionäre waren. Die Pfandleiher in ganz New York machten so gute Geschäfte wie noch nie zuvor und konnten besonders im Theaterviertel und in der Gegend von Manhattan den Andrang der Geldsuchenden kaum bewältigen [...]. Sogar in den Straßen der Stadt ist der Eindruck der Börsenkatastrophe deutlich bemerkbar. Überall sieht man verzweifelte und niedergeschlagene Gesichter.*

Jetzt wurde ihr schlagartig klar, dass auch sie tatsächlich über Nacht ruiniert war, da der Großteil ihres Vermögens eben in amerikanischen Wertpapieren angelegt war. Jerome hatte sich immer darum gekümmert, sie hatte ihm die Verwaltung übertragen und jedes Dokument blind unterschrieben, ihr war es lästig, sich mit Finanzgeschäften abzugeben. Sie wusste, dass Jerome schon früher kein glückliches Händchen mit Spekulationen gehabt hatte, das hatte sie nicht weiter aufgeregt. Jetzt aber ging es an die Substanz. Und Jeromes eigenes Vermögen, das im Vergleich zu ihrem deutlich geringer war, musste sich ebenfalls in Luft aufgelöst haben, daher das apokalyptische Wehklagen in seinen Telegrammen.

Das Pochen im Kiefer ließ einfach nicht nach. Sie schickte nach Dr. Popper, ihrem Hausarzt. Der wiegte sorgenvoll den Kopf: „Die Wunde will sich einfach nicht schließen. Wir müssen Geduld haben." Er wechselte das Schmerzmittel, sie raffte sich vom Bett auf, rief Heinrich Postl und diktierte ihm ein Telegramm an Jerome. „Komm nach Wien!"

Der war aber schon eingetroffen, bevor das Telegramm abgeschickt war, zerknittert von der Fahrt mit dem Nachtzug, mit aufgedunsenem Gesicht. „Es ist alles verloren!“, sagte er düster. „Das neue Haus musst du verkaufen, wenn du für diese Monstrosität einen Käufer findest, dem Personal komplett kündigen, die Zastrows zu ihrem Vormund nach Berlin schicken. Es ist nichts mehr da. Kein einziger Dollar.“

Sie verspürte beinahe eine Art Erleichterung, dass ihr die Bürde des Reichtums genommen war. Das viele Geld war ihr immer obszön erschienen, es war nicht verdient, sondern ererbt, und schon ihr Vater hatte nicht durch Fleiß und seiner Hände Arbeit, sondern auch durch windige Spekulationen und riskante Finanzmanöver seinen Besitz angehäuft. Das hinterließ in Margaret das Gefühl, dass ihr das Geld nicht zustehe. Da konnte Mining noch so oft zitieren: Pecunia non olet, Geld stinkt nicht, sie wusste es besser: Das Wittgenstein-Geld stank. In dieser Zeit, da Wien sich nur schwer vom Krieg erholte, Millionen Arbeitslose auf den Straßen und in den Parks vor sich hin vegetierten, sich in den „Bassenahäusern“ sieben Menschen ein Zimmer und drei Betten teilten, da war es nur ein Zeichen höherer Gerechtigkeit, dass sie ihren Reichtum eingebüßt hatte. Aber den ganzen?

Was sollte sie von Jeromes Ankündigung: „Kein einziger Dollar!“ halten? Eigentlich müsste sie von ihm eine Aufstellung aller Aktien und Wertpapiere verlangen, dann müsste sie sich von einem Fachmann erläutern lassen, was alles verloren war, was noch Bestand hatte. Aber war solch eine Kontrolle nicht zu demütigend für Jerome? Ein nachträgliches Misstrauensvotum?

Es gab ja auch noch einiges an Kapital in Wien, das flüssiggemacht werden konnte, Immobilien, die allerdings wenig wert waren, ihre Kunstsammlung, die sie verkaufen konnte. Sie würde sparen müssen. Sie würde die Kundmanngasse aufgeben, Kündigungen aussprechen – das würde das Schwierigste sein. Wahrscheinlich war sie doch nicht die einzige, die der Börsenkrach ruiniert oder getroffen hatte. Es würde Bankrotte geben, viele Menschen würden ihre

Arbeit verlieren. Sie würde sich einschränken müssen, den Gürtel enger schnallen. Es fühlte sich fremd an.

Als Hermine einspringen wollte und anbot, ihr einen Teil des elterlichen Hauses in der Alleegasse zu vermachen, auf das sie Hypotheken aufnehmen könne, platzte sie vor Empörung: *Ich habe mehr Geld als ich brauche, mehr als ich haben sollte + mein bestes Ich (so klein dies sein mag) ist froh, dass ich weniger habe als ich hatte. Dieses kleine „Ich" werde ich nicht noch schwächen. Wenn Du das nicht verstehst, macht es auch nichts, wenn Du nur verstehst, dass meine Ablehnung eine ernste Sache ist, an der nicht einmal recht wäre zu rütteln.* Das ärmere Ich war also ihr besseres Ich, eine Schlussfolgerung, die Ludwig bestimmt, Hermine vielleicht, Jerome aber nie im Leben verstehen würde.

Nach einigem Nachrechnen der Wiener Einkünfte blieben ihr – so berichtete sie Tommy nach Amerika – 30.000 Dollar im Jahr, was heute rund 400.000 Dollar entspräche. Das erschien auf den ersten Blick nicht wenig. Zog man aber den Unterhalt zweier großer Häuser mit entsprechendem Personal und den aufwändigen Lebensstil der Familie Stonborough in Betracht, schmolz diese Summe wie Schnee in der Sonne. Ohne Einsparungen ging es nicht, wenn sie nicht in ein Schuldendebakel taumeln wollte.

Mit Jerome konnte sie nicht darüber reden. Der war, kaum in Wien eingetroffen, in eine so tiefe Depression verfallen, dass ihn Margaret in die sündteure psychotherapeutische Klinik „Cottage Sanatorium" einweisen ließ.

Ausgerechnet in Ludwig, der beim Bau des Kundmanngassenhauses ihr Geld mit vollen Händen und bedenkenloser Sorglosigkeit ausgegeben hatte, fand sie einen Finanzberater, als er in den Weihnachtsferien nach Wien kam.

„Ich muss die Kundmanngasse verkaufen. Es hilft nichts. Ich werde mir eine kleine Wohnung zulegen."

„Gretl, du bist nicht bei Trost. Das Haus darfst du nicht verkaufen. Es ist ein Denkmal unserer Zusammenarbeit. In mancher Hinsicht ist es auch mein Haus, über das du nicht ohne Weiteres verfügen kannst. Zwei Jahre meines Lebens stecken darin, meine Leidenschaft, meine Logik …"

„Aber ich kann es nicht halten. Es ist zu groß für mich und Ji und Wedigo und Jochen. Die Kosten sind zu hoch."

„Und was ist mit dem Personal? Willst du etwa Heinrich Postl kündigen? Was ist mit Milada? Die ist doch zu alt und zu krank, um noch eine andere Stelle zu finden. Und Selle, die deine Buben aufgezogen hat? Und die Köchin? Gut, die Hedi kannst du entbehren. Brauchst du wirklich dringend eine Sekretärin?"

„Kochen kann ich notfalls selbst. Um die Hedi tut's mir leid. Du weißt ja gar nicht, wie viel ich immer zu schreiben habe. Und die Hedi ist gewieft wie ein Fuchs. Kennst du die Geschichte, wie sie mich einmal vor dem Zoll gerettet hat? Wir waren zusammen in Paris, und ich hatte in der Rue de Rivoli ein paar wunderschöne Paravents gesehen, silberbeschlagene Rahmen und seidenbestickte Wände. Ich *musste* sie kaufen. Aber dann kamen wir mit den monströsen Paketen an den Zoll. ‚Haben Sie etwas zu verzollen?' – ‚Nein', sagten wir, ohne weiter nachzudenken. ‚Und was ist in diesen großen Paketen?' Hedi, nicht auf den Mund gefallen, mit unschuldigstem Augenaufschlag: ‚Madame reist immer mit ihren Spanischen Wänden!'"

Ludwig hatte für solche Anekdoten nicht viel übrig.

„Hedi kommt immer im Leben durch. Aber mit den anderen drei hast du recht. Es wäre unmenschlich, Postl oder Milada oder Selle vor die Tür zu setzen. Lieber würde ich selbst putzen, als Postl zu kündigen. Und den Chauffeur brauche ich auch noch. Wie soll ich ohne Auto von Wien nach Gmunden kommen?"

Die Geschwister schwiegen. Ludwig machte gar nicht erst den Versuch, seiner Schwester zu erklären, in welch einfachem Zimmer er in Cambridge lebte, wie seine Hütte in Skjolden eingerichtet war, wie wenig man brauchte, wenn man sich von einigen Gewohnheiten befreit hatte. Nein, er war hier nicht als Moralapostel gefragt. Moral konnte Gretl sich selbst predigen.

„Es wäre doch schon viel gewonnen, wenn du die 1000 Quadratmeter Wohnfläche in der Kundmanngasse reduzieren und, sagen wir, fünfhundert Quadratmeter stilllegen würdest, das ganze Souterrain, alle repräsentativen Räume, die Halle. Die braucht's nicht unbedingt."

Margaret schluckte. Mit wie leichter Hand Ludwig das Aushängeschild des Palais aufgab. Er, der als Architekt das Haus im Zusammenklang aller Räume zu einem originären Kunstwerk gestaltet hatte, sagte jetzt einfach: Verzieht euch in die oberen Stockwerke, aufs Repräsentieren könnt ihr getrost verzichten. Sieben Zimmer für sieben Personen werden sich finden, und der Postl kann doch in seiner Pförtnerloge bleiben, auch wenn der Haupteingang aufgelöst wird und alle Bewohner nur noch den Hintereingang nehmen.

„Bei sieben Personen brauchen wir immer noch eine Köchin und zwei Stubenmädchen und ein Extra-Mädchen, das ist das Minimum."

Ludwig lächelte fein.

Seine Empfehlungen wurden in die Tat umgesetzt. Anfang Jänner 1930 schrieb Margaret an Tommy über die Zimmer-Rochaden in der Kundmanngasse: *Ich wohne jetzt in Papas kleinem Appartement, Dein Salon ist Speisezimmer geworden + aus Deinem Schlafzimmer (das der Papa bis gestern bewohnt hat), wird, wenn es nötig ist, ein kleiner Salon gemacht. – Ich glaube es sieht alles bezaubernd aus. – Wie gesagt, ich sch… auf das Geld, es sind die moralischen Probleme, die so schwierig zu lösen sind.*

Wenn diese Einschränkung nicht genügt, so müssen wir halt nachschränken, fasste Margaret resolut den Entschluss zusammen, sich der veränderten wirtschaftlichen Situation anzupassen.

Zum „Nachschränken" kam es nicht, eher zu einer Art Nachbessern in Form einer Rückkehr zu den alten Verhältnissen. Kaum war Ludwig nach den Weihnachtsferien wieder nach Cambridge entschwunden, öffneten sich erneut die Fenster und Türen des Souterrains: Die Luft war dort unten doch entschieden frischer. Und begann man nicht unter der Beengtheit in den oberen Stockwerken zu leiden? Lieber verkaufte Margaret Besitztümer, als sich wie ein Vogel mit gestutzten Flügeln in der Voliere zu fühlen. Sie bot Hermine Bilder ihrer Kunstsammlung unter der Bedingung an, dass sie die Bilder jederzeit von ihr zurückkaufen könne. Sie verkaufte Schmuck. Ihren 40 Liter Benzin schluckenden Packard behielt sie, der sei unverkäuflich: den Reichen zu alt, den Armen zu teuer.

Jerome erholte sich nur schwer von seiner Depression. Als es ihm besser ging, fuhr Margaret im Frühjahr 1930 mit ihm nach Ägypten. Sie hatten zwar „keinen einzigen Dollar" mehr, aber den konnten sie getrost verjubeln.

EINE ART LEUCHTTURM

Ein Lieblingswort, das Margaret gern im Munde führte, war das der „quantité négligeable". Eine zu vernachlässigende Größe waren die kleinen Verwerfungen des Alltags: Probleme mit dem Dienstpersonal, Reparatur des Autos, das Wetter in Wien, die gesundheitlichen Leiden und Krankheiten, unter denen alle Wittgensteins reichlich litten, Margaret an erster Stelle. Das waren Beschwernisse, die man mit Selbstdisziplin meistern konnte.

Eine nicht zu vernachlässigende Größe hingegen war ein moralischer Imperativ, den sich die Geschwister, vor allem Hermine, Ludwig und Margaret auferlegten: die Besserung des eigenen Ichs. Wenn Ludwig in einem Brief schrieb: *Es geht mir nicht schlecht und könnte mir bessergehen wenn ich besser wäre. Möge ich es werden*, findet das seine Entsprechung bei Margaret, die die moralische Überlegenheit ihres Bruders gleichermaßen sentenziös anerkennt: *Es ist nicht wahr, dass Du nicht besser bist wie ich. Du bist besser. 2. Es ist nicht wahr, dass ich nicht Du sein möchte. Ich möchte lieber Du sein als ich.*

Es war der moralische Rigorismus, den sie an Ludwig bewunderte. Dessen selbstgewählte Armut konnte sie nicht teilen. *Trotzdem ist es natürlich noch immer das Beste [...], wenn man schon nicht gut sein kann, wenigstens das Gute zu lieben. [...] Das Merkmal des Überwiegens der Seele über den Verstand ist die Demüthigkeit + und an der fehlt es uns allen*, schrieb sie in ihr Tagebuch.

Sich zu bessern, Demut zu lernen, bedeutete für Margaret, nicht nur sich selbst, sondern auch andere zum Guten zu führen, ihre Lebensumstände zu erleichtern, ihnen Perspektiven zu verschaffen, vor allem, ihnen zu helfen, moralisch tüchtige Menschen zu werden. Je größer die Aufgabe, desto enthusiastischer war Margaret.

Am nächsten standen ihr natürlich ihre Kinder. Wenn die ihre Erwartungen nicht erfüllten, scheute sie sich nicht, sie deutlich zu kritisieren, um sie auf den rechten Weg zu bringen oder zurückzuführen. So schrieb sie einen Brief an Tommy, nachdem sein Verhalten ihre Missbilligung erregt hatte. Worin Tommys Fehltritt lag, auf den sie sich bezog, ist nicht bekannt. Vielleicht hatte er, nicht eben ein glänzender Schüler, seine schulischen Pflichten vernachlässigt, vielleicht eine ihm aufgetragene Aufgabe nicht erfüllt oder dabei geschludert, sich nicht um seinen fünf Jahre jüngeren Bruder Ji gekümmert. Der Brief ist undatiert.

Tommy Darling,

Lieber Tommy, Dir fehlt jedes Verantwortungsgefühl + wenn ich Dich eines so schweren Charakterfehlers beschuldigen muss, so ist das sehr bitter für mich. Es ist so, als hätte ich ein Haus gebaut + das Beste, was ich bin + weiß, habe hineingesteckt, um, knapp vor der Vollendung herauszufinden, dass die Fundamente nicht ganz solid sind. Etwas Schuld trifft mich wol auch in Deinem Fall, weil ich aus Liebe + teils auch aus Bequemlichkeit jede Verantwortung Dir aus dem Wege geräumt habe, statt sie Dir je älter Du wurdest, in größerem Maße aufzubürden. Ich habe dafür gesorgt, dass Dein Körper sich entwickele + Deinen Verstand habe ich selber entwickelt, aber Deine breiten Schultern können keine noch so kleinen Pflichten auf sich nehmen ohne sie fallen zu lassen + Dein Verstand kann das Wichtige von dem Unwichtigen nicht unterscheiden, wenn das Erstere die Mühe + das Letztere Vergnügen bereitet. Das, was einem wichtig ist, wichtig erscheint, das vergisst man nicht. Ein Rendezvous auf das man sich freut vergisst man nicht. Aber eine Pflicht die ein erwachsener Mensch übernommen hat die darf er nicht vergessen, weil sie ihm wichtig sein muss. […] Jetzt wirst Du sagen: „Das ist ja recht schön, aber was kann ich da machen?“ Was Du da machen kannst, mein Herzpinkel? Erkennen, aus ganzem Herzen erkennen + aus ganzer Seele, wie wichtig das Ausführen einer jeden auch noch so kleinen übernommenen Verantwortung ist. Denn wenn Du die Wichtigkeit erkennst, dann wirst Du nicht mehr vergessen.

Pflicht und Verantwortung, Verantwortung und Pflicht – diese moralischen Werte wurden dem jugendlichen „Herzpinkel“ auf die Seele gebunden. Und wenn er vom rechten Weg abirrte, dann brauchte er eine „Kopfwäsche“. Im Kopfwaschen war Gretl fleißig und effektiv, gebrauchte eine Sprache, die nichts an Deutlichkeit zu wünschen übrig ließ. Hermine, die sich einmal beklagte, unglücklicher Stimmung zu sein, wurde mit einer besonderen Anrede bedacht: *Mein Goldkind, ich schreibe einen Stiefel, aber was soll ich nur tun, um Dir zu beweisen, dass Du ein A…gesicht bist, was soll ich nur tun, damit Du nicht unglücklich bist.*

Tommy musste sich bei jeder passender Gelegenheit anhören: *Say quickly that you are a silly ass.*

Als ihr Ludwig aus Puchberg schrieb, dass er sich um einen Schüler sorge, weil der Junge intelligent, aber moralisch gefährdet sei, war das für Margaret wie ein Signal: Hier war sie gefordert, einem orientierungslosen Menschenkind den rechten Weg zu weisen.

Der problematische Knabe hieß Ernst Geiger. In einer konzertierten Aktion der Geschwister wurde er von Puchberg nach Wien geholt und in einem Gymnasium angemeldet. Untergebracht wurde er in einem Heim in Grinzing, das von einer Freundin der Wittgensteins geleitet wurde. Tagsüber betreute ihn Hermine in ihrer Tagesheimstätte, die sie für mittellose Knaben im Alter von 10-12 Jahren eröffnet hatte. Im Frühjahr 1926 stahl der vierzehnjährige Ernst eine goldene Uhr in einem Juwelierladen. Bei dem Versuch, sie einem anderen Juwelier zu verkaufen, schöpfte dieser Verdacht und alarmierte die Polizei. Hermine fühlte sich hilflos und wusste nicht, wie sie auf dieses Delikt reagieren sollte, sie wandte sich an ihren Bruder. Ludwig schrieb ihr aus Cambridge: *Die Tragweite seines Vergehens kann auch ich nicht abschätzen. Sie kann furchtbar sein, d.h. es kann das der Anfang eines gänzlichen Verderbens sein; es ist aber auch möglich, daß es weiter nichts ist, als ein schlechter Streich, und dann kann es auch noch gut sein, daß er ihn angestellt hat und man ihm recht-*

zeitig draufgekommen ist. […] Es ist natürlich daß man mit ihm sehr streng sein muß, aber: ich würde diese Strenge nicht chronisch wirken lassen, sondern akut. D.h., ich würde mit Schärfe darauf dringen, daß er mir z.B. seine Aufgaben vorlegt etc., ihn aber im übrigen und wieder normal behandeln, also auch heiter mit ihm reden und ihn keine chronische Depression merken lassen.

Solch vorsichtige und eher zurückhaltende Art, mit dem Problem umzugehen, war Margarets Art nicht. Sie war zupackend, sie kannte Gott und die Welt, sie wusste immer Rat – auch im Falle des straffällig gewordenen Jungen. Da gab es doch eine höchst fortschrittliche Jugendstrafanstalt in der Rüdengasse, die Jugendliche nicht nur wegsperrte und verwahrte, sondern sie zu bessern trachtete. Sie kannte den Leiter der Anstalt, Richard Seyß-Inquart, sie konnte sich mit ihm über geeignete Methoden der Resozialisierung beraten. Aber Strafe musste auch sein. Da setzte Margaret eher konservativ als fortschrittlich auf den Abschreckungseffekt einer Inhaftierung. In der Haft konnte ein Sträfling in Ruhe über das Verwerfliche seiner Tat nachdenken und sie bereuen. Dabei spielte es für die selbsternannte Bewährungshelferin keine Rolle, dass der Täter noch nicht strafmündig war, einen Monat Einzelhaft hielt sie für angemessen. Danach könne man mit sanfteren pädagogischen Maßnahmen, wie ihr Bruder Ludwig sie vorschlug, beginnen.

Ob der Vierzehnjährige tatsächlich die Einzelhaft angetreten hat, ist nicht bekannt. Aber er blieb ein Schützling der drei Wittgenstein-Geschwister, vor allem Margarets. Ihren erzieherischen Bemühungen entrann man nicht.

In den Briefen zwischen Wien und Cambridge spielte Ernst Geiger immer wieder eine Rolle. Erleichterung herrschte, als er am Gymnasium die Matura schaffte und ein Studium begann. Margaret glaubte ihren Schützling nun im ruhigen Fahrwasser gediegener Arbeit bei bescheidenem Lebensstandard, der ihrer Meinung nach der Konzentration auf Wesentliches dienlich war. Aber der junge

Mann war nach wie vor für negative Überraschungen gut: *Mit Geiger habe ich eine große Sorge gehabt.* Er kam eines Tages *& sprach von einem Freund für den vielleicht etwas zu machen wäre. Er sei ein Spieler & spiele jede Nacht. Ich sagte da müsse ich schon mehr wissen um helfen zu können. Da kam es heraus, dass er es selbst sei. You could have me knocked over with a feather, so unerwartet kam mir das. Nach circa 14 Tagen war die Sache überwunden, aber die Kniee haben mir gezittert vor Angst, dass ich versagen könnte.*

Die „Sache" wurde überwunden, indem Margaret die Spielschulden bezahlte und dem Schuldner eine ordentliche Kopfwäsche verpasste. Aber das „Geigerl", wie sie ihren Zögling auch noch zärtlich infantilisierte, als dessen Kindheit und Jugend längst vorbei waren, blieb ein Sorgenkind, das immer wieder Margarets strenger und fürsorglicher Hand bedurfte. In unerschütterlichem Optimismus glaubte sie daran, dass sich ihre Bemühungen, den jungen Mann zu bessern, auszahlen würden. Trotz einiger Rückschläge behielt sie recht: Ernst Geiger schloss sein Studium ab und wurde ein rechtschaffener Apotheker. 1941 schrieb Margaret ihrem Bruder von den Bermudas aus – auf Englisch, um während des Krieges ihre österreichische Identität zu verheimlichen – nicht ohne einen Anflug von Triumph: *Did I tell you that I got a particulary nice letter from Geigerl. He seems to have found a very nice wife.*

Ernst Geiger war nur einer von vielen Zöglingen, denen sich Margaret widmete. Da sie sich immer Herausforderungen suchte, waren es die Außenseiter der Gesellschaft, die sie anzogen: die Schwererziehbaren, die Straftäter, Gefängnisinsassen, Obdachlosen, Menschen in der Psychiatrie.

Spektakulär war der Fall der Marie Tögel, eine Geschichte, die in der literarischen Tradition von Heinrich Leopold Wagners „Kindermörderin" und Goethes Margareten-Tragödie im „Faust" stand: Ein junges Mädchen, völlig mittellos und verzweifelt, hatte ihr neugeborenes, uneheliches Kind umgebracht. Paul Engelmann machte Margaret auf das Schicksal der Straftäterin aufmerksam, die aus

Olmütz, seinem Heimatort, stammte. Marie Tögel war bereits zum Tode verurteilt, aber es gab Anstrengungen, den Fall erneut aufzurollen. Der tschechische Schriftsteller Karel Čapek setzte sich für sie ein, in den Zeitungen erschienen Artikel über sie.

Margaret fuhr nach Olmütz, um die junge Frau zu sehen. Sie wollte per Augenschein herausfinden, was diese für ein Mensch war. Der Besuchsraum im Gefängnis war so elend und abweisend, dass man schon darüber zum Verbrecher hätte werden können. Es wurde ihr ein Holzsessel angeboten, die Beine wackelten, die Sitzfläche war aufgerissen, Spreißel drückten sich in ihre Oberschenkel.

Das junge Mädchen wurde hereingeführt. Margaret hatte noch nie so ein erbarmungswürdiges Geschöpf gesehen. Das Alter konnte sie nicht schätzen, zwanzig Jahre vielleicht, dem Aussehen nach eher dreißig oder vierzig. Die Augenhöhlen so tief wie schwarze Löcher, die Haut fahl, die Haare wie mit einer Gartenschere zurechtgestutzt. Am schlimmsten aber war der absolut hoffnungslose Blick: aller Welten Müdigkeit lag darin.

Sie war 25. War in Stellung gewesen, immer wieder gekündigt. Hatte gewaschen, gebügelt, geputzt, nein, nicht gekocht, da gab es immer eine Köchin, aber den Abwasch gemacht. Die Herrinnen waren streng gewesen. Die Herren hatten sich ihr genähert, sie habe sich nicht wehren können. Bereits zwei uneheliche Kinder. Dreimal vorbestraft wegen Landstreicherei und Ladendiebstahl. Sollte sie die Kinder verhungern lassen?

War erneut schwanger geworden, von einem Bauernjungen, wusste nichts von ihm. Niemand nahm sie als Magd auf. Hatte keine Unterkunft. Erst zugesagt, dann verweigert. Nichts zu essen. Zwei Tage lang nicht. Für das wenige Geld, das noch da war, Säuglingssachen gekauft. Hunger.

Sie schlug die Worte heraus wie aus einem gefrorenen Eisblock.

Ob sie denn nicht Mitleid mit dem armen Wurm gehabt habe?

Marie schwieg lange, als brauche sie Zeit zum Nachdenken. „Ich weiß nicht, was passiert ist. Mir fehlt das Gedächtnis. Am nächsten Tag war es nicht mehr da." Nach einer Weile: „Vielleicht hat ein Engel es geholt."

„Es wurde ins Wasser geworfen, in die March, sagt die Polizei."

„Keine Erinnerung. Ich war gar nicht da. Woanders."

„Was würdest du machen, wenn man dich freispräche?" Marie Tögel winkte ab. Ihre Hände fingen an zu flattern, als hätte Margaret etwas Bedrohliches ausgesprochen: „Nein, nein, mich spricht keiner frei!"

„Aber wenn?" Das Mädchen fing an laut zu schluchzen und schüttelte den Kopf.

Der Wärter an der Tür wachte aus seine Lethargie auf, Margaret nickte ihm beschwichtigend zu.

„Wir werden sehen!"

Mein Gott, die Geschichte kenne ich doch in- und auswendig, dachte Margaret beim Hinausgehen. Das ist doch alles 18. Jahrhundert, Gretchen im Kerker, das darf es doch heute nicht mehr geben!

Bevor sie zurück nach Wien fuhr, schickte sie Schokolade und Seife ins Gefängnis. Vielleicht kamen sie ja bei Marie an.

Zuhause suchte sie umgehend Oscar Wollheim auf, der sie immer in dem „Verein gegen Armut und Bettelei" unterstützte und sich mit schwierigen Sozialfällen auskannte. Wollheim empfahl ihr, einen neuen Anwalt für Marie Tögel zu engagieren, Dr. Emil Čzech. Der hielt bei der dritten Verhandlung des Falls im Februar 1925 ein beeindruckendes Plädoyer, entfaltete die extreme Notlage, das „Außer-sich-Sein" seiner Mandantin zum Zeitpunkt der Tat. Sie sei nicht zurechnungsfähig gewesen und darum nicht verantwortlich. Wies auf die Kälte einer Gesellschaft hin, die einen Menschen in eine solche Verzweiflung getrieben hatte. Das Publikum im Gerichtsaal war bewegt und klatschte Beifall.

Tatsächlich wurde Marie Tögel freigesprochen. Eine ihrer früheren Dienstherrinnen nahm sie wieder auf.

Paul Engelmann initiierte die Gründung eines Heims für unverheiratete Mütter. Karl Kraus weigerte sich, die Einrichtung zu unterstützen.

„Wieder ein Leben gerettet", höhnte Jerome, als er von der Geschichte der Marie Tögel und dem Engagement seiner Frau erfuhr. „Besser als ein Leben verjuxt", wollte Margaret zurückgeben, ließ es aber sein.

Hermine beurteilte den Drang zum Intervenieren, Helfen und Heilen als einen vorbildlichen Zug von Margarets Charakter.

Nach und nach trat aber etwas Bestimmtes in den Vordergrund, worauf sich ihr Interesse konzentrierte: die menschliche Seele. Alles, womit sie sich dann befasste, ob es nun die weiblichen Insassen eines Jugendgefängnisses waren, mit denen sie sich längere Zeit abgab, oder psychiatrische Fälle, die sie intensiv beschäftigten, alles brachte ihr neue Ideen zu, die sich zum Schluss in ihrer Menschenkenntnis, ihrem Menschenverständnis und ihrer Menschenbeeinflussung auswirkten. Die Erziehung, Besserung, Hebung des Einzelnen, das Aufklären und Aufdecken von gut und böse, recht und unrecht war ihr Hauptberuf geworden, und sie selbst wurde für eine Menge Menschen der leuchtende Mittelpunkt, ja wirklich eine Art Leuchtturm und Wegweiser.

Margaret kannte keine Scheu, in den Gefängnissen junge Strawanzerinnen aufzusuchen, Ladendiebinnen oder leichte Mädchen, die ihren Freiern die Geldbörse entwendet hatten. Sie ließ es über sich ergehen, wenn die Gefangenen sie am Anfang verspotteten, aufbegehrten gegen eine Dame der feinen Gesellschaft: Sie brauchten keinen zweiten Gefängnispfarrer, der ihnen den Weg zum Heil predigte. Predigen war auch nicht Margarets Art. Ihr ging es darum, praktische Hilfe anzubieten, damit die jungen Frauen Alternativen hatten, wenn sie entlassen wurden und nicht wieder in ihr altes Lebensmuster zurückfielen. Wenn sie eine Arbeit fanden, Geld verdienten, sich einen Unterhalt verschafften – dann stellte sich die moralische Besserung fast von selbst ein.

Manchmal fand Margaret im „Verein gegen Armut und Bettelei“ Mitstreiterinnen aus feinen bürgerlichen Kreisen. Die Damen gingen meist einmal mit ins Gefängnis, dann fragten sie, ob es nicht eine Tätigkeit in der Verwaltung gäbe. „Wir verwalten keine Menschen“, antwortete Margaret dann borstig.

Solche halben Engagements fielen bei Margaret unter ihren zweiten Lieblingsbegriff: „Dachflicken“. Wenn man ein Dach flickt, es also nur unzulänglich ausbessert, statt es neu zu decken oder gründlich zu renovieren, dann stehen bald die Bewohner des Hauses im Regen, vielleicht schon in der Traufe. Mit „dachflicken“ bezeichnete Margaret alle faulen Kompromisse, alle Halbheiten, Zugeständnisse. Was man tat, tat man richtig, ganz oder gar nicht. Mit heißem Herzen und kühlem Verstand.

Sie war unerschrocken. Einmal überraschte sie in der Kundmanngasse einen Einbrecher, der ihr drohte, sie niederzuschießen. Sie reagierte offensiv: „Nur zu, Sie werden keine Freude an meiner Leiche haben.“ Der offensichtlich gestörte Mann zog kleinlaut ab.

Zu ihrem Selbstentwurf gehört das Vitale, das Unverblümte, die deftige Sprache, die kraftvolle Emotion, die „Straightforwardness“.

Über eine Nichte schrieb sie: *Sähe ich nur einmal ein großes Gefühl oder nur einen kleinen Funken eines heißen Gefühls: Sei es Schmerz, Begeisterung oder Liebe. Mich stört die niedere Temperatur.*

Margarets Gefühle kochten nie auf Sparflamme, manchmal kochten sie über, dann fiel es ihr schwer, den Kessel vom Herd zu nehmen. Dann verbrühte sie sich oder andere. Aber: lieber Brandblasen als Frostbeulen. *Man hält sich dadurch warm, dass man andere wärmt. Glücklich sind, die erwärmt werden; selig sind, die ein Ofen sein können für Viele.*

„Was meinst du“, hatte sie kurz vor der kirchlichen Trauung ihrem künftigen Gatten vorgeschlagen, „könnten wir nicht diesen Satz aus der Offenbarung des Johannes zu unserem Trauspruch wählen: *Ach, dass du kalt oder heiß wärest! Aber weil du lau bist und weder heiß noch kalt, werde ich dich ausspeien aus meinem Munde?*" Jerome schaute sie ungläubig an: „Das meinst du doch nicht im Ernst." Margaret lachte, schnappte sich eine Bibel: „Die Stelle geht noch weiter und passt doch perfekt zu uns, eine Ermahnung an die armen Reichen: *Weil du sagst: Ich bin reich und bin reich geworden und brauche nichts!, und nicht weißt, dass du der Elende und bemitleidenswert und arm und blind und bloß bist, rate ich dir, von mir im Feuer geläutertes Gold zu kaufen, damit du reich wirst; und weiße Kleider, damit du bekleidet wirst und die Schande deiner Blöße nicht offenbar werde; und Augensalbe, deine Augen zu salben, damit du siehst.*"

Dass die Frau, die er heiratete, sich nie mit lauwarmem Wasser wusch, ihre Augen immer offen hielt und sich nie eine Blöße gab, sollte Jerome bald erfahren. Aber die Hitze ihres moralischen Feuers empfand er nicht immer als geläutertes Gold.

DIE ZEITEN FÄRBEN SICH BRAUN

Sehen wir dieses kleine Österreich von heute an. Wer hat die Presse und damit die öffentliche Meinung in der Hand?

Der Jude!

Wer hat seit dem unheilvollen Jahre 1914 Milliarden auf Milliarden gehäuft?

Der Jude!

Wer kontrolliert den ungeheuren Banknotenumlauf, sitzt an den leitenden Stellen in den Großbanken, wer steht an der Spitze fast sämtlicher Industrien?

Der Jude!

Wer besitzt unsere Theater?

Der Jude!

Wer schreibt die Stücke, die aufgeführt werden?

Der Jude!

Wer fährt im Automobil, wer praßt in den Nachtlokalen, wer füllt die Kaffeehäuser, wer die vornehmen Restaurants, wer behängt sich und seine Frau mit Juwelen und Perlen?

Der Jude!

So lässt Hugo Bettauer in seinem 1922 erschienenen Roman „Die Stadt ohne Juden“ den fiktiven Bundeskanzler Dr. Schwertfeger die Notwendigkeit eines „Antijudengesetzes“ begründen. Die Satire auf den österreichischen Antisemitismus wurde ein Erfolg; als prophetisch wollte den „Roman von übermorgen“ – so der Untertitel – niemand sehen, auch nicht, als der Autor 1925 von einem NSDAP-Mitglied erschossen wurde. Als Anfang der dreißiger Jahre die Nationalsozialisten in Deutschland an die Macht kamen, beunruhigte das einige, nicht aber die Mehrheit der Österreicher. Doch nach und nach wurden auch die österreichischen Nazis frecher, wurden sie in den Straßen präsenter, wagten sich aus dem Schatten, verübten Anschläge auf Geschäfte, zettelten Schlägereien gegen Juden an.

Margaret nahm das nur am Rande wahr, aber was sie hörte, war ihr widerlich. „Geschmeiß“, einen anderen Namen konnte sie für diese primitiven Gesellen mit ihren dumpfen Ressentiments nicht finden. Und dann erfuhr sie, dass auch ihr Ziehsohn Wedigo von Zastrow vom rassistischen Gedankengut der Nazis infiziert war.

Der junge Mann war überhaupt ein rechter Tunichtgut. Nach der mühsam erworbenen Matura hatte er sich ein Motorrad angeschafft und baute einen schweren Unfall nach dem anderen. 1931 musste Margaret seine Verletzungen in einer Schweizer Spezialklinik behandeln lassen, 1932 verunglückte er schwer in Holland. Margaret war zu diesem Zeitpunkt in Amerika, Ludwig kam aus Cambridge für zwei Wochen nach Holland, kümmerte sich um seinen Pflegeneffen. Immer wieder verbrachte Wedigo auch Wochen bei Verwandten in Deutschland, unbesorgt um ein Studium oder eine Berufstätigkeit, lebte in den Tag hinein. In Berlin geriet er in nationalsozialistische Kreise, betete bald die Litanei der Nazis nach, dass die Juden an allem schuld seien, wohl auch an seinem persönlichen Unglück, Nachfahre einer völlig verarmten preußischen Adelsfamilie zu sein. Dass er Sohn einer steinreichen österreichischen Familie geworden war, zählte offenbar nicht, Logik war nicht sein stärkstes Fach.

Nachdem er nach Wien zurückgekehrt war, zog er über jüdische Freunde und Bekannte seiner Ziehmutter her, über Oscar Wollheim und Paul Engelmann. Margaret war entsetzt, verbat sich seine Unverschämtheiten, er aber lachte nur. Da bat sie Ludwig, ihrem Zögling, der völlig aus dem Ruder lief, die Leviten zu lesen.

Ludwig warf Margaret vor, Wedigo zu wenig mit Geduld und Liebe behandelt zu haben, das räche sich nun. Gretl wurde patzig: „Du hast ihn doch auch nicht mit Samthandschuhen angefasst, hast du ihn nicht einmal ‚Arschloch‘ genannt? Und was heißt hier

Geduld? Soll ich ihn mit sanften Worten bitten, so freundlich zu sein, Oscar nicht einen dreckigen Juden zu schimpfen? Hast du dir einmal seine boshaften Reden angehört? Es ist ja schön, alle Ermahnungen in Liebe zu wickeln, damit sie auch recht verdaulich werden. Aber es gibt den Punkt, wo man Tacheles reden muss!"

Ludwig hielt dagegen, dass junge Männer manchmal provozieren müssten, um sich ihrer selbst zu vergewissern, er beurteilte Wedigos Ausfälle als normalen Ausdruck eines Reifungsprozesses, den man langmütig begleiten müsse.

Margaret riss an ihrer Perlenkette, als wolle sie nichts lieber, als die Perlen auf dem Boden herumkugeln zu sehen. Wahrscheinlich schnürte ihr aber nicht die Kette den Hals zu. *Ich habe absolut nicht das Gefühl, dass ich dem Wedigo durch größere Liebe und Geduld […] helfen könnte. Wenn ich ihn bei aufgelegten Stiefel-Reden nicht ausreden lasse, so geschieht das (meistens) nicht aus Ungeduld, sondern tatsächlich, weil ich glaube, dass ich nicht ruhig zuhören darf, wenn er solche Sachen vorbringt, die doch gegen sein besseres Wissen + Gewissen gehen.*

Stiefel-Reden oder auch „wüste Stiefel-Reden" waren Margarets Ausdrücke für unsinniges Gerede. Wie anders sollte man die antisemitischen Schimpftiraden auch nennen?

Nur gut, dass die dreißiger Jahre auch erfreulichere Ereignisse für Margaret bereithielten. An Tommy hatte sie ihre reine Freude. Er hatte sich, obgleich erst Mitte zwanzig, in Amerika etabliert. Nachdem er in Cambridge gescheitert war, hatte er sein Studium in Wien abgeschlossen und war jetzt Assistent an der renommierten Columbia-Universität in New York: der Herzpinkel machte alles richtig. In seinen Briefen stellte er den Eltern seine Verlobte vor, Helen Engelhardt, die ebenfalls aus einer deutsch-amerikanischen Familie stammte, der Vater war Professor an der Columbia. Reizendes Mädchen. Erstklassiger Background. Margaret war entzückt, Jerome grummelte: der Junge sei noch viel zu jung zum Heiraten. Der heiratete trotzdem.

Im März 1932 fuhr Margaret nach Amerika, um ihre Schwiegertochter kennenzulernen. Immer hatte sie sich eine Tochter gewünscht, in Helen hatte sie sie gefunden. Die junge Frau war bezaubernd, so einfach und unprätentiös lebten sie und Tommy in einem kleinen Häuschen am Rande New Yorks, ohne Personal, ohne großes gesellschaftliches Leben – in einer Art Studentenehe. Und dann – Steigerung des Glücks – war Helen auch noch schwanger. Tommy strebte ins tätige Leben: Die Mutter kaufte ihn in eine Firma ein.

Im Herbst fuhren alle nach Wien zurück, Tommy wollte, dass Helen das Kind in Wien zur Welt brachte. Der Sohn erhielt den Namen Pierre, eine Huldigung an Pierre Besuchow, Tolstois Hauptfigur in „Krieg und Frieden". Talla Sjögren, Tommys enger Freund, wurde Taufpate.

Margaret wusste kaum, wie sie die junge Familie verwöhnen sollte, in der Euphorie dieser Monate blendete sie vieles aus, was sich außerhalb des kleinen Kosmos abspielte. Nur am Rande nahm sie wahr, dass am 30. Jänner 1933 ein ehemals österreichischer Gefreiter deutscher Reichskanzler wurde. Aber nachdem Tommy mit seiner jungen Familie wieder nach Amerika zurückgekehrt war, konnte sie die Augen nicht mehr verschließen vor dem Wirbelsturm, der auch Österreich erfasste.

Bundeskanzler Engelbert Dollfuß löste im März 1933 das Parlament und den Verfassungsgerichtshof auf und regierte diktatorisch per Notverordnungen, sympathisierte mit dem italienischen Faschismus, lehnte aber den deutschen Nationalsozialismus ab. Margaret, die nach dem Krieg zum Befremden ihrer Geschwister mit den Sozialdemokraten geflirtet und sich kokett zur Farbe Rot in der Politik bekannt hatte, kehrte zu ihren konservativen Überzeugungen zurück und begrüßte Dollfuß' starke Abgrenzung von Deutschland. Damit stand sie nicht allein. Auch Karl Kraus, Sigmund Freud und andere Liberale standen dem Regime Dollfuß nahe. In einem Brief an Tommy erklärt Margaret den typisch österreichischen Weg, mit Konflikten umzugehen: *Politisch ist hier alles sehr ruhig. Von den verschiedensten Seiten her höre ich, dass die Wurschtigkeit die Aufregung abgelöst hat. Die Leute ärgern sich über die neuen Steuern + schimpfen oder machen Witze. Wie es halt immer war. Etwas anderes ist auch bei uns kaum möglich.* Als es im Februar 1934 zu bürgerkriegsähnlichen Auseinandersetzungen kam, die Sozialdemokraten völlig ausgeschaltet wurden, engagierten sich Margaret und Ji als Sanitäter in der „Wiener Rettungsgesellschaft". Sie hatte ein Auto, er konnte Auto fahren.

Im Juli versuchten die Nationalsozialisten in Wien zu putschen und ermordeten Engelbert Dollfuß im Bundeskanzleramt.

Auch Ludwig hatte den Austrofaschismus begrüßt, gleichzeitig offenbarte er seine Absicht, nach Beendigung seiner fünfjährigen Fellowship England zu verlassen, in die Sowjetunion auszuwandern und dort sein berufliches Heil zu suchen.

„Der Lukerl spinnt doch. Der läuft uns dann im Bauernkittel in Sibirien herum und predigt Tolstois Evangelium vom einfachen Leben als kommunistisches Manifest", empörte sich Margaret. „Der Lukerl ist einfach verrückt."

Darin hätte ihr Ludwig wahrscheinlich nicht widersprochen. Er leide eben an der österreichischen Nationalkrankheit: latentem Irrsinn.

Dazu hatte Margaret den passenden Witz parat: „Die österreichische Regierung beschließt im ganzen Land drei neue psychiatrische Anstalten zu errichten. Eine in Innsbruck, eine in Graz, und Wien will man überdachen."

Im Dezember 1934 stand ein großes Familienereignis an: Hermine feierte ihren 60. Geburtstag. Ludwig kam eigens aus England angereist; er liebte Mining, sie liebte ihn mit wohltemperierter Wärme, ihre geschwisterlichen Gefühle kannten keine Amplituden wie die von Ludwig und Margaret, die mit extremen Scheitelwerten und unregelmäßiger Periodendauer verliefen. Margaret bereitete schon Monate vorher das Fest vor, es sollte eine glanzvolle Huldigung an die Älteste der Wittgensteins sein. Seit mehr als 20 Jahren war sie Chefin des Hauses, hatte unter schwierigsten Bedingungen den Zusammenhalt der unterschiedlichen Geschwister, Schwäger und Enkel gewährleistet.

Wie hätte man die Malerin und Kunstverständige Hermine besser ehren können als durch Kunst? Margarets Idee war, dass jedes Kunstwerk im Roten Salon durch einen Gast dargestellt wurde, der aus dem Geist des Bildes oder der Plastik heraus sprach und sich vor der großen Gönnerin verneigte. Das letzte Wort hatte natürlich sie selbst. Sie flehte die Muse an, ihr besondere Gaben zu verleihen, um Mining feierlich zu huldigen: *Es war der Mining wegen / Ich hätt ihr, an die mein Herz in Zärtlichkeit gebunden, / So gern das Beste, was ich geben kann, geschenkt.*

Die Muse war freundlich, Hermine gerührt.

Aus Amerika kamen zur Jahreswende 1934 schlechte Nachrichten, katastrophale. Helen und Thomas waren ein Jahr zuvor Eltern eines zweiten Sohnes geworden, Christopher. Das kleine Kind war plötzlich gestorben. Helen hatte für kurze Zeit die Wohnung verlassen, als sie zurückkam, lag der Junge erstickt in seinem Bettchen. Der Schock war tief, sie wusste nicht mit dem Verlust fertigzuwerden, machte sich Vorwürfe, entwickelte heftige Neurosen. Tommys Briefe zeigten, dass er Helen keine Hilfe sein konnte, er kämpfte selbst mit Depressionen. Margaret war verzweifelt: Sie befürchtete, dass Tommy ähnliche Symptome wie Jerome entwickeln würde – Unrast, Verstimmung, Gereiztheit, Aggression.

Und sie ahnte, dass die junge Ehe, die so glücklich begonnen hatte, nach kurzer Zeit am Ende war: Der Tod des Kindes war eine Wunde, die nicht heilen würde.

Das Jahr 1934 ging miserabel zu Ende. Es sollten schlimmere folgen.

„KANN MAN ÖSTERREICHER UND JUDE SEIN ODER NUR EINES WIRKLICH?“

Ständig waren alle Wittgenstein-Geschwister mit jüdischen Freunden zusammen, liebten sie wie Paul Engelmann oder Oscar Wollheim, verehrten sie wie Gustav Mahler, Karl Kraus, Sigmund Freud. Dass sie selbst Jüdisches in sich trugen, war ihnen von ferne bewusst, aber doch so abgelegen, als hätten sie Kommunisten oder Zeugen Jehovas in der Familie. Man mochte sich mit dem Judentum theoretisch beschäftigen, praktisch hatte es nichts mit einem zu tun.

Heftige Auseinandersetzungen hatte bei dem intellektuellen Trio Hermine, Margaret und Ludwig Otto Weiningers Buch „Geschlecht und Charakter“ ausgelöst. Weiningers mit 23 Jahren spektakulär inszenierter Selbstmord in Beethovens Sterbehaus kurz nach Erscheinen des Buches im Jahre 1903 hatte die Diskussion um seine Thesen befeuert. Selbst Jude, setzte er Juden und Frauen gleich und sprach beiden jeglichen Charakter ab. Der Jude sei ein „Weib“, teile mit diesem das Geile und Geistlose, ein hemmungsloses Triebwesen, „seelenlos“. Beide – Jude wie Weib – hätten keine Moral, keine geistige Orientierung, keine Kreativität, sie seien ein Nichts. Das Judentum störe von alters her die gesellschaftliche Ordnung, es sei zutiefst destruktiv.

In der Wiener Öffentlichkeit wurde Weininger ob der Radikalität seiner Thesen und seines wirren Auftretens als geistesgestört angesehen, die literarische Welt aber feierte ihn als frühes Genie. Er traf mit seinen Formulierungen die latent antisemitische Stimmung im Wien des Fin de Siècle.

Ludwig und Hermine verteidigten ihn, Weininger sei ein Moralist gewesen, mit strengen ethischen Forderungen, die es anzuerkennen gelte. So zum Beispiel, wenn er für Enthaltsamkeit statt Ausleben der sexuellen Begierden eintrete. „Er ist verschroben, aber großartig“, wiederholte Ludwig immer wieder. Margaret empörte das Misogyne in Weiningers Gedankenkonstrukt, nicht das Antisemitische. Sie lief wie eine frühe Feministin zu großer Eloquenz auf, wenn sie Weiningers Thesen abkanzelte: „Er sieht die Frau doch nur als Objekt des Mannes an, nie als eigenständiges Subjekt. Bildet sich ein, ein Kenner des anderen Geschlechts zu sein, verrät aber mit jedem Satz, dass er keine Ahnung hat.“ Ludwig konterte: „Er ist ein Philosoph, das heißt, er stellt abstrakte Thesen auf, du ziehst alles in die Banalität des Konkreten.“

„Jetzt sag nur, Frauen denken so, weil sie keiner Abstraktion fähig sind!“ Ludwig wollte antworten, aber Margaret war jetzt in ihrem Element: „Weininger beschreibt die Frauen als charakterlos, als hätten sie von Natur aus eine genetische Nullstelle, während der Mann mit dem Talent für das Gute gesegnet ist. Ursache und Wirkung werden da großartig verwechselt. Warum sind denn die Frauen ein Nichts? Weil sie in dieser Gesellschaft nichts sein dürfen, weil Männer ihnen alles vorenthalten, sie hindern, dass sie etwas sind, dass sie mitspielen können in der Politik, der Kultur.“

„Also, ich finde“, warf Hermine ein, „der Weininger hat etwas vom Tolstoi. Die Askese, die Enthaltsamkeit.“

„Ach, lass mich doch in Ruh’ mit dem ewigen Gerede von Keuschheit! Als könnte man damit die Menschheit erlösen, oder was von der übrigbleibt, wenn sich alle Menschen der Fortpflanzung enthalten.“

Ludwig lachte. Dass gerade seine Schwester Gretl, die in der Familie als ziemlich frigide galt, sich ins Feuer redete, als müsse sie das Ausleben der Sexualität verteidigen, entbehrte nicht der Komik.

Kein Wort verlor sie über Weiningers bösartigen Antisemitismus. Der betraf Margaret nicht. Der rührte nicht an einen sensiblen Nerv.

Sie kannte sich nur mangelhaft in Geschichte und Kultur des

Judentums aus: Das waren fremde Welten, exotische Gefilde, die wie alles Exotische auch eine gewisse Faszination ausübten. Nach einer Lektüre jüdischer Geschichten notierte sie im Mai 1918 in ihr Tagebuch:

Allein der Gedanke, dass ich aus einem derartigen Milieu stammen kann, das mir so fern + seltsam scheint! Dabei zieht es mich in der Theorie an; ob, weil es so ausgefallen ist oder wegen der Blutsverwandtschaft, das kann ich nicht entscheiden. Und welch eine merkwürdige Religion! Eine, die man nicht nebenbei betreiben kann, wie die andern die ich kenne, sondern eine die wirklich in fast alle Handlungen des täglichen Lebens eingreift + sie färbt.

Margaret verriet eine gewisse Offenheit, dieses Neuland kennenzulernen. In ihrer Berliner Zeit hatte sie ihre jüdischen Kommilitoninnen als hässliche Wesen apostrophiert und dabei gehörige Ressentiments offenbart. Mit der Bereitschaft, das Jüdische wenigstens in der Theorie zu erkunden, stand sie unter den Geschwistern allein da, alle hatten ihre Vorbehalte, sogar Hermine:

Paul verficht mit grösster Heftigkeit dass auf dem Grund jedes Juden die Unehrlichkeit liegt.

Ludwig macht mich darauf aufmerksam dass die Juden durch das Leben in fremden Staaten unter fremden Gesetzen u. Lebensbedingungen und Zwängen unnatürliche Wesen geworden sind.

Vielleicht hängt Beides zusammen.

Ich glaube, dass die arische und die jüdische Rasse in Vorzügen und Mängeln diametral entgegengesetzt sind zum Mindesten in der europäischen Gemeinschaft und sich offen oder versteckt bekämpfen müssen.

Sogar Paul Engelmann, den Hermine als Architekten und Menschen außerordentlich schätzte und immer in höchsten Tönen lobte, verkörperte für sie das Dilemma, ein Jude und ein österreichischer Patriot zu sein.

Ich glaube auch, dass es für die Juden wenn sie selbst so hoch und tiefblickend sind wie Engelmann, sehr schwer sein muss klar zu sehen. Kann man Österreicher und Jude sein oder nur Eines wirklich?

Nach dem „Anschluss" Österreichs im März 1938 wurden die Geschwister, die sich nie anders als katholische (wenngleich kirchenferne) Österreicher gefühlt hatten, von einem zum andern Tag Juden, Mitglieder einer „minderwertigen Rasse". *Mit bleichem Entsetzen* mussten sie feststellen, dass die Nürnberger Gesetze jetzt auch in Österreich galten: Waren drei Großelternteile jüdisch, war man de jure ein Jude. Tatsächlich waren drei Großeltern der Wittgensteins nicht „arisch geboren", aber alle drei waren getaufte Christen gewesen. Doch nur das Blut zählte, die Taufe besagte nichts. So fielen jetzt die Enkel in die Kategorie der „Geltungsjuden".

Hermine machte als Erste die Erfahrung, was das konkret bedeutete. Als sie am Tag nach dem „Umbruch", wie die Annexion Österreichs offiziell genannt wurde, in ihre Tagesheimstätte ging, erschienen plötzlich Autos, Männer in Uniform mit Hakenkreuzzeichen am Hemd stiegen aus und erklärten Hermine und ihren Mitarbeiterinnen bündig, bis vier Uhr am Nachmittag müsse das Haus vollständig geräumt sein, es würde der Hitlerjugend übergeben. So zerfiel Hermines Lebenswerk sang- und klanglos ins Nichts, die Kinder wurden von der neuen Jugendorganisation *einfach weggesaugt*. Auf dem Heimweg sah sie, wie sich am Karlsplatz ein Mob zusammenrottete und in die umliegenden Straßen schwärmte, um Schaufenster jüdischer Geschäfte einzuschlagen und Waren zu plündern. Die jungen Männer mit den Hakenkreuzfahnen skandierten: „Juda verrecke!" Sie flüchtete.

Paul erhielt ebenso wenig Schonfrist. Ihm wurde umgehend seine Anstellung als Klavierlehrer am Neuen Wiener Konservatorium gekündigt und Auftrittsverbot als Pianist erteilt. Als Erster sprach er davon, Österreich zu verlassen. Es war ihm unerträglich, in einer Stadt zu leben, in der er keinen Schritt mehr vor die Tür machen konnte, ohne mit den übelsten Verboten und Beschimpfungen konfrontiert zu werden.

Margaret war zu diesem Zeitpunkt in Amerika, um Tommy zu

besuchen. Vor ihrer Abfahrt hatte sie die besten Bilder ihrer Kunstsammlung in Kisten gepackt, um sie nach Amerika zu verschicken und dort zu verkaufen, das Denkmalamt hatte den Transfer genehmigt. Als sie Ende April 1938 aus New York zurückkam, standen die Kisten wieder im Entree ihres Hauses. Die Grenzen waren dicht, nichts konnte mehr ausgeführt werden. Heinrich Postl hob resigniert die Schultern: Alles umsonst! Für solche Vorgänge hatte er keine passende Bach-Kantate in seinem Repertoire.

Margarets Fahrer Kucera hatte sie am Bahnhof abgeholt; er trug ein frischgebügeltes braunes Hemd. An seinem Dienstwagen klebte die Hakenkreuz-Standarte. Margaret entließ ihn sofort, in höchster Erregung. „Das ist das neue Österreich, das werden Sie noch merken“, sagte ihr Angestellter und knallte seine Schlüssel auf das Empiretischchen, das sonst die Visitenkarten der illustren Gäste der Kundmanngasse aufnahm. Postl tröstete sie: „Warten S' nur, gnädige Frau, der kommt zurück. Dieses ‚neue Österreich‘ wird bald ganz alt ausschauen. Und der große Nazi ganz klein. Der kommt wieder.“

Es kam zur Krisensitzung der Geschwister in der Alleegasse. Hermine, Helene und Paul überboten sich mit Beschreibungen von widerwärtigen Ereignissen, die Margaret den Ernst der Lage vor Augen führen sollten. Adolf Eichmann als Chef der österreichischen „Zentralstelle für jüdische Auswanderung“ hatte in kürzester Zeit Tausende von Juden gezwungen, das Land und ihr Hab und Gut im Stich zu lassen und als Bettler das Weite zu suchen. Die „Steuerbehörde“ beschlagnahmte das jüdische Eigentum. Es gab kaum noch Länder, die Flüchtlinge aufnahmen. Paul Engelmann war rechtzeitig nach Palästina ausgewandert, jetzt noch eine Ausreisegenehmigung zu bekommen sei wie ein Lottogewinn. Es stünden kaum Schiffe zur Verfügung, mit denen Juden über Griechenland nach Haifa fahren konnten.

Margaret überfiel ein Gefühl von Wut und Ohnmacht. Mit Wut konnte sie umgehen, aber nicht mit Ohnmacht, die trieb ihr die

Tränen in die Augen, ließ sie in wüstes Fluchen ausbrechen: „Diese verdammten Arschgesichter, diese debilen Teutonen, diese Hunnen!"

„Weißt du, dass es Österreich gar nicht mehr gibt?", belehrte sie Hermine. „Wir sind jetzt die Ostmark des Deutschen Reiches. Wenn du in Zukunft einen Brief aus Amerika an uns schickst, musst du schreiben: Wien, Deutsches Reich."

Paul hatte andere Probleme: „Ich will hier weg, und ich will nicht mein ganzes Vermögen verlieren." Er verschwieg seinen Schwestern, dass er nach dem „Gesetz zum Schutz des deutschen Blutes und der deutschen Ehre" mit der „arischen" Hilde Schania, einer blinden Klavierschülerin, die zwei Töchter von ihm hatte, in „Rassenschande" lebte. Sie kam aus kleinbürgerlichen Verhältnissen wie alle seine vielen früheren Geliebten, allein das hätten die Schwestern schon nicht gebilligt. Ihr Vater war Schaffner – und ein überzeugter Nazi.

„Wir sind doch keine Kriminellen", protestierte Hermine. „Was verdankt Österreich nicht alles den Wittgensteins, wir haben niemals Dankbarkeit erwartet, aber auch keine Schande."

„Wir müssten die Behörden, die auf einen nichtarischen Großvater stieren, einmal mit dem konfrontieren, was die Eltern und wir alles gespendet, gefördert, finanziert haben." Margaret fand wieder zu ihrem Element, es gab etwas zu tun, zu organisieren.

„Und vielleicht könntest du deinen alten Freund Seyß-Inquart einschalten. Er kann doch bei seinem Bruder Arthur für uns intervenieren." Paul klang hämisch. Margaret belferte zurück: „Jetzt ist's aber genug, Paul. Richard Seyß ist ein anständiger Mensch, ein hervorragender Pädagoge, mit dem ich bei der Betreuung von jungen Strafgefangenen immer gut zusammengearbeitet habe. Denk doch, wie er uns beim kleinen Geiger geholfen hat. Was kann er denn dafür, dass sein Bruder, der Obernazi, jetzt Reichsstatthalter von Hitlers Gnaden ist?"

Hermine erklärte sich bereit, eine Aufstellung aller Wittgensteinschen Zuwendungen an Künstler, Wohltätigkeitsvereine, öffentliche Einrichtungen zu erstellen.

„Das wird dich Tage kosten", sagte Schwester Helene. Sie hatte die ganze Zeit geschwiegen. Es war allen klar, dass sie niemals Wien verlassen würde, nicht ihren Max und ihre Kinder. Sie fühlte sich durch ihren „arischen" Mann geschützt.

„Es gab ja auch genug Sinnloses bei diesen Spenden, reine Geldverschwendung." Paul musste weiter sticheln. Die Schwestern widersprachen nur halbherzig, wussten sie doch, worauf er anspielte. Natürlich musste Ludwigs Millionenspende zur Entwicklung eines „Supermörsers" wieder aufs Tapet kommen. Hermine hatte schon damals diese Spende als gänzlich weltfremd bezeichnet. Sie fühlte sich an den Witz über den Soldaten erinnert, der sagt: „Ich kaufe mir eine Kanone und mache mich selbständig!" Natürlich blieb die Million ungenützt, floss dann in einen „Kaiser-Karl-Wohltätigkeitsfonds" und zerfloss schließlich durch die Inflation ins Nichts. Es gab auch noch andere Beispiele wirkungsloser Zuwendungen, ein Geben ins Blaue. Gleich nach dem Tod des Vaters hatten die Geschwister eine beträchtliche Summe für Krebskranke gegeben, 600.000 Kronen, aber keiner hatte sich die Mühe gemacht, die Verwendung zu durchdenken, zu spezifizieren, den Empfänger auf einen bestimmten Gebrauch zu verpflichten. *Es war, als sei mit dem Hinwerfen schon allem Genüge getan, und die Summe verspielte sich irgendwie im Kriege, der ein Jahr später ausbrach.* Noch abwegiger war das Legat von einer Million Kronen, das Kurt nach seinem Tod hinterlassen hatte. Man war übereingekommen, den Bau von Schrebergärten zu unterstützen. Das hätte aber Engagement erfordert: Grundstücke zu kaufen und zu parzellieren, Interessenten zu finden, eine Verwaltung zu organisieren. So gab man die Summe der Stadtverwaltung, die warf sie in den großen Topf, die Inflation vernichtete auch diese Großherzigkeit.

Aber Paul musste nicht an all die verfehlte Generosität erinnern, schließlich gab es ja hinreichend Beispiele von geglücktem Mäzenatentum Karl Wittgensteins und seiner Kinder. Ob die Nazis aber den Bau des Secessionsgebäudes für eine historische Schöpfung hielten, war zweifelhaft. Die Plakette mit dem Namen Karl Wittgensteins als Spender des Hauses war schon entfernt worden. Vielleicht fanden eher soziale Projekte wie die Unterstützung des „Vereins gegen Armut und Bettelei" Gnade vor den Augen derer, die das Soziale in ihrem Parteinamen trugen.

„Und nie hat jemand erwähnt, welch ein Vermögen es mich gekostet hat, die kostbaren kaiserlichen Gobelins aus der Hofburg zu retten, die ins Ausland verhökert werden sollten." Margaret war noch immer ärgerlich, dass sie nie den leisesten Dank dafür erfahren hatte.

Paul und Margaret fuhren mit dem von Hermine erstellten Dossier nach Berlin. Margaret hatte über einen Mittelsmann, Fritz Wiedemann, Hitlers Adjutanten, Kontakte zur „Reichsstelle für Sippenforschung" geknüpft, einer Dienststelle des Innenministeriums. Ein höherer Angestellter, vielleicht sogar der Leiter persönlich, Kurt Mayer, würde sie empfangen. Hermine hatte herausgestellt, dass drei Söhne im ersten Weltkrieg gedient hatten, einer sei gefallen (Kurts Selbstmord ließ sich so darstellen), einer sei Invalide geworden, Paul und Ludwig Wittgenstein hätten Orden und Auszeichnungen erhalten. Die sorgfältig erstellte Liste von Spenden und Zuwendungen sollte für sich allein sprechen.

Vor dem Amt zog sich eine Riesenschlange den Schiffbauerdamm entlang, Margaret und Paul wurden vorbeigeschleust.

Die besondere Aufmerksamkeit aber verflog schnell, Kurt Mayer ging in Windeseile den ausgefüllten Fragebogen durch. Weder interessierte ihn Pauls geopferter Arm oder Ludwigs Tapferkeitsmedaille noch das Mäzenatentum der Wittgenstein-Familie. Hermines Aufstellung würdigte er nicht eines Blickes. „Jeht nich, Jnädigste", wandte er sich militärisch knapp an Margaret, „een zweeter arischer Großvater muss her. Sonst is nüscht mit dem Deutschsein."

Damit waren Paul und Margaret entlassen. Paul war am Boden zerstört. Margaret hatte für ihre Person nichts zu fürchten, aber sie dachte an Hermine. Paul konnte ja vielleicht seine Ausreise erwirken, er war durch seine Konzerttätigkeit überall zu Hause, aber für Mining gab es nur einen Ort auf der Welt, wo sie sein konnte, und das war Wien. Doch als Jüdin konnte sie dort nicht mehr leben, wenn sie vor dem Nazi-Mob sicher sein wollte.

Sie übernachteten im Hotel Adlon am Pariser Platz. Vom Dach hingen Fahnen mit dem Hakenkreuz-Emblem, in der Lobby standen Männer in Uniform, aber die Portiers trugen nach wie vor einen schwarzen Frack, und in den Ledersesseln in der Lobby räkelten sich Damen in dekolletierten Abendkleidern. Im Salon spielte am Abend das Tanzorchester Adlon zum Tango auf. Die Geschwister verzogen sich auf ihre Zimmer.

„Was nun?", fragte Paul seine Schwester, als sie am nächsten Tag im Zug nach Hause saßen. Paul wirkte erschöpft, immer wieder nickte er ein, und Margaret war gerührt, zu sehen, wie kindlich er aussah, nicht wie ein fünfzigjähriger Mann, dessen Schläfen schon ergrauten.

„Paul, du musst heiraten, eine arische Frau, das wird dich schützen." Margaret tat, als sei ihr eine rettende Idee gekommen. Paul hätte am liebsten laut gelacht. Für einen Augenblick war er verführt, seiner Schwester zu gestehen, er habe eine Frau – wenngleich noch ohne Trauschein – und zwei Töchter, Elisabeth und Johanna, lebe in „Rassenschande" und müsse fürchten, er werde angezeigt und Hilde Schlimmes angetan, vielleicht die Kinder weggenommen.

Was wäre dann? Entweder würde Margaret alles daransetzen, ihn „aus diesen unwürdigen Verhältnissen" zu befreien, Hilde großzügig mit Geld abfinden, oder sie würde in drei Tagen eine Trauung erzwingen, so wie bei Talla und Marguerite vor fünf Jahren.

Pauls Gedanken gingen zurück zu seiner Geliebten Bassia Kerçen, eine Sängerin, die er vor zehn Jahren bei einem Konzert in Bukarest kennengelernt und drei Jahre lang immer wieder besucht hatte. Doch als Bassia Heiratsabsichten erkennen ließ, war er geflohen: Eine slawische Jüdin, die Tochter eines Kantors zu heiraten, wäre in der Familie Wittgenstein unmöglich gewesen. Dann war die Nachricht eingetroffen, sie sei schwanger. Paul hatte sie nach Wien geholt, eine Wohnung gemietet, sie versteckt, so wie er jetzt Hilde versteckte. Damals war Margaret ihm auf die Schliche gekommen. Sie hatte eine Abtreibung vorgeschlagen, er, Paul, hatte zugestimmt. Zu ihrem Besten, zu deinem Besten, hatte Margaret gesagt. Bassia war nicht an der Abtreibung gestorben, aber sie war traumatisiert. Margaret sorgte dafür, dass sie in eine psychiatrische Klinik kam. Dort stellte man fest, dass Bassia Krebs im letzten Stadium hatte. Margaret kümmerte sich um die Todkranke wie um eine Schwester, nahm sie schließlich in der Kundmanngasse auf und ließ der Sterbenden alle nur erdenkliche Pflege angedeihen. Paul ging inzwischen auf Konzertreise, kehrte aber kurz vor Bassias Tod zurück. Ihre Mutter kam aus Bukarest angereist, Margaret versorgte alle.

Ja, seine Schwester hatte sich gütig und großzügig erwiesen, sich bei Bassia über alle gesellschaftlichen Bedenken hinweggesetzt, seiner Geliebten das Sterben erleichtert. Aber ihre Eigenmächtigkeit hatte ihn wütend gemacht.

Von Hilde und seinen Töchtern würde er kein Wort verlauten lassen. Nur keine neuen Anfälle von Samaritertum bei Gretl provozieren.

Oscar Wollheim, der Anwalt und Freund der Familie, gab Margaret einen Rat. „Engagiert einen Sippenforscher, vielleicht kann der einen Großvater arisieren.“ In Frage kam da Hermann Christian Wittgenstein, der aus dem deutschen Korbach in Hessen stammte und eine lückenhafte Ahnentafel aufwies. So wurde denn ein genealogischer Hintergrund mit vielen Unbekannten konstruiert: Hermann Christian (ein christlicher, ein germanischer Vorname!) sei ein uneheliches Kind des Fürsten Pyrmont-Waldeck, oder er stamme aus der fürstlichen Familie derer zu Sayn-Wittgenstein.

„Lieber ein Haben-Wittgenstein sein als ein Sayn-Wittgenstein“, hatten Freunde in Wien gewitzelt, die sich in der deutschen Adelsgesellschaft auskannten, und das hatte auch Karl Wittgenstein selbst gerne zitiert.

Das genealogische Gutachten wurde erstellt. Der Antrag auf „Deutschblütigkeitserklärung“ von Hermann Christian Wittgenstein wurde zurückgewiesen.

Jetzt war guter Rat teuer.

Sehr teuer sogar.

FREUDS RETTUNG

Margaret lag in einem Bett, das auf allen Seiten hohe Gitterstäbe hatte. Warum sperrt man mich in ein Kinderbett?, dachte sie. Die Spieluhr, die wie ein Perpetuum mobile „Guter Mond, du gehst so stille" spielte, klimperte immer lauter, die Federn knarzten über die Zacken der Walze, dass das Hören schmerzte. Sie wollte die Uhr abstellen, aber ihre Hände waren gefesselt. Die Gitterstäbe schoben sich an Kopf- und Fußende immer näher an ihren Körper heran, sie wich in eine Fötus-Lage aus, zog die Knie an den Körper, da spürte sie, wie auch die Seitenwände näher rückten, ihre rechte Hand, die sich entgegenstemmte, brach, dem Knacken des Gelenks folgte Stille, dann ein Geräusch, als würden Steine zermahlen. Sie erwachte mit einem Schrei. Aus ihrem Fenster sah sie auf den Traunsee. Sie war in Sicherheit, sie war in Gmunden. *Warum man nie träumen kann was man träumen will? Weil sich das Gefühl im Traum nie in die Formen kleidet, die ihm im Wachen entsprechen*, schrieb sie in ihr Tagebuch.

Margaret interessierte sich immer für Träume, suchte die eigenen zu dechiffrieren und herauszufinden, was sich hinter den Bildern verbarg, ließ sich die Träume ihrer Kinder erzählen, Jeromes aber lieber nicht. Anders als Sigmund Freud, den alle im Hause Wittgenstein eifrig lasen, ging sie mehr von einem biologisch-naturwissenschaftlichen Ansatz bei der Traumdeutung aus, sah in ihnen *eine andere Art der Gehirnfunktion*. Freud mochte ja recht haben, dass Träume unbewusste Wünsche erfüllten. Aber dass diese Wünsche immer auf sexuelles Begehren, gar frühkindliche Sexualität zurückzuführen seien, fand Margaret abwegig – und ziemlich degoutant: *A propos Träume: Schade dass der Freud so ein Tepp* (sic) *und so verrant* (sic) *ist. Da gäbe es ganz andere Sachen herauszuholen als den sexuellen Stiefel. Es ist ja zu begreifen, dass man sich verrennt, wenn man es immer mit hysterischen Menschen zu tun hat.*

Trotz aller Ablehnung Freuds hatte Margaret bei ihm Hilfe gesucht, als Tommy als Kind stotterte. Die Behandlung wurde nach vielen Stunden ergebnislos abgebrochen. Freud war kein Verhaltenstherapeut. Nach der Pubertät verlor sich Tommys Störung von selbst.

Diese negative Erfahrung hinderte sie nicht daran, weiterhin Freud'sche Neuerscheinungen zu lesen und mit Ludwig und Hermine zu diskutieren. Was alle drei in seinem Werk vermissten, war die ethische Komponente. Was half alle Analyse, wenn sie nicht zur sittlichen Besserung eines Menschen führte!

„Das Unbehagen in der Kultur", 1930 erschienen, fand Margaret *jämmerlich schlecht*. Sie warf Freud vor, dass er sich in diesem Buch, wo er sich philosophisch gebe *und sich mit Schuld, Glück + derlei abgibt*, wieder einmal verrenne. Es komme nur *ein trauriger Stiefel* heraus. Dass das Lustprinzip die Leistung des seelischen Apparats von Anfang an beherrsche und den Lebenszweck setze, widersprach ihren Anschauungen zutiefst.

Auch Ludwig hatte ein ambivalentes Verhältnis zu Freud. Anders als seine Schwester war er vorsichtiger bei der Bewertung von Freuds Thesen, sprach ihm aber moralische Integrität ab: *Freud irrt sich gewiss sehr oft & was seinen Charakter betrifft so ist er wohl ein Schwein oder etwas ähnliches aber an dem was er sagt ist ungeheuer viel.*

Trotz aller Vorbehalte gegen den inzwischen berühmten Mann in der Berggasse suchte Margaret ihn 1937 auf und bat um eine didaktische Analyse. Sie habe so viel mit Jugendlichen zu tun, die vom rechten Weg abgekommen seien. Sie wolle die menschliche Psyche besser verstehen. Dass sie nicht nur als selbst ernannte „Sozialfürsorgerin" auf schwierige Fälle stieß, sondern auch in der eigenen Familie auf Verhaltensweisen, die ihr therapiebedürftig erschienen, dass sie möglicherweise auch Hilfe bei ihren eigenen Problemen suchte, verriet sie nicht. Der alte Freud, damals schon mit seiner

Krebserkrankung kämpfend, ließ sich auf diese sehr spezielle Beratung ein. Immer wieder mussten seiner Krankheit wegen Stunden abgesagt werden, immer wieder öffnete er ihr die Tür.

Margaret lernte ihn schätzen, gewann größte Hochachtung vor seinen menschlichen und analytischen Qualitäten. Mit ihrer Freundin aus Luzerner Tagen, Prinzessin Marie Bonaparte, Ehefrau des griechischen Prinzen Georg, Freundin, Schülerin und Patientin Freuds, die häufig nach Wien kam, um ihren Lehrer zu besuchen, teilte sie bald die Verehrung für Freud. Diese hatte sich gründlicher mit Freuds Schriften auseinandergesetzt und verteidigte ihn gegen Margarets Vorwurf, sein Werk entbehre ethischer Folgerungen.

„Margaret, die Triebbefriedigung ist doch für Freud ein komplexes Thema: Ursache von Glück und schwerem Leiden. Es geht ihm doch um die Abwehr des Leidens durch Sublimierung. *Am meisten erreicht man, wenn man den Lustgewinn aus den Quellen psychischer und intellektueller Arbeit genügend zu erhöhen versteht.* Ich bitte dich: entspricht das nicht genau deiner Art, dich vor Leiden zu schützen? Und steckt dahinter nicht das Postulat, sich auf diese Weise in die menschliche Gemeinschaft einzufügen?“

„Assez, Marie, je suis convaincue“, lachte Margaret. „Ich weiß schon längst, dass einige meiner früheren Urteile vorschnell waren. Seit ich Freud persönlich kenne, habe ich vieles revidiert.“

„Außerdem kenne ich kaum einen Menschen, der sich so der Schönheit verschrieben hat wie du. Was sagt Freud? *Die ästhetische Einstellung zum Lebensziel vermag für vieles zu entschädigen.* Deiner Kunstsammlung nach zu urteilen hast du jede Menge Ungemach, das du kompensieren musst.“

Das wollte Margaret nicht weiter vertiefen.

Nach dem „Anschluss“ Österreichs war den Freundinnen klar, dass Freud als Jude und als Vater der von den Nazis verhassten Psychoanalyse sofort ins Visier der neuen Herren geraten würde. Schon 1933 bei der Bücherverbrennung in Berlin waren seine Werke mit dem Ausruf gebrandmarkt worden: *Gegen seelenzerfasernde Überschätzung des Trieblebens, für den Adel der menschlichen Seele! Ich übergebe der Flamme die Schriften des Sigmund Freud.*

Freud hatte sarkastisch auf dieses Autodafé reagiert: *Was wir für Fortschritte machen! Im Mittelalter hätten sie mich verbrannt, heutzutage begnügen sie sich damit, meine Bücher zu verbrennen.*

Marie und Margaret sahen deutlich, dass es jetzt nicht mehr bei stellvertretenden Handlungen bleiben würde. Sie wollten für den „Adel der menschlichen Seele“, wie sie ihn verstanden, kämpfen und Sigmund Freud retten. Als erstes setzten sie amerikanische und englische diplomatische Kreise unter Druck, Freud Exil anzubieten. Der schwierigere Part war, Freud selbst davon zu überzeugen, dass eine Emigration dringend geboten war. Zwar hatte er schon 1934 an Arnold Zweig geschrieben: *Sie erwarten richtig, daß wir in Ergebung hier ausharren wollen. Wohin sollte ich auch in meiner Abhängigkeit und körperlichen Hilflosigkeit? Und die Fremde ist überall so ungastlich. Nur, wenn wirklich ein Hitlerscher Statthalter in Wien regiert, muß ich wohl fortziehen, gleichgültig wohin.* Aber von Anna Freud kam die Nachricht, ihr Vater sträube sich zu gehen, hoffe immer noch, dass ihn seine internationale Reputation schütze.

Das sahen Margaret und Marie Bonaparte illusionsloser. Also machten sie sich auf in die Berggasse. „Es geht ihm schlecht“, flüsterte ihnen Anna zu, bevor sie die beiden ins „Allerheiligste“ ließ.

Freud saß am Schreibtisch, blickte erstaunt auf, als er sie sah, „Welch edler Damenbesuch“, versuchte er zu scherzen. Er sah in der Tat angegriffen aus, die Augen müde hinter der dickwandigen Brille, der Mund leicht verzerrt, sein Kehlkopfleiden machte ihm zu schaffen. Im Aschenbecher verglomm eine Zigarre. Wenn er schon nicht rauchen konnte, musste er wenigstens den Duft inhalieren.

Marie ergriff die Initiative: „Mon cher ami, Sie müssen Wien verlassen. Sie werden mit Sicherheit in wenigen Tagen verhaftet. Madame Stonborough und ich werden alles tun, um Sie und Anna außer Landes zu bringen.“

„Können sich die Nazis das leisten, mich gefangen zu nehmen? Ich habe Freunde überall in der Welt, in Amerika …“

„Die Nazis werden es sich leisten. Sie kennen keine Namen, keinen Respekt, keine Hemmungen.“

„Ich bin in Wien zu Hause. Wo soll ich alter Mann noch hin? Mich kann man nicht mehr verpflanzen. Helft Anna, ins Ausland zu kommen. Lasst mich hier sterben.“

„Die Nazis werden Sie nicht in Ihrem Haus sterben lassen. Sie werden deportiert, in ein Arbeitslager gebracht, unter den unwürdigsten Bedingungen vegetieren, ohne ärztliche Hilfe.“

Margaret sah, dass die dicke Brille beschlug. Weinte Freud?

Alle schwiegen. „Geben sie mir ein paar Tage Zeit“, sagte Freud schließlich.

„Einen Tag, lieber Freund, nicht länger.“

„Wenn er sich nur nicht umbringt“, sagte Margaret, als sie und Marie das Haus verließen und ins Auto stiegen.

„Das glaube ich nicht, das wäre gegen seine Überzeugung“, versuchte Marie sie zu beruhigen.

Als sich am nächsten Tag eine fremde Stimme am Telefon mit „Freud“ meldete, blieb Margaret für einen Augenblick das Herz stehen. Es musste eine Tochter oder Schwester Freuds am anderen Ende der Leitung sein. Anna sei von der Gestapo verhaftet worden.

Da betätigten die beiden Freundinnen den Auslöser, auf dem stand: Höchste Zeit, Freud zu retten.

Margaret besann sich auf ihre Netzwerke, nutzte ihre amerikanische Staatsangehörigkeit, zog alle Register ihrer organisatorischen Künste. Den amerikanischen Geschäftsträger in Wien bewegte sie, bei der Gestapo dafür zu sorgen, dass Anna Freud innerhalb eines Tages wieder freigelassen wurde. Ihren Anwalt Alfred Indra spannte sie ein, um die endgültige Ausreiseerlaubnis zu erwirken. Marie Bonaparte streckte die Summe vor, die als „Reichsfluchtsteuer“ bezahlt werden musste, mehr als 30.000 Reichsmark. Die Formalitäten zogen sich hin.

Am 4. Juni 1938 schließlich bestieg Sigmund Freud mit Anna den Orientexpress, der ihn nach Frankreich brachte. Das Bild des 82-Jährigen und seiner Tochter, die sich aus dem Fenster des Eisenbahncoupés lehnen, Freud ernst, aber entspannt, Anna lachend, ging durch die Weltpresse. Margaret hatte dafür gesorgt, dass „ganz zufällig" ein Angestellter der amerikanischen Botschaft im Nebenabteil saß mit dem Auftrag, Professor Freud die Reise so angenehm wie möglich zu machen. In Paris erwartete ihn Marie Bonaparte, er konnte eine Nacht ausruhen. Am nächsten Tag ging die Fahrt weiter nach London. Vor der Abfahrt hatte Freud Margaret „Die Zukunft einer Illusion" mit Widmung „zum vorläufigen Abschied" geschenkt. Natürlich wussten beide, dass es eine endgültige Trennung war.

Aus der Elsworthy Road Nr. 39 in London schrieb Freud seinem Kollegen und Freund Max Eitingon nach Jerusalem: *Das Triumphgefühl der Befreiung vermengt sich zu stark mit der Trauer, denn man hat das Gefängnis, aus dem man entlassen wurde, immer noch sehr geliebt.*

Freuds Schwestern Pauline, Marie, Rosa und Adolfine blieben in Wien zurück und wurden 1942 deportiert. Eine von ihnen starb in Theresienstadt, drei Schwestern wurden in Auschwitz ermordet.

SELBSTMORD IST IMMER EINE SCHWEINEREI

Der Frühsommertag war herrlich. Mochten in Wien die Braunhemden durch die Straßen ziehen, die Hakenkreuzfahnen von allen öffentlichen Gebäuden wehen, der Alltag von immer neuen Maßnahmen und Vorschriften verdüstert werden, in Gmunden war die Welt noch in Ordnung. Margaret war, abgesehen von der Dienerschaft, allein auf ihrem Ansitz, was selten vorkam. Sie saß auf der Terrasse, blickte auf den in Lichtreflexen flirrenden See, trank ihren Nachmittagskaffee und versuchte sich zu entspannen. Die Aufregungen nach dem „Anschluss", die verzweifelten Anstrengungen, die Familie zu „arisieren", um ihre Schwestern vor der Willkür der Nazis zu schützen, die Rettung Freuds waren nicht spurlos an ihr vorübergegangen. Sie fühlte sich ausgelaugt, sterbensmüde, schwach. Ihr Herz schlug unregelmäßige Kaprizen, ihr Kopf raunzte unaufhörlich ein Thema in Moll.

Sie fuhr zusammen, als sie an der Stirnseite der Villa ein Auto vorfahren hörte. Es hatte sich niemand aus Wien angemeldet. Nun, Heinrich Postl würde den unerwarteten Gast in Empfang nehmen, sie musste sich nicht von ihrem Platz erheben. Als der Gast auf die Terrasse trat, erschrak sie zutiefst. Es war Jerome. Seine Augen lagen tief in den Höhlen, umgeben von schlammfarbenen Rändern, der Mund war zu einem schmalen Strich zusammengepresst, die kahle Stirn glänzte vor Schweiß. Er wirkte noch aufgedunsener und elender, als sie ihn zuletzt im März in Wien gesehen hatte. Da hatte er ihr von einer Krebserkrankung erzählt, von guten Chancen auf Heilung, war dann wieder nach Paris gefahren.

Er umarmte sie flach, setzte sich dann ohne ein Wort zu ihr an den Tisch. „Jerome, was ist dir? Kommst du aus Paris? Möchtest du etwas essen?" Ungerufen kam da schon die Köchin, brachte frischen Kaffee, Weißbrot, Käse und Erdbeeren. Jerome rührte nichts an. So verzweifelt hatte Margaret ihn nur nach dem Börsenkrach 1929 gesehen. Er sprach auch den Rest des Tages kaum. Manchmal weinte er. Margarets Gefühle schwankten zwischen Mitleid und Abscheu: Selbst wenn es einem schlecht ging, überließ man sich nicht dem Selbstmitleid, achtete man auf Contenance. Die Helferin in ihr blühte auf, gleichzeitig nahm sie es Jerome übel, dass er immer nur zu ihr kam, wenn er in einem Tief steckte, und sich die übrige Zeit in Paris nach Kräften amüsierte.

Diese Kräfte schienen geschwunden. Die körperlichen sichtbar durch Krankheit und Depression. Er war ein Mann Mitte sechzig, wirkte aber wie ein gebrechlicher Alter. Die finanziellen Reserven waren auch verbraucht, wie er irgendwann stockend berichtete. Er war mittellos, hatte schon Stück für Stück seine wertvolle Sammlung japanischer Kunst verkaufen müssen, sich von antiken Möbeln getrennt, ja, auch von den Louis-seize-Stühlen, die ihm Margaret vor Jahren gekauft hatte. Es gab für ihn keine Zukunft mehr im teuren Paris. Aber mit seinem jüdischen Hintergrund konnte er auch nicht mehr nach Wien ziehen.

„Und nach Amerika?", fragte Margaret.

„Dort wäre ich noch einsamer als überall sonst."

„Jerome, die Nazis können dir nichts anhaben, du bist Amerikaner. Du kannst in Gmunden bleiben."

„Und was soll ich hier? Die Wiesen mähen, Heu ernten?"

Warum nicht, dachte Margaret. Körperliche Betätigung war die klassische Therapie bei Depressionen. Sie kannte sich aus.

Am nächsten Morgen sah die Welt für Jerome nicht weniger trüb aus, auch wenn sich das Wetter alle Mühe gab, ihn aufzuheitern. Er hatte sich in einen Kokon aus Verbitterung und Pessimismus verpuppt. Postl legte im Salon Mozarts Oboenkonzert auf den Grammofonteller, aber Jerome riss den Tonarm mit heftiger Bewegung von der Scheibe. Margaret ließ ihren Mann in Ruhe, er musste sich erst einmal wieder fangen. Sie ging in die Stadt, um sich abzulenken.

Während sie in der Konditorei einige Petits Fours für den Kaffeetisch auswählte, hörte sie die Sirene einer Ambulanz. Es beschlich sie ein irritierendes Gefühl – ein paar Sekunden nur, dann hatte sie es verdrängt. Als sie von der Seite des Seeschlosses in den leicht ansteigenden Weg zur Villa einbog, meldete sich ihr Magen mit einer misslichen Empfindung. Irgendetwas stimmte nicht. Die Stimmen, die von ihrem Grundstück herüberschallten, waren entschieden zu laut. Und wessen Stimmen konnten das überhaupt sein? Sie beschleunigte den Schritt. Dann erblickte sie einen Polizeiwagen und den Ambulanzwagen, sah Sanitäter in weißer Kleidung, die eine verhüllte Trage in den Wagen schoben. Sie blieb stehen. Der Kopf wollte laufen, aber die Füße gruben sich in den Boden: Wenn sie nicht in die Nähe des Unglücks kam, war es vielleicht nicht geschehen.

Heinrich Postl entdeckte seine Herrin, kam heruntergelaufen und nahm sie beim Arm. Sie ließ sich wie eine Gliederpuppe von ihm zur Auffahrt ziehen. „Ihr Mann ist schon vom Personal identifiziert worden. Möchten Sie ihn noch einmal sehen?", fragte einer der Sanitäter und zog die mit einem Tuch verdeckte Bahre ein Stück aus dem Auto heraus. „Ein schöner Anblick ist es nie, wenn sich jemand in den Kopf geschossen hat." Margaret wandte sich ab.

Die Tage nach Jeromes Tod konnte sie später nicht erinnern, nur die gespenstische Ruhe, die in allen Räumen herrschte, als sei der Knopf am Radioempfänger ausgeschaltet worden. Selbst als sich das Haus mit Trauergästen füllte, die zu Jeromes Beerdigung gekommen waren, blieb die Lautlosigkeit wie eine weiße Hülle aus Musselin über allem liegen. „Wenn wenigstens einmal ein Kleinkind schreien würde", dachte Margaret. Aber in der Familie gab es keine kleinen Kinder mehr, Jeromes einziger Enkel lebte in Amerika, war inzwischen sechs Jahre alt. Freunde hatte er offensichtlich außerhalb der Familie keine, zumindest nicht in Österreich.

Ludwig hatte einmal gesagt, als er selbst von schweren Depressionen geplagt war: *Ich weiß, dass der Selbstmord immer eine Schweinerei ist. Denn seine eigene Vernichtung kann man gar nicht wollen.*

Jerome Stonborough wurde auf dem Friedhof in Gmunden begraben. Margaret verbrachte den Sommer im Park und am See, fuhr einmal nach Paris, um Jeromes Wohnung aufzulösen. Seine Verlassenschaft war geschrumpft. In Wien musste sie seinen Besitz, der in einigen Kunstobjekten bestand, in einem „Verzeichnis über das Vermögen von Juden" offenlegen.

Sie trauerte für sich. Wehrte Besuche ab. Schrieb keine Briefe, nicht an Mining, nicht an Ludwig, nicht an Tommy oder Ji. Weinte nicht, klagte nicht. Alle wussten, wie schwierig ihre Ehe gewesen war: Jerome hatte kein Talent gehabt, glücklich zu sein, wie hätte er andere glücklich machen können? Seine Aggressionen hatte er in hochfahrender Arroganz ausgelebt und nicht nur sie vor den Kopf gestoßen. Aber Margaret ging auch mit sich selbst ins Gericht: Hatte sie ihn nicht immer wieder in die Rolle des „prince escort" gedrängt, ihn ihre finanzielle und oft auch intellektuelle Überlegenheit spüren lassen? Die Villa Toscana in Gmunden auf ihren Namen gekauft, ohne ihn auch nur in die Planung des Um- und Ausbaus einzubeziehen, die Kundmanngasse mit Ludwig entworfen und ausgeführt, ihn dabei völlig ignoriert. Als wäre es eine Entschädigung gewesen, ihm Zimmer in beiden Häusern einzuräumen! Sie hatte ihn geliebt, hatte zu ihm gestanden, als die Liebe längst geschwunden war, hatte ihn sein Leben lang als Ehemann anerkannt. Aber hatte sie ihm jemals Zärtlichkeit geschenkt, Hingabe, sexuelle Lust? Sie hatte ihn nie betrogen – welch kleinliches Geschenk einer Frau, die niemals auch nur die Anmutung einer Verführung gespürt hatte, sich mit einem anderen Mann einzulassen. Sie hatte ihn immer betrogen, weil sie ihm viele Männer als Freunde und Gesprächspartner vorgezogen hatte.

Es war Margarets Art, auch ihr eigenes Verhalten kritisch zu befragen und zu versuchen, anderen Menschen Gerechtigkeit widerfahren zu lassen. Selbst einem Mann, unter dem sie mehr gelitten hatte, als dass sie mit ihm glücklich gewesen war.

DIE GEMISCHTE SOLUTION

Sie waren in zwei verschiedenen Zellen eingesperrt, auch das noch! Margaret hustete sich die Seele aus dem Leibe, sie litt an einer schweren Lungenentzündung. Und wenn ich jetzt in dieser Gefängniszelle sterbe, fuhr es ihr durch den Kopf: was wäre das für ein Ende! Schmählich, absurd, einfach grauslich. Sie musste an Mining denken, in einer anderen Zelle, nur wenige Meter von ihr entfernt, doch unerreichbar: Mining würde sich fürchten, sie konnte mit einer solchen Situation nicht umgehen, verließ sie sich bei allen schwierigen Situationen doch immer auf ihre Schwester, die tatkräftige Gretl. Aber auch der waren jetzt die Flügel gestutzt.

Wie hatte das passieren können, dass die ehrenwerten Wittgenstein-Schwestern und der nicht minder achtbare angeheiratete Neffe Arvid Sjögren im Polizeigefängnis auf der Roßauer Lände gelandet waren?

Gretl zupfte an ihrer Gefängniskleidung herum, die Jacke kratzte. Und war für die kalten Oktobertage und -nächte viel zu dünn. Ihr feines Kostüm aus Wollgeorgette hatte sie ausziehen müssen, allen Schmuck abgeben, auch die Uhr, was sie besonders schmerzte. Jetzt war sie wie eine Kriminelle mit anderen Strawanzerinnen zusammengesperrt, die sie spöttisch musterten: Auch ohne entsprechende Kleidung sah man Margaret an, dass sie aus einem anderen Stall kam als die Ladendiebinnen und Herumtreiberinnen.

Sie hätte auf Direktor Groller, den Vermögensverwalter der Familie, hören sollen, der hatte sie gewarnt. Aber der Wunsch, Hermine und Helene vor den Nachstellungen der Nazis zu retten, war stärker gewesen. Die Gerüchte, dass Deutschland aufrüste und einen baldigen Krieg plane, hatten die Panik-Gefühle verstärkt. Margaret hatte ja ihren amerikanischen Pass, ihren „Passepartout“, der ihr alle Türen öffnete. Paul hatte nach einer Vorladung vor Gericht, wo er des „Außerehelichen Verkehrs zwischen Juden und Staatsangehörigen deutschen oder artverwandten Blutes“ beschuldigt und ihm die Vormundschaft für seine Töchter Elisabeth und Johanna entzogen worden war, die „Reichsfluchtsteuer“ bezahlt und war im Juli 1938 ausgewandert, zunächst in die Schweiz, dann nach Amerika. Er empfahl Hermine und Helene, ebenfalls legal zu emigrieren, aber die sträubten sich mit Händen und Füßen, Wien zu verlassen.

Als sich eine Möglichkeit auftat, über einen renommierten Wiener Anwalt „völlig legal“ jugoslawische Pässe zu erwerben, mit denen die gefährdeten Familienmitglieder notfalls ausreisen konnten, ließ Margaret alle Vorsicht fahren und griff zu: Zwar waren die Schwestern entschlossen, aller Verfolgung in Wien zu trotzen, aber wie beruhigend, wenn man für alle Fälle ein Papier in der Schublade hatte, mit dem man ohne weitere Formalitäten Grenzen passieren und vielleicht in die Schweiz emigrieren konnte. Arvid Sjögren, Helenes Schwiegersohn, wurde mit dem Auto nach Agram geschickt, um die Pässe, für die der Wiener Anwalt als Vermittler eine beträchtliche Summe kassiert hatte, abzuholen. Arvid durchschaute sofort, dass sich hinter der angegebenen Adresse keine Regierungsstelle, sondern eine Fälscherwerkstatt verbarg, und die Schwestern erkannten auf den ersten Blick, wie miserabel die Fälschung war: die Daten waren verändert, die Unterschriften mussten angepasst, also gefälscht werden. Aber immerhin hatte man die Pässe bestellt und bezahlt. Die Fälschungen erledigte Margaret.

Die Geschwister und Arvid flogen auf, als die Kriminalpolizei die Fälscherwerkstatt aushob und die Liste der Kunden in die Hände bekam.

Nein, Margaret starb nicht im Gefängnis, aber ihre Lungenentzündung verschlimmerte sich so sehr, dass sie aus der Haft ins Inquisitenspital verlegt wurde. Dort gab es kein freies Bett, sie musste auf einer Matratze auf dem Steinboden liegen. Gegen eine hohe Kaution und durch die Intervention des amerikanischen Generalkonsuls wurden die Gefangenen schließlich freigesetzt. Margaret war noch lange krank, die Lunge erholte sich schließlich, die Nerven flatterten länger nach.

Die Pass-Affäre war damit nicht beendet. Im April 1939 wurde den drei Betroffenen, Margaret, Hermine und Arvid öffentlich der Prozess wegen Passvergehens gemacht. Unmittelbar vor Beginn der Verhandlung erhielten Hermine und Margaret die Mitteilung, dass ihr Verteidiger, ein Jude, mit Berufsverbot belegt sei. So mussten die Schwestern ihre Verteidigung selbst bestreiten, Arvid wurde von Dr. Indra vertreten, der die völlige Naivität und uneigennützige Hilfsbereitschaft seines Mandanten herausstrich. Hermine berichtete nüchtern den Hergang des Vergehens. Dann wurde Margaret in den Gerichtssaal geführt und trat an die Schranke.

Es war ein Auftritt.

Richter und Schöffen staunten nicht schlecht, als eine Dame die Anklagebank betrat, aufrechten Gangs, erhobenen Haupts, in makelloser Kleidung, der jede Demut vor dem Hohen Gericht abzugehen schien. „Hohes Gericht", hob sie mit fester Stimme an „Ich bekenne mich im Sinne der Anklage schuldig, allein schuldig. Meine Schwester und mein Neffe haben nichts mit der Sache zu tun, sie waren nur Ausführende meiner Anordnungen, ich allein trage die Verantwortung."

„Wollen Sie sagen, die beiden anderen Angeklagten waren nur Marionetten in Ihren Händen?"

„Sehr guter Vergleich, Herr Richter."

Oberlandesgerichtsrat Dr. Standhartinger schien sich zu amüsieren.

„Sie waren sich bewusst, einen Gesetzesbruch zu begehen?"

„Das war ich nicht, da mir durch einen ehrenwerten Advokaten vorgegaukelt wurde, dass die Beschaffung der Dokumente legal sei."

„Aber als kluge Frau wissen Sie doch, dass man eine Staatsangehörigkeit nicht kaufen kann."

„Ja, da ist eine Heirat entschieden der bessere Weg." Die Lachfalten des Herrn Oberlandesgerichtsrats vertieften sich. Endlich mal ein unterhaltsames Verhör, schien er zu denken, mit einer schlagfertigen Angeklagten statt einem zerknirschten grauen Mäuschen.

„In normalen Zeiten wäre ich auch nie auf die Idee eines solchen Unterfangens gekommen, aber die Zeiten sind ja nicht normal."

Na hoppla, da schau her, die Dame riskierte eine Lippe. Unterfangen klang nach Abenteuer und nicht nach Gesetzesbruch. Und der Hinweis auf die schwierigen Zeiten war zwar sachlich richtig, klang aber wie eine Kritik an der gegenwärtigen politischen Führung. Er musste die feine Wittgenstein-Dame unbedingt vom Eis herunterholen. „Würden Sie Ihre Motive als edel bezeichnen?"

„Als überaus edel, Hohes Gericht. Die Pässe sollten ja nie gebraucht werden, sie waren gedacht als psychologische Medizin bei extremer nervlicher Anspannung, unter der meine Schwestern litten."

„Frei verkäuflich, nicht verschreibungspflichtig", scherzte Dr. Standhartinger. Ein Schöffe hob irritiert die Brauen. Was lief da eigentlich ab zwischen Richter und Angeklagter?

„Und was geschah mit den Pässen? Soweit ich sehe, konnten sie konfisziert werden."

„Natürlich hätte ich sie sofort verbrannt, als ich wahrnahm, dass es sich um Fälschungen handelte. Ich verabscheue alles, was nicht rechtens ist. Aber ich hatte die Papiere kaum in Händen, als wir schon verhaftet waren. Die Wiener Polizei ist nun mal die effektivste der Welt."

Der Staatsanwalt plädierte auf Gefängnis. Das Hohe Gericht zog sich zur Urteilsverkündung zurück. Margaret fragte sich, ob sie den Bogen nicht überspannt hatte. Der Richter und sie hatten eine Partie gespielt, sich Bälle zugeworfen wie Connaisseurs, die die Spielregeln kennen und die Zuschauer dumm dastehen lassen. Aber die Schöffen hatten schließlich auch noch ein Wörtchen mitzureden. Und der Staatsanwalt war völlig immun gegen ihren Charme gewesen.

Der Richter kam gut gelaunt zurück, als hätte er zwischendurch ein Glas Champagner getrunken.

Offensichtlich war er stolz auf die spitzfindige Wendung, mit der er den Prozess zu einem für die Angeklagten günstigen Ende führen konnte. Er verglich die gefälschte Unterschrift unter einen gefälschten Pass mit dem Mordversuch an einem Toten, der schließlich nicht als Verbrechen gelte und geahndet werde.

„Es gibt noch Richter in Österreich", sagte Margaret, als sie mit Mining und Arvid den Gerichtssaal verließ.

„Eine Farce", kommentierte der Staatsanwalt den Prozess und kündigte Berufung an. Das hätte bedeutet, dass der Fall an eine höhere Instanz nach Berlin weitergeleitet würde. Aber Margarets Netzwerk war dicht geknüpft: Es fanden sich Freunde, die den Staatsanwalt umstimmen konnten, er zog die Berufung zurückzog. Wahrscheinlich war der zwielichtige Alfred Indra Drahtzieher dieses Komplotts. Er verstand sich ausgezeichnet mit den Nazis, verteidigte aber immer auch Juden, sofern vermögend.

Auf dem Weg, ihre Schwestern vor den Nazis zu schützen, war Margaret aber keinen Schritt vorangekommen. Das Wort „Geltungsjuden" stand wie ein Menetekel an der Wand, und der drohende Kriegsausbruch verschärfte die Situation. Jetzt setzte Margaret auf das bewährteste Mittel der Welt, um doch noch eine Lösung zu finden: aufs Geld. Die Nazis würden käuflich sein. Ein Krieg musste finanziert werden. Sie würde pokern.

Aber die finanziellen Verhältnisse waren kompliziert. Ein großer Teil des Wittgensteinschen Vermögens war in einer Schweizer Aktiengesellschaft namens „WISTAG" untergebracht. Zwar drängte die Deutsche Reichsbank die Familie, die Devisen in Reichsmark umzuwandeln und abzuliefern, aber diese Gelder waren bis zum Jahr 1947 als Kommanditeinlage festgeschrieben. Eine Auflösung der Gesellschaft und damit ein Zugang zu dem Vermögen war nur mit Einwilligung aller Geschwister möglich. Würde diese Einigung erreicht, konnte man sich von den Nazis eine „gemischte Solution" erkaufen. Das bedeutete: Der Großvater ungeklärter Abstammung Christian Hermann Wittgenstein würde als arisch anerkannt, damit bekäme die Familie den Status von „Mischlingsjuden" und wäre geschützt.

Margaret kannte hier keine moralischen Hemmungen, denn im Umgang mit den Nazis waren das Luxusgefühle, die man sich nicht leisten konnte: Geld oder Leben hieß deren brutale Devise. Ein Dr. Schöne, Rechtsanwalt der Reichsbank in Berlin, wurde zu Verhandlungen nach Wien ins Haus Wittgenstein in die Argentinierstraße gebeten. Gretl nahm sofort das Heft in die Hand. Der Schwager Max Salzer, Direktor Groller und Rechtsanwalt Indra mochten die vermögenstechnischen Details erläutern, Margaret aber gab die Marschrichtung vor: Schutz und gute Behandlung für ihre Schwestern im Austausch für das beträchtliche Vermögen im Wert von mehreren Millionen Reichsmark. *Von allen Teilnehmern an den vielen Besprechungen, die dann folgten, war aber naturgemäss sie selbst die Einzige, die imstande war, für uns in dieser Richtung zu wirken, denn sie brachte dazu eine nie schwankende Überzeugtheit mit, die allein dazu befähigt, Andere zu überzeugen, und sie sprach im Interesse ihrer Schwestern, die sie liebte! Sie wich auch keinen Augenblick von ihrem Standpunkt ab und vertrat ihn mit einer Energie, die sich mit der unseres Vaters vergleichen lässt*, erinnerte sich Hermine nach dem Krieg.

Die Verhandlungen wurden bei der Reichsbank in Berlin fortgesetzt, zogen sich monatelang hin. Dann tauchte das größte Hindernis für einen Vergleich auf – Bruder Paul. Er weigerte sich entschieden, seinen Anteil an dem Kapital herauszurücken. Bei seiner Emigration hatte er den Schwestern sein ganzes österreichisches Vermögen geschenkt, er sah nicht ein, den verbrecherischen Nazis auch noch sein ausländisches Kapital in den Rachen zu werfen. Aber ohne Pauls Einwilligung war eine Auflösung der Kommanditgesellschaft nicht möglich. Ludwig stand dem Unternehmen zwar auch skeptisch gegenüber, war aber kein Gesellschafter und hatte einen britischen Pass beantragt. Margaret fuhr nach Amerika, um im Verbund mit Ji ihren Bruder umzustimmen. Nein, er wollte sich nicht mit ihnen in seiner Wohnung treffen, er schlug ein Hotel am Madison Square vor.

„Mining und Lenka hätten doch wie ich Österreich verlassen können, können es vielleicht jetzt noch, wenn sie die Reichsfluchtsteuer bezahlen", beharrte er.

„Soll Lenka ihren kranken Max verlassen und Mining alles aufgeben, was ihr Leben ausmacht?", hielt ihm Margaret entgegen.

„Man macht keine schäbigen Verträge mit Verbrechern, man kriecht vor ihnen nicht zu Kreuze. Was hätte da unser Vater gesagt."

„Ich bitt' dich, Paul, red' nicht von der Ehre, wenn es dir ums Geld geht!"

„Kehr du nicht immer die Moralische heraus, wenn jemand nicht deine Meinung teilt."

Ji bearbeitete seinen Onkel ein weiteres Mal, setzte ihn unter Druck, war in der Wahl seiner Mittel nicht zimperlich, appellierte an die Verantwortung, ja an die Pflicht, für die Schwestern einzustehen. „Sonst hast du sie auf dem Gewissen!" Doch Paul weigerte sich. Er war wütend, sprach von Erpressung, schließlich habe er an die Zukunft seiner Familie zu denken. Hilde warte in Havanna auf die Möglichkeit, mit den Töchtern Elisabeth und Johanna nach Amerika auswandern zu können.

Ji zog unverrichteter Dinge ab, gab aber nicht auf, verbreitete in der Familie Pauls Weigerung, machte Stimmung gegen ihn, bis Paul schließlich aufgab. Es kam zu einer Einigung, die Paul aber niemals als Einverständnis ansah, sondern als Kapitulation vor der moralischen Repression seiner Schwestern. Nach seiner Verzichtserklärung konnte der Vertrag mit der Reichsbank am 21. August 1939 in Zürich unterzeichnet werden, am 30. August, zwei Tage vor Kriegsausbruch, erhielten die Schwestern die offizielle Bestätigung, *daß Hermann Wittgenstein als deutschblütiger Vorfahre sämtlicher Nachkommen anzusehen ist.* Damit wurden die Geschwister „Mischlinge ersten Grades". *Ich brauche Dir nicht zu sagen, welche unermeßliche Erleichterung die gemischte Solution ist*, schrieb Margaret an Ludwig.

Sie war in jeder Hinsicht teuer erkauft. Paul verzieh seinen Schwestern die „Erpressung" nie. Er weigerte sich, Margaret, Hermine oder Helene jemals wiederzusehen, nicht einmal in der Zeit, als Margaret sieben Jahre lang in New York Tür an Tür mit ihm wohnte.

Der berühmte Zusammenhalt der Wittgensteins war zerbrochen. Ihr Leben aber hatten sie vor den Nazis gerettet.

IM ZWEITEN EXIL

Ich bleibe hier, schrieb Margaret im Herbst 1939 an Ludwig. *Einstweilen lebe ich in den Tag hinein.*

Das klang trotzig. Es war Margarets Versuch, sich den Nazis zu widersetzen, dem Krieg die Stirn zu bieten, sich nicht den Verhältnissen zu beugen, in Wien zu bleiben. „Ich lebe in den Tag hinein" klang auch nach Renitenz: Ich räume den Nazis keine Macht über mein Leben ein, ich warte einfach ab, bis sie wieder verschwunden sind. Der innere Widerstand vermochte aber nicht, den Krieg und seine Folgen aufzuhalten. Gleich nach Ausbruch wurde die Villa Toscana in Gmunden beschlagnahmt und in eine NS-Kaderschule umgewidmet. Nur das Gästehaus wurde der Familie gnädig zum Gebrauch überlassen.

Ende 1939 musste Margaret erkennen, dass sie nicht bleiben konnte. Ihr amerikanischer Pass lief ab, sie wollte ihn nicht verlieren, er war ihre Lebensversicherung. Alles in ihr sträubte sich, ein zweites Mal ins Exil zu gehen. In düsterer Stimmung saß sie in der „Kleinen Villa" in Gmunden, musste mit ansehen und anhören, wie sich im Haupthaus und im Park die Nazis breitmachten, ohne jedes Gefühl für die Eleganz des Anwesens, die Schönheit der Anlagen. Sie brütete über einem Ausweg, aber es fand sich einfach keiner.

Ludwig schrieb sie voller Verzweiflung: *Ich sollte bald abreisen, meines Passes wegen, aber ich kann es nicht glauben, dass mir nicht auf irgend eine Weise diese Abreise erspart werden wird.*

Sie blieb ihr nicht erspart.

Bevor sie Österreich verließ, lagerte sie einige der wertvollen Kunstschätze ihres Hauses in der Kundmanngasse ein, zum Teil in einem Depot unter der Peterskirche. Das Familiensilber vergrub sie im Garten. Einige wertvolle Handschriften, darunter Original-Partituren von Beethoven, Wagner, Schubert und Brahms konnten sie und Ji außer Landes schmuggeln. Heinrich Postl würde im Haus die Stellung halten, Dr. Indra den Immobilienbesitz verwalten.

Im Jänner 1940 fuhr sie von Genua aus mit dem Schiff in die USA. Sie mietete sich in New York in einem Hotel ein, hoffte sie doch, dass ihr Aufenthalt nur von kurzer Dauer wäre. Amerika war zu diesem Zeitpunkt noch neutral, so beabsichtigte sie beim State Department die Verlängerung ihres Passes und die Rückreise nach Österreich zu erwirken, das bedeutete jetzt: die Einreisegenehmigung in ein „kriegführendes Land": *Ich hoffe es gelingt mir denn ich glaube, ich gehöre nachhause. […] Es geht mir hier innerlich nicht gut.* Obwohl sie eine Meisterin im Umgang mit Behörden war und fast immer ihre Ziele erreichte, musste sie dieses Mal kapitulieren. Amerika wollte seine Bürgerin nicht ins Deutsche Reich entlassen. Schweren Herzens musste sie sich auf ein längeres Exil einrichten.

Doch konnte sie das Land, das ihr umfänglichen Schutz als Staatsbürgerin bot, nicht als Heimat adoptieren. Wenn ihr Sohn Tommy sie besuchte, klagte sie ihm ihr Leid: die Sehnsucht nach ihrer Familie und den Freunden in Wien. „So, bin ich denn etwa nicht Familie, Mom? Und dein Bruder wohnt auch um die Ecke. Vielleicht wäre eine Versöhnung fällig."

Tommy verstand nicht, wie schwer es für sie war, ohne die Menschen leben zu müssen, mit denen sie so eng verstrickt und verwoben war wie mit ihren Schwestern, den Salzers, Neffen und Nichten, dem musikalischen Duo Heinrich Postl und Rudolf Koder, mit Ludwig Hänsel, Oscar Wollheim und allen anderen Freunden, die ständig in der Kundmanngasse ein- und ausgegangen waren. Mit ihnen teilte sie ihre Geschichte und die Sprache der Gemeinsamkeit.

Und jetzt konnten sie sich nicht einmal schriftlich austauschen. Briefe waren immer und überall Margarets Überlebensmittel gewesen. Post von Hermine hatte jeden Tag zum Leuchten gebracht, den Himmel und die Seele erhellt. Briefe aus Österreich, nunmehr Ostmark des Deutschen Reichs, kamen nicht mehr an. Oder sie wurden erst gar nicht mehr geschrieben, weil die Absender fürchten mussten, der konspirativen Beziehung zum feindlichen Ausland verdächtigt zu werden. Nur mit Ludwig in England konnte sie noch korrespondieren. Ihm war im Jänner 1939 der Lehrstuhl seines Vorgängers George Edward Moore angeboten worden, im Oktober nahm er die Professur an. Nach seiner Berufung wurde er britischer Staatsbürger.

Vorsichtshalber schrieb Margaret ihm nur auf Englisch, um bei den Behörden nicht den Verdacht zu erwecken, sie sei eine deutsche Spionin.

Wenn ihr ein Wort fehlte, half sie sich mit deutschen Einsprengseln: *It is befremdend. It is eine Vergewaltigung, such a different Nährböden* (sic). Eine gewisse Lässigkeit entwickelte sie darin, österreichische Ortsnamen zu anglisieren. Hochreith und Laxenburg nannte sie Highright und Laxborough. Wien nannte sie als Verbeugung vor Mining „Aunt Minni's town". Aber sie hatte keine Freude an den Verfremdungen.

Ihre Tage färbten sich in depressives Anthrazit. Sie lebte mehr in der Vergangenheit als in der Gegenwart. Doch riss sie sich aus der elegischen Stimmung heraus, als sie neue Herausforderungen witterte: „Ich werde gebraucht, darum bin ich."

Auf Umwegen erreichten sie Hilferufe von jüdischen Freunden aus der Heimat, die unter dem Druck massiver Verfolgung standen. Margaret kümmerte sich um Affidavits und Tickets und konnte Freunden wie Oscar Wollheim zur Einreise in die USA verhelfen. Um einer alten Freundin der Familie, Luise Pollitzer, die Flucht in die Staaten zu ermöglichen, brauchte sie einen zweiten Bürgen, der den Unterhalt garantierte. Sie wandte sich schweren Herzens an Paul. Dieser gab seine Unterschrift, weigerte sich aber, seine Schwester zu sehen.

Neben der selbstlosen Sorge für jüdische Freunde winkte eine von Margarets Lieblingsbeschäftigungen: sich eine neue Wohnung einzurichten. Denn das Leben im Hotel wurde ihr auf die Dauer zu teuer, auch lebte sie nicht gern in Provisorien. Sie kaufte sich eine Wohnung in der vornehmen Park Avenue in Manhattan und stattete sie – auch mit begrenzten Mitteln – höchst elegant aus. Von ihrer Hausnummer 563 aus konnte sie täglich zu Fuß in den Central Park gehen, in Konzerte, in die Met.

In all dieser Düsternis von Krieg, Tod und Exil gab es für Margaret einen Lichtblick: ihren Enkel Pierre. Jeden Samstag kam er zu ihr in die Park Avenue. Dann kochte sie ihm österreichische Leibspeisen, saure Leber mit Zwiebeln, Tafelspitz mit Kren, Frittatensuppe, Kaiserschmarrn und Topfenstrudel. Der Zehnjährige war aufgeweckt, sprach natürlich nur Englisch. Bald war er gewitzt genug, um brav das Pflichtprogramm mit der Großmutter zu absolvieren – Bücher lesen oder vorlesen lassen, französische Vokabeln lernen, Mathematikaufgaben lösen, klassische Musik auf dem Grammofon hören und sich erklären lassen – und dann ins Kürprogramm einzusteigen: ins Kino gehen und anschließend beim Zuckerbäcker Schey die besten Wiener Schleckereien einkaufen. Pierre liebte die Dobos-Torte.

„Warum sagst du manchmal Ji zu mir?“, fragte er spitzbübisch. Denn er wusste ja die Antwort. „Tschapperl, für einen Enkel bin ich einfach zu jung, du bist eben wie ein Sohn für mich.“

Pierres Mutter Helen hatte die traumatische Erfahrung vom Tod ihres zweiten Kindes und die Scheidung von Tommy nicht verwunden. So versuchte Margaret ihrem Enkel Halt und Geborgenheit zu geben, die er bei seiner Mutter nicht fand. Sie war allerdings zutiefst unzufrieden mit seiner schulischen Bildung. Pierre besuchte eine reformpädagogische Schule, die nach den Erziehungsideen John Deweys den Kindern statt traditionellem Lernen selbstbestimmte Erfahrungen verschrieb, um sie so zu demokratischen Bürgern zu bilden.

„Pierre, was hast du denn diese Woche gelernt?“

„Wir konnten uns aussuchen, ob wir im Schulgarten arbeiten oder töpfern wollten.“

„Na schön, das habt ihr nachmittags gemacht. Und vormittags?"

„Auch vormittags. Wir konnten aber auch Cowboy und Indianer spielen, und die Mädchen haben Quilts genäht. Wozu man eben Lust hatte."

„Und du, wozu hattest du Lust?"

„Ich habe mit anderen Jungen Lieder zur Mundharmonika gesungen."

„Und was für Lieder?"

„It's a Long Way to Tipperary und so. Kennst du ja doch nicht."

„Und was hast du in Mathematik gelernt, in Literatur, in Französisch, in Geschichte?"

„Ich kann auch französische Lieder singen."

Aber Margaret wollte keine Chansons hören. Sie telefonierte mit Tommy: „Pierre lernt nichts auf dieser Schule. Du musst ihm eine andere suchen. Es ist eine Katastrophe. Ein kluger Junge, der nichts als ein bisschen herumträllern kann."

„Mama, du übertreibst!"

„Tu ich nicht, Tommy. Kümmere dich um ihn!"

„Helen schwört auf diese Schule. Pierre ist glücklich dort."

„Sind wir verdammt noch mal dazu auf der Welt, um glücklich zu sein, Tommy?"

Auf der anderen Seite der Leitung entstand eine Pause. Margaret war es, als hörte sie eine Frau im Hintergrund lachen.

„Vielleicht schon", antwortete Tommy.

Da legte Margaret den Hörer auf.

DIE MELANGE DES HEIMWEHS

Gräfin Blanka Kronacker-Deym hatte sie in ein Restaurant in Soho eingeladen. Solche Gesten waren ein Dank für Margarets Gastfreundschaft, die es Blanka ermöglichte, mit ihr das Apartment in der Park Avenue zu teilen. Nach dem Dessert fragte sie: „Noch einen Kaffee?" Mit Blitz und Donner schlug das Heimweh in Gretls Seele, mit diesem vermaledeiten Wort Kaffee! Das Wiener Zuhause verdichtete sich im Flüssigen: die Erinnerung an einen Einspänner im Sacher, einen Verlängerten im Imperial, eine Melange im Central, wo schwarzbefrackte Ober das Silbertablett brachten, die dünnwandige Tasse, die Zuckerdose mit silbernem Schäuferl,

Briefe aus dem Exil: Margaret und Blanka Kronacker-Deym in New York, etwa 1943/44.

das Kännchen mit heißschäumender Milch … Wenn der Duft des frisch Gebrühten nicht einfach in die Nase strich, sondern alle Poren des Körpers ausfüllte, der erste Schluck fast die Zunge verbrannte, seliges Vergnügen durch die Kehle rann: dann war der Tag ihrer, breitete sich Wien in Leib und Seele aus.

Und jetzt dieses Gebräu in Amerika, bei dem sie schon jeden Appetit verlor, wenn sie nur in den plumpen Becher blickte: auf den Grund der Nichtigkeit. Da konnte die Kellnerin mit zuckersüßem Lächeln an den Tisch kommen und einen Refill anbieten, sei doch das Nachfüllen im Preis inbegriffen, Margaret hätte am liebsten gesagt: „Thank you, my dear, but it's absolutely awful."

„Keinen Kaffee bitte, Blanka, dieses Pulverzeug schmeckt doch wie Mäusedreck. Lieber einen Martini."

Sie hätte Sigmund Freud fragen sollen, warum gerade Kaffee solch eine Sehnsucht nach Hause auslöste, und warum sie überall und überhaupt so von Heimweh gepackt und geschüttelt wurde, gerade sie, die doch in so viele Länder gereist und in verschiedenen gelebt hatte, und nicht nur im Exil. War sie doch sogar Amerikanerin geworden, hatte ihr Vater-Land abgestreift und Ehemanns-Land angenommen. Freud hätte ihre Österreich-Fixierung vermutlich auf eine Kompensation libidinöser Triebregungen zurückgeführt, wie ja alle weiblich-neurotischen Störungen seiner Ansicht nach aus der Hystera kamen.

Margaret lehnte solche Erklärungen entschieden ab. Sie war sich sicher: Ihre Liebe zu Österreich kam nicht aus der Gebärmutter, sondern aus dem Herzen, ihrem ach so schwachen Herzen. In diese Liebe war sie eingenäht, man risse ihr die Kleider, ja die Haut vom Leibe, wenn man ihr Land und Leute nähme. Vielleicht meinte sie ja auch gar nicht das real existierende Land, sondern ein Wunschbild, das es nur in ihrer Fantasie gab. „Patriotismus ist die Liebe zu einer Idee", sagte Ludwig.

Schon als junges Mädchen, eben dem Kindesalter entwachsen,

hatte sie Symptome von Heimweh gezeigt. Sie war für wenige Tage zu Verwandten nach Böhmen geschickt worden, zu einer liebevollen Tante. Nach nur einem Tag in der Fremde schrieb sie einen Brief an die Eltern: Wenn sie nicht sofort abgeholt würde, werde sie zu Fuß nach Wien laufen. Sie löschte die Tinte, verschloss den Brief und schickte ihn ab. Später fand ein Cousin das Löschpapier, hielt es gegen den Spiegel und las belustigt die Herzensergüsse der Vierzehnjährigen.

Ihre Liebe bewies sich darin, mit welch insistierender Lust sie über das Objekt ihrer Begierde herzog. Alle Österreicher waren verkappte Faschisten, alle Politiker mit Dummheit geschlagen (was ja die Eingangsvoraussetzung für den Dienst war), alle Beamten Speichellecker, die Adeligen allesamt dem Geschlecht der Schmarotzer entsprungen.

Gerade der Adel war die beliebteste Zielscheibe ihres Spotts. Da stand sie ganz in der Tradition ihres Vaters Karl, der es abgelehnt hatte, in den Adelsstand erhoben zu werden. Er wollte ein Herr aus eigenem Recht und Vermögen sein und nicht aus verliehenem. Obgleich Margaret mit ihrer Familie sieben Jahre lang, von 1921 bis 1928, in einer Etage des prachtvollen, von Fischer von Erlach erbauten Palais derer von Schönborn-Batthyány in der Renngasse gewohnt hatte und seit dieser Zeit Georg von Schönborn Tommys bester Freund war, änderte das nichts an ihrer Abneigung gegen den Adel. Dass Jerome mit einem der Fräuleins Schönborn eine Affäre gehabt hatte, spielte dabei kaum eine Rolle. Aber die völlige Nutzlosigkeit der Aristokratie, die sich auf abgehalfterten Privilegien ausruhte, statt produktiv in die Welt zu wirken, war ihr ein Graus. „The dead are dancing with the dead“, zitierte sie dann gern Oscar Wilde.

Ihr Schmäh war zupackend, ihre Witze deftig. „Der liebe Gott saß auf der Zugspitze und schnitzte die Menschen. Alles, was ihm nicht gefiel, warf er nach hinten über die Schulter!“

Aber am Ende aller Schmähungen stand immer das Wort „Trotz“. Trotz aller Schattenseiten und haarsträubendem Misswuchs konnte man nirgendwo anders in der Welt leben als in Wien – oder eben in Gmunden.

Die Geschwister und Freunde machten sich manchmal über Gretls „Austrozismus“ lustig. Sie trug ihn mit Stolz und blanker Stirn. Mining, die ja anders als ihre weltläufige Schwester in ihrer Heimatstadt verwurzelt und nur schwer aus ihrem *gewohnten Wiener Trott* zu bringen war, fand das Heimwehgejammere, das Gretl immer und überall anstimmte, wenn sie nicht zu Hause war, befremdlich. Es gab nichts, was Gretl nicht „brennend“ interessierte, kein Brief, den sie nicht als heilsames Medikament gegen ihre bleiche Sehnsucht nach Wien feierte.

Einmal jedoch verlor die sanfte und geduldige Mining die Geduld mit ihrer Schwester. Die beiden Frauen hatten eine Reise nach Rom unternommen, beide sich mit nicht ermüdendem Enthusiasmus in die Schönheit der Stadt gestürzt, Museen und Kirchen in einer solchen Anzahl besucht, als müssten sie einen Preis fürs Kerzenanzünden gewinnen. An einem Abend standen sie auf der Piazza Navona. Der beleuchtete Vierströmebrunnen Berninis zu Füßen des Obelisken ergoss sich in barocker Fülle. Die Menschen schlenderten auf dem wie ein Circus angelegten Platz umher, die Kinder spielten Fangen vor der Kirche Sant'Agnese in Agone oder versuchten sich mit Brunnenwasser nass zu spritzen. Die monumentale Erhabenheit des Platzes und die Ungezwungenheit italienischen Lebens verquickten sich aufs Schönste zu einer lärmenden voglia di vivere. „Schau dir an, wie die untergehende Sonne den Marmor ins Zinnober verfärbt!“, brach es nahezu ekstatisch aus Hermine heraus. Gretl sagte rau: „Hör auf mit der blöden Schwärmerei, Mining. Das ist jetzt genug. Morgen fahre ich zurück nach Wien.“

„Du bist meschugge“, empörte sich Hermine. „Du spinnst. Am liebsten würde ich dir vor allen Leuten eine Ohrfeige verpassen. Vier Tage vorher als geplant abzureisen, was ist denn das für eine Schnapsidee?“

„Ich habe solche Sehnsucht nach Wien, so einfach ist das.“

Hermine zog ihre heimwehkranke Schwester wie ein Kind (sonst waren die Rollen oft umgekehrt!) auf den Campo de' Fiori, wo gerade die Restaurants im Freien öffneten. Sie bestellten Kalbfleisch mit Steinpilzen und einen Rotwein aus dem Chianti, der ihnen besser schmeckte als die edlen Bordeaux-Weine aus dem Keller des Vaters. Zum Nachtisch gab es eine Eiercreme auf Biskuit, die mit Mocca aromatisiert war. Gesättigt und vom Wein beschwingt kamen die jungen Damen ins Schwatzen, der Kellner nötigte ihnen noch einen Grappa auf. „Und morgen stehen die Vatikanischen Museen auf dem Programm", wandte sich Hermine triumphierend an Margaret, „und jetzt sag nochmal ‚Nein'!"

Da kapitulierte Gretl. Vor Michelangelo musste man in die Knie gehen. Sie erklärte sich bereit, den nächsten Tag noch in Rom zu bleiben. Dann sehe man weiter.

„Sonst hätte ich dir morgen auf dem Bahnhof die Ohrfeige geben müssen. Die Italiener lieben Temperamentsausbrüche. Die hätten mir applaudiert. Ich wäre der Star des Tages gewesen." Margaret stellte sich Mining als Schlägerin vor, umringt von begeisterten Italienern, die im Chor „Da capo" riefen, und musste so laut lachen, dass der Kellner kam und einen weiteren Grappa anbot. „Untersteh' dich", warnte Mining, „sonst kannst du morgen die Libysche und die Delphische Sybille nicht auseinanderhalten."

„Solange ich Gottvater und Adam unterscheiden kann und beim Jüngsten Gericht die Guten und die Bösen, werde ich die Sistina erhobenen Hauptes verlassen!"

„Ich hätte noch wochenlang in Rom bleiben können", verkündete Margaret fröhlich, als die Schwestern vier Tage später, genau nach Plan, in Wien eintrafen. „Überhaupt lernt man nur etwas auf Reisen!"

Hermine lächelte sanft. Sie wartete auf den nächsten Ausbruch der chronischen Krankheit, die Gretls Heimwehkoller hieß.

UNTERHALTUNGEN FÜR DIE LINKE HAND

Es war sogar in der „New York Times" angekündigt, wenn auch nur in einer zweizeiligen Anzeige. Der Rundfunk brachte Hinweise, und in den Schaukästen der Town Hall warben Plakate: Benjamin Britten, „Diversions" für Orchester und Klavier, für die linke Hand. „Columbia Concert Orchestra, Conductor: Charles Lichter, Soloist: Paul Wittgenstein". Town Hall, 13. März 1942. Es war ein Nachmittagskonzert, das live auf dem Klassiksender WQXR übertragen wurde.

Es gab Margaret einen Stich ins Herz. Seit drei Jahren hatte sie ihren Bruder nicht gesehen, seit zwei Jahren lebte sie mit ihm in der gleichen Stadt, aber die Gräben zwischen ihnen waren tiefer als das Flussbett des Hudson River. Paul hatte seinen Schwestern den ihm abgenötigten Verzicht auf sein Vermögen nicht verziehen, vor allem Margaret nicht, die er als Drahtzieherin dieses Deals ansah.

Margaret wollte Paul sehen und hören, so schmerzhaft es auch sein mochte, ihn nicht in vertrauter Umgebung im Musikzimmer des elterlichen Palais oder im Wiener Musikverein spielen zu hören, wo er als der berühmteste einhändige Pianist Triumphe gefeiert hatte. Es hatte ihr imponiert, dass ihr Bruder das Trauma seiner Verstümmelung überwunden und seine Versehrtheit umgemünzt hatte in eine neue Kunst. Ein Wittgenstein eben. Und wie viele namhafte Komponisten hatten eigens Stücke für Klavier zu linker Hand für ihn geschrieben, Auftragswerke, teuer von Paul honoriert – nicht immer nach seinem Geschmack. Maurice Ravels Konzert hatte er in Wien mit eigenmächtigen Veränderungen gespielt. Der Komponist war anwesend und in Entrüstung erstarrt. Paul Hindemiths „Komposition für Klavier zur linken Hand" hatte Paul zu spielen sich geweigert. Trotzdem: Wer konnte sich schon rühmen, dass Sergej Prokofjew, Richard Strauss, Erich Korngold, Hindemith und Ravel eine Komposition eigens einem Solisten dediziert hatten. Und jetzt Benjamin Britten!

Nein, Paul hatte nicht auf Mitleid hoffen müssen, es war ihm ein Graus, wenn einer nur das Wort Mitleid aussprach, er überzeugte durch seine Musikalität, die nicht unter der Amputation gelitten hatte, und durch außerordentliche Virtuosität. Wie oft hatten Freunde beteuert, dass man, hätte man nicht den rechten, leer herunterbaumelnden Ärmel des Pianisten gesehen, keine Sekunde zweifeln würde, das Klavier zweihändig gespielt zu hören. Auch die Wiener Blätter hatten nach seinen Konzerten gejubelt: Allein die Geschwindigkeit, mit der seine Finger über die Tastatur jagten, sei atemberaubend. *Paul Wittgenstein findet reiche und anstrengende Beschäftigung für seine ins Märchen gehörige Linke. Sie herrscht über die Tasten, herrscht über das Orchester. Erstaunliche Energie und Können des Künstlers, die uns, wenn wir die Augen schließen, einen zweihändigen Pianisten vortäuschen. Er trug nun auch bei dem Publikum der philharmonischen Konzerte rauschenden Erfolg davon*, schrieb Julius Korngold im „Neuen Wiener Tagblatt“ nach der Aufführung von Richard Strauss' „Panathenäenzug“.

Im Ausland war die Anerkennung fast noch größer gewesen. Er hatte unter den berühmtesten Dirigenten seiner Zeit in London, Amsterdam, in Paris, Turin, Prag gespielt, Tourneen durch Polen, die Sowjetunion und schließlich 1934 durch Amerika unternommen: Boston, New York, Detroit, Los Angeles waren einige der Stationen, in denen er triumphale Erfolge feierte und einhelliges Lob der Kritiker erfuhr: *Man fühlt sich bereichert durch die einfühlsame Phrasierung dieses Künstlers, dessen unglaubliche Technik sich stets dem Ausdruck des musikalischen Gedankens unterordnet.*

Margarets Gefühle waren ambivalent: einerseits war sie stolz auf ihren Bruder. Andererseits hielt sie es für eine Marotte, alles mit links machen zu wollen, eine Sünde gegen den Geist der musikalischen Interpretation.

Margaret bat ihre Freundin Blanka Kronacker-Deym, sie in den Konzertsaal zu begleiten. Schlüpfte im Dunkel auf einen der hinteren Plätze im Auditorium, damit Paul sie nicht zufällig beim Applaus erspähte: *Ich wollte ihn sehen (aber er sollte mich nicht sehen).*

Als Paul sich vor dem Konzert verbeugte, erhob sich freundlicher Beifall. *Er sieht gut aus & erstaunlich jung & so sympathisch wie eh und je auf dem Podium*, schrieb Margaret später an Ludwig. Der Dirigent fasste den Pianisten bei seinem linken Arm und hob diesen etwas zu demonstrativ in die Höhe. Die Amerikaner waren ja viel unbefangener als die Österreicher, die immer Angst hatten, dass eine gefühlvolle Geste peinlich und pathetisch ausfiel. In Amerika feierte man den mutigen Cowboy, auch wenn dieser nicht auf dem Rücken eines Pferdes, sondern auf dem eines Flügels ritt und das Lasso nur mit einer Hand bedienen konnte. Mit dieser einen Hand versuchte Paul die Menschen einzufangen.

Paul Wittgenstein, Pianist.

Brittens nur wenig mehr als zwanzig Minuten dauerndes Stück kreist um ein Thema mit mannigfaltigen Variationen, so wie auch der Titel „Diversions" zwischen Bedeutungen schwankt: Unterhaltungen, Abzweigungen, Umleitungen. Das Klavier hatte es nicht leicht, sich gegen die gebieterischen Bläser durchzusetzen, gegen Hörner, Trompeten und Pauken. Aber nicht einmal in den kantablen Passagen am Anfang kostete Paul das Strömen und Fließen der Melodiestimme aus, gab der Bezeichnung „Romance“ nicht das Maß an Empfindung, das sie verlangte. Im Dialog mit den Violinen akzentuierte er zu stark, als müsse er seine musikalische Dominanz beweisen. Er brachte das Klavier nicht zum Singen, obwohl ihm Britten solistische Partien geschrieben hatte, die an Vogelgezwitscher gemahnten. Statt darauf zu vertrauen, dass sein Instrument im Pianissimo verführen und verzaubern konnte, hieb Paul gewaltig in die Tasten, orgelte auf dem Pedal, kämpfte mit dem Orchester wie in einer gewalttätigen Auseinandersetzung, spielte, befeuert durch die auftrumpfenden Blechbläser, eine Art Walkürenritt, ratschte über die Klaviatur, setzte die Läufe in ein harsches Staccato, und auch das Adagio am Schluss brachte ihn nicht mehr von seiner Tour de Force ab, ließ die Tarantella in einen rauschhaften Sturm münden. Nach dem letzten Takt riss er seinen Arm in großem Schwung in den Bühnenhimmel wie ein Ausrufezeichen.

Margaret umklammerte die Hand ihrer Freundin, spürte nicht, dass sie deren Finger quetschte. Was Paul da ablieferte, war nicht die Kunst des subtilen musikalischen Ausdrucks, das war Effekthascherei. Er hatte Britten verprügelt.

Paul verbeugte sich nach dem letzten Ton, der Dirigent riss dieses Mal, wohl aus Versehen, den rechten leeren Ärmel Pauls in die Höhe, der Applaus brandete auf, verebbte aber auch sehr schnell. Margaret schlich sich aus dem Saal, unerkannt und fast verschämt, auf solche Erfolge ihres Bruders wollte sie nicht angesprochen werden. Blanka spürte die Turbulenzen in Margarets Seele, sie schlug vor, einen Drink im Waldorf-Astoria-Hotel zu nehmen, dessen Bar sich ideal für angeregte Gespräche nach einem Konzert anbot. Aber Margaret war nicht angeregt, sie war offensichtlich deprimiert.

In ihrer Wohnung setzte sie sich an den Schreibtisch, blieb lange regungslos sitzen, wie gelähmt von dem, was sie erlebt hatte: Pauls Niedergang als Künstler.

Dann holte sie Schreibpapier heraus und schrieb – weil Schreiben immer gut war gegen aufkommenden Trübsinn – an Ludwig:

Er [Paul] spielte viel schlechter. Wahrscheinlich kann man nichts anderes erwarten, denn er versucht hartnäckig, etwas zu tun, was eigentlich unmöglich ist. Es ist eine Vergewaltigung – ja, er ist krank.

Die Kritik in der „Times“ war überaus freundlich. Sie lobte zudem das patriotische Engagement des Pianisten, der, obgleich österreichischer Abstammung, immer wieder in Konzerten für amerikanische Soldaten auftrete.

DER HIMMEL BESSRER ZEITEN

Vom Eintritt der USA in den Krieg im Dezember 1941 war auch Margaret unmittelbar betroffen. Jetzt kämpften ihre Söhne, einschließlich der Ziehsöhne, an verschiedenen Fronten: Ji hatte sich freiwillig zur kanadischen Armee gemeldet, Tommy kämpfte in der US-Army, Jochen von Zastrow kämpfte ebenfalls auf amerikanischer Seite, bei der Luftwaffe, Wedigo von Zastrow in der deutschen Wehrmacht. Die Sorge um das Schicksal der vier jungen Männer sollte sie nicht mehr verlassen.

Aus Wien erreichte sie auf Umwegen über die Schweiz die Nachricht, dass unmittelbar nach den Ereignissen von Pearl Harbor und der amerikanischen Kriegserklärung das Kundmanngassenhaus im Handstreich von den Nazis besetzt und in ein Lazarett umgewandelt worden sei. Es galt jetzt als feindliches Eigentum, keinerlei Rücksicht war mehr vonnöten. Heinrich Postl war inzwischen eingezogen worden. Im Haus befanden sich nur noch Margarets ehemalige Sekretärin Bertha Prohaska und eine alte Hausgehilfin, die den NS-Leuten keinen Widerstand leisten konnten, sondern zusehen mussten, wie sich diese an Kunstgegenständen und Bildern, die sich noch im Haus befanden, bereicherten. Bertha Prohaska tötete sich wenig später mit Leuchtgas, um der drohenden Deportation zu entgehen.

Der Krieg zog sich hin. Margaret betreute ihren Enkel, spielte mit Oscar Wollheim mehr schlecht als recht Schach, las Bücher über Psychoanalyse, besuchte Museen und Galerien. Jeden Mittag erhielt sie einen Anruf von ihrer Schwägerin Aimee, immer just dann, wenn sie sich zu einer Siesta hingelegt hatte. Margaret legte dann den Telefonhörer neben sich aufs Kopfkissen, hörte nicht auf Aimees Geplapper, es reichte, dass sie ab und an den Hörer aufnahm und ein „yes“ oder „no“ oder „exactly“ in die Muschel murmelte, es schien immer genau zu passen.

Ach, ihre Schwägerin! Seit Amerika im Krieg war, hatte sich die Charity-Dame von einst in eine Pfennigfuchserin verwandelt. Eine der reichsten Frauen New Yorks geizte jetzt mit jedem Cent, als sei sie über Nacht eine arme Frau geworden. Margaret amüsierte sich königlich, wenn Aimee von ihren täglichen Eroberungen oder Empörungen berichtete. „Nun stell Dir vor, gestern habe ich bei Macy's ein Paar dieser neuen Nylonstrümpfe gekauft. Und was passierte: heute Morgen hatte ich a run.“ A run? Es dauerte eine Weile, bis Margaret verstand, dass es sich um eine Laufmasche handeln musste. „Das lasse ich denen von Macy's nicht durchgehen. Ich habe sofort unseren Anwalt hingeschickt, die werden Schadensersatz leisten müssen.“ Margaret war nach Kichern zumute, sie hielt es mühsam zurück. Aber es juckte sie zu erfahren, welchen Stundensatz der renommierte Anwalt für seine Tätigkeit berechnete und wie teuer neue Nylonstrümpfe kämen. Aber sie verstand schon: Aimee ging es ums Prinzip. Da durften kleinliche Kosten-Nutzen-Berechnungen keine Rolle spielen.

Ein anderes Mal hatte die Schwägerin am Telefon von einer sensationellen neuen Zahncreme geschwärmt. Margaret müsse sie unbedingt ausprobieren. Ja, in jedem Drugstore erhältlich. Kurze Zeit später war der Chauffeur mit dem Rolls-Royce des Hauses Guggenheim an der Park Avenue vorgefahren; piekfein in Livree gekleidet hatte er mit feierlichem Gesichtsausdruck ein Paket für Madame abgeliefert. Die hatte gespannt die opulente Geschenkverpackung gelöst, Aimees Visitenkarte entnommen, Lagen weißen Seidenpapiers abgestreift, bis sie auf eine kleine Schachtel stieß. Was kam heraus? Eine Zahnpasta. „Colgate plus“. Gebraucht! Halb ausgedrückte Tube! „Ach Aimee! What a lovely idea!“, müsste sie jetzt am Telefon jubilieren. Der Kampf gegen den Lachanfall würde heroisch sein.

Lady in Black: Margaret als ältere Dame, etwa 1950.

Wie der Teufel das Weihwasserbecken mied Margaret Emigrantenclubs und Treffpunkte exilierter Deutscher in Cafés und Restaurants, wo man gemeinsam Rilke las und Tränen über die Schönheit der deutschen Sprache vergoss. Solche „Jammerbuden" waren ihr verhasst, Selbstmitleid gehörte überhaupt verboten. Und mit Deutschen hatte sie eh nichts gemein.

Einmal sah sie bei der Vernissage in einer Galerie Alma Mahler-Werfel, die zu Besuch in New York sein musste, lebte sie doch in Kalifornien. Margaret war erschüttert über Almas Aussehen: Wie eine Fregatte herausgeputzt, aufgequollen und aus der Fasson geraten, segelte sie durch die Reihen der Gäste in der Rolle einer „Grande Dame", die sich in den Augen ihrer Bewunderer spiegelt. „Sie lebt nur noch von Zwieback und diesem süßen französischen Likör, Bénédictine", flüsterte eine Nachbarin. Margaret verzog sich in den Hintergrund, sie wollte Alma nicht begegnen.

Nur, wenn Lotte Lehmann in der Met sang oder einen ihrer berühmten Liederabende gab, mischte sie sich unter die Gemeinde der Emigranten, die Lotte zu Füßen lagen. Lotte war in ihrer Zeit als Sängerin an der Wiener Staatsoper einige Male Gast bei den musikalischen Abenden im Haus in der Kundmanngasse gewesen. Sie verfügte über eine ausnehmend schöne Sopranstimme, voluminös – Sieglinde war eine ihrer Lieblingspartien gewesen – und lyrisch zugleich. Richard Strauss hatte von ihr gesagt: „Sie singt, dass es Sterne rührt."

Margaret war es eher peinlich, wenn die Emigranten bei deutschen Opern und Liedern in heimwehtrunkene Sentimentalität gerieten und beim Rosenkavalier in seliges Schluchzen ausbrachen. Aber bei Lotte Lehmanns Abschiedskonzert war auch sie gerührt: als Lotte in der New Yorker Town Hall bei der letzten Strophe von Schuberts „An die Musik" in Tränen ausbrach und ihre Hände vors Gesicht schlug:

Oft hat ein Seufzer, deiner Harf' entflossen,
Ein süßer, heiliger Akkord von dir
Den Himmel beßrer Zeiten mir erschlossen,
Du holde Kunst, ich danke dir dafür!

Da spürte Margaret, dass sich mit Lotte Lehmanns Abtreten von der Bühne der Himmel bessrer Zeiten verdunkelt hatte.

Im Exil altert man schnell. Sie war Anfang sechzig, aber ihre Kraft hatte Einbußen erlitten. Die konnte aufflammen, wenn es für etwas zu kämpfen galt, aber im Alltag fühlte sie das Nachlassen ihrer körperlichen Energie und ihrer intellektuellen Wachheit. Sie beobachtete es an ihrem alten Jugendfreund Oscar: Einige Jahre älter als sie, hatte er in Wien noch die Souveränität eines Mannes auf der Höhe seiner Tatkraft ausgestrahlt, jetzt verfiel er mit jedem Monat mehr, sackte körperlich in sich zusammen, wurde vergesslich und teilnahmslos, klagte über permanente Schlaflosigkeit.

Manchmal gewann sie sogar im Schach gegen ihn, was früher undenkbar gewesen war.

„Und das nennt sich nun Rettung", seufzte Oscar, entschuldigte sich aber gleich wieder, weil er diese Rettung seiner Freundin Margaret verdankte.

Wenn das Telefon zu ungewohnter Zeit läutete, zuckte sie zusammen, wenn im Postkasten ein Brief lag, erschrak sie. Auch wenn eine englische oder Schweizer Marke auf dem Brief klebte, konnte er schlechte Nachrichten enthalten. *No news is good news.*

Erst die Invasion in Frankreich weckte Hoffnung auf ein Ende des Kriegs. Ji, inzwischen zum Major aufgestiegen, war mit einer kanadischen Einheit unmittelbar an der Invasion beteiligt, auch Tommy kämpfte in Frankreich. Von Ji kam die Nachricht, dass Wedigo als deutscher Offizier gefallen war. Obgleich ihr dieser Ziehsohn so viele Sorgen bereitet hatte, bekannte Margaret in einem Brief an Ludwig, wie betroffen sie war: *Vor einigen Wochen erhielt ich ein Telegramm von Ji, dass Wedigo nach einer Operation gefallen sei. Das geht mir sehr nahe, ich habe ihn sehr lieb gehabt trotz seiner Schwächen. Und nichts, was er jemals getan hat, konnte etwas an meiner Zuneigung ändern. […] Ich weiß, dass Du ihn auch gern hattest.*

Und dann Jochen! Er hatte sich gleich zu Beginn des Krieges zu einem Offizierslehrgang gemeldet, war aber bei der Prüfung durchgefallen. Theorie war auf keinem Gebiet seine Stärke, aber er bewies sich in der Praxis als tapferer Soldat und wurde befördert. Jetzt erhielt sie die Nachricht, er sei vermisst.

Im Herbst 1944 starb Oscar Wollheim als physisch und psychisch gebrochener Mann. Margaret fühlte sich einsamer als je zuvor. Die Bäume im Central Park versprühten ihre Farben, als sei der Indian Summer nach New York gewandert; unangerührt von aller Welten Weh tauchte die Herbstsonne die Spaziergänger in ein goldenes Licht. Den Nebel ihrer Sorgen konnte sie nicht vertreiben. Doch ein Lichtblick kam aus Aunt Minni's town: Mining und Lenka hatten sich vor der herannahenden Roten Armee in die

Kleine Villa nach Gmunden retten können und konnten dort das Ende des Krieges abwarten.

Als die Kapitulation am Morgen des 8. Mai 1945 von den amerikanischen Rundfunksendern verkündet wurde, saß Margaret allein in ihrem Apartment. Reglos hörte sie die Berichte, die jubelnden Stimmen der Reporter. Von der Park Avenue klang aufgeregtes Hupen herauf, als wollte sich ein Autokorso bilden und die Genugtuung über den Sieg über die verdammten Deutschen hinausposaunen. Aber die Geräusche verebbten schnell. Aus ihrem Fenster sah sie, wie sich auf dem Gehsteig Menschentrauben bildeten, aber auch die zerstreuten sich rasch. Dwight D. Eisenhower mahnte im Radio zur Zurückhaltung, der Sieg in Europa bedeute noch nicht das Ende des Krieges, im Pazifik werde weiter gekämpft.

Sie hätte sich freuen sollen, jubeln, der Schrecken hatte ein Ende, sie konnte nach Hause zurückkehren, ihre Lieben nach sechs Jahren Trennung in die Arme schließen, wieder ein normales Leben führen. Aber nicht der Hauch einer Euphorie wollte sich einstellen. Allenfalls eine gewisse Erleichterung. Und was hieß schon: ein normales Leben? Wie sah es denn jetzt in Österreich aus?

Sie dachte daran, was Postl in Augenblicken starker emotionaler Bewegung tat: Er sang eine Bach-Kantate. Das war ihr nicht gegeben, aber sie legte das Dritte Brandenburgische Konzert auf ihr Grammofon. Bach war unbesiegbar.

Qui vivra, verra. Wer leben wird, wird sehen. Die Zukunft wird es zeigen. Den Spruch führte Margaret gern im Munde, weniger im Sinn. Wahrscheinlich hatte sie die Redensart von Jerome übernommen. Die passive Haltung, die sich dahinter verbarg, das Warten auf das, was das Schicksal vorsah, entsprach nicht ihrem Wesen. Sie nahm das Schicksal lieber in die Hand, manchmal auch am Zügel, um es in die Richtung zu lenken, die sie wollte. Aber jetzt war sie zum Abwarten verurteilt, konnte nicht ihre Sachen packen, ihr Apartment verkaufen und das nächste Schiff nach Europa besteigen. Die Verhältnisse waren nicht so. Wien war in vier Zonen aufgeteilt, die vier Siegermächte stellten unterschiedliche Bedingungen für Einreise in und Ausreise aus ihren besetzten Sektoren. Außerdem war die Versorgungslage so katastrophal, dass niemand freiwillig nach Wien ging, wollte er nicht verhungern und erfrieren.

Sie musste sich gedulden, nichts empfand sie als eine größere Strafe Gottes, als die Hände in den Schoß zu legen und auf den Segen von oben zu harren. Und eher erbarmte sich Gott als eine amerikanische Behörde.

Immerhin nahmen ihr die Nachrichten, die von Jochen eintrafen, eine schwere Last von den Schultern: Dreimal war er verwundet worden, dreimal war er wieder an die Front zurückgekehrt. Bei einer Schlacht in Belgien hatte er beinahe ein Bein verloren, war gefangengenommen und in ein polnisches Lager verschleppt worden. Als sich die Rote Armee näherte, entfloh er und schlug sich von Polen bis Deutschland zu Fuß durch. Die US-Army feierte Jochen als Helden.

Im Herbst 1945 konnte Margaret eine Reise nach England unternehmen, Ludwig und Ji besuchen. Ludwig lehrte nach wie vor in Cambridge. Ji, inzwischen ehrenvoll aus dem kanadischen Militär entlassen, lebte mit seiner jungen Familie auf einem Gut in Dorset nahe der ehrwürdigen Wimborne Abbey. Er hatte eine adelige Engländerin geheiratet, Veronica Morrison-Bell, und war noch während des Krieges Vater zweier Kinder geworden: Der Sohn, 1943 geboren, erhielt den Namen Jerome, die Tochter, 1944 geboren, wurde Margaret genannt. Was für eine Verbeugung vor den Eltern des Vaters!

Wie zuvor schon Helen Engelhardt schloss Margaret auch ihre neue Schwiegertochter ins Herz, die kleinen Enkelkinder waren entzückend. Die Idylle auf dem Gut Glendon in Dorset, von Jis Schwiegereltern, Sir Claude und Lady Frances Morrison-Bell 1936 erworben, strahlte etwas Märchenhaftes aus, das große Haus mit den vielen Nebengebäuden, der Park, die ausgreifenden Ländereien, die Zufriedenheit der Menschen, an denen der Krieg nahezu unbemerkt vorübergegangen war. Ji, der am Ende des Krieges mit einem Militärjeep in Gmunden aufgetaucht war und die dort in der Villa Toscana logierenden Nazis mit einem gefälschten Befehl des Gauleiters vertrieben hatte, anerkannt auch als Senior Intelligence Officer der kanadischen Kriegsverbrecherkommission, Ji hatte sich übergangslos in die Rolle des englischen Landedelmanns gefunden, ging auf die Fuchsjagd, war Mitglied in örtlichen Brauchtumsvereinen, trank abends seinen Whisky.

„Ji, du wirst dick werden!", ermahnte ihn seine Mutter. Ji lachte. „Du lebst hier wie die Made im Speck. Du arbeitest nicht. Du hast keine Ziele, außer, es dir gutgehen zu lassen. Das rächt sich." Ji lachte: „Immer noch dein Wittgensteinscher Drang, die Welt zu verbessern? Ich habe verdammt hart gekämpft in diesem Krieg. Jetzt will ich genau das Leben führen, für das ich mich in die Schanze geworfen habe."

„Aber Ji, du bist Anfang dreißig. Du kannst dich doch noch nicht zur Ruhe setzen!"

„Ich verwalte das Vermögen meiner Frau."

Sie fuhr zu Ludwig nach Cambridge. Hier musste sie nicht fürchten, einen Menschen als selbstzufrieden zu erleben. Er lehrte nach wie vor am Trinity College und wohnte im Whewell's Court in Räumen, in denen er schon als Student gelebt hatte.

Er ist so ruhig geworden, dachte Margaret, so abwesend, so müde. „Lass uns hinausgehen, ich brauche immer wieder frische Luft, sonst stockt mein Denkapparat." Er fasste sie unter den Arm. Sie gingen über den Campus zum Queens' College, querten die hölzerne Mathematical Bridge über den Cam. „Und was hat diese Brücke eigentlich mit Mathematik zu tun?", fragte Margaret. „Die Brücke sieht aus wie ein Bogen, ist aber ausschließlich aus geraden Holzteilen gebaut und zwar so, dass die Balken Tangenten bilden, radiale Streben aber die Balken fixieren. So entsteht eine stabile Konstruktion. Das hat man schon 1750 gewusst." Sie blieben in der Mitte der Brücke stehen, sahen auf den Fluss hinunter, der sich gemächlich an den Rückseiten alter Ziegelbauten und an mit Bäumen bestandenen Rasenflächen vorbeischob. „Eigentlich, Lukerl, wollte ich wissen, wie es dir geht, wie es dir im Krieg ergangen ist. Immer haben wir nur über unsere Familie geschrieben. Nie über uns."

„Ich hätte Maschinenbau zu Ende studieren sollen. 1943 habe ich in einem Team von Ärzten und Physikern in Newcastle gearbeitet, die Diagnose und Reaktionen bei Wund-Schock untersuchten. Ich habe Laborgeräte entwickelt, Apparate, an die man einen Patienten anschließen und regelmäßig Puls, Blutdruck und Atemfrequenz messen kann. Es war wie am Anfang meines Studiums beim Bau eines Flugzeugmotors: eine befriedigende Arbeit. Ich hätte Ingenieur werden sollen. Vielleicht wäre dann etwas aus mir geworden."

„Hört, hört, so spricht der größte Philosoph des 20. Jahrhunderts!" Margaret wollte ihm einen Kinnzwack geben, doch Ludwig drehte den Kopf weg. „Ich, ein großer Philosoph? Sprich nicht so. Wenn du wüsstest, wie schwer mir alles fällt, wie gelähmt ich mich fühle, nichts aufs Papier bringe, Vorlesungen nur mit größter Anstrengung halte, voller Abscheu und Ekel, von denen ich mich nur im Kino erholen kann. Dann bin ich immer wieder gottserbärmlich krank. Aber wir sind ja nicht hier, um es uns gutgehen zu lassen."

„Warum, Luki, verabscheust du die Vorlesungen? Du bist doch ein guter Pädagoge!"

„Unfug, Unsinn", beinahe schrie Ludwig seinen Zorn heraus. „Philosophie ist Tun, nicht Lehren. Das akademische Dozieren tötet die Wahrheit. Es ist unanständig."

Margaret zog ihren Mantel enger um die Schultern. Vom Cam zog ein kühler Wind auf.

Als sie wieder in seiner Wohnung waren, bis auf die Fülle der Bücher war sie spartanisch eingerichtet, gab er ihr ein Manuskript, er hatte es ihr handschriftlich gewidmet: „Philosophische Untersuchungen". Ihr wurde feierlich zumute, aber solch eine Stimmung ließ Ludwig nicht aufkommen. „Ich weiß nicht, ob es jemals gedruckt wird, aber du sollst es haben. Ich glaube, manches, was ich darin geschrieben habe, hat mit dir zu tun. Frag mich aber nicht, was das ist. Entweder findest du es heraus, oder eben nicht.“

Sie hatte gehofft, von England aus nach Österreich fahren zu können, diese Hoffnung zerschellte. Im Sommer 1946 nahm sie einen neuen Anlauf, fuhr erst nach Paris, um eine weitere Ehefrau Tommys kennenzulernen: Mireille. Er lebte mit ihr und ihren zwei Töchtern aus einer früheren Ehe in einem Haus in Versailles. Von dort machte sie sich dann auf den Weg nach Wien, hatte sich dazu eine gefälschte österreichische Identitätskarte auf den Namen „Margarethe Stallner“ besorgt. Lieber nahm sie das Risiko einer Verhaftung auf sich, möglicherweise in der russischen Besatzungszone, die sie durchqueren musste, um nach Gmunden zu gelangen, als sich von ihrem Vorhaben abbringen zu lassen. Sie wollte endlich nach Hause – und sie kam nach Hause.

Wien bot im Sommer 1946 einen vergleichbar schockierenden Anblick wie 1919, Verwüstung und Verelendung schienen ihr noch dramatischer. Sie gab ein Vermögen auf dem Schwarzmarkt aus, um ihre Lieben zu unterstützen. Hermine kam ihr sehr gealtert vor, Helene nach dem Tod ihres Mannes wie ein halber Mensch. Das Haus in der Argentinierstraße war von einem Bombenangriff schwer beschädigt worden, an eine Reparatur war nicht zu denken. Die elementarsten Mittel zum Leben fehlten, vor allem Nahrung und Medikamente. Am liebsten hätte Margaret wieder eine Goodwill-Tour durch Amerika gestartet, um dem geschundenen Österreich zu helfen.

Die Behörden arbeiteten nur unzuverlässig, waren mit heimgekehrten Soldaten besetzt, die kompetente Beamte ersetzen sollten und nicht konnten. Margaret erreichte trotzdem, dass ihr Immobilienbesitz – die Kundmanngasse wie die Villa Toscana, die während des Krieges als feindliches Eigentum konfisziert und unter öffentliche Verwaltung gestellt waren – restituiert wurde.

„Jetzt muss ich als erstes zusehen, wie ich den Gestank nach

Pferdepisse aus der Halle in der Kundmanngasse herausbekomme.“ Das Haus hatte zuletzt der Roten Armee als Pferdestall gedient. „Und den Gestank von braunem Denken aus den Räumen in Gmunden vertreibe.“

Sie bot Hermine an, in der Kundmanngasse zu wohnen, statt im ramponierten Elternhaus. Ludwig signalisierte aus England, welch eine glückliche Lösung das wäre, rückte gar von seinen puristischen Vorschriften über den Gebrauch des Hauses ab: *Mining schrieb mir, es sei nicht ausgeschlossen, daß sie in der Kundmanngasse leben werde. Mir könnte nichts lieber sein – was immer sie an die Wände hängt, und wenn es Vorhänge vor den Fenstern sind. Denn alles ist doch besser als daß dieses Haus, das viel gekostet hat ganz sinnlos dastehen soll. Und es war doch für die Familie gebaut. Und wenn es auch der Gretl gemäß und Euch in gewissen Sinne, ungemäß ist, so ist es doch eine Familienähnlichkeit.*

Margaret aber fuhr einstweilen wieder zurück nach New York, um bessere Zeiten abzuwarten. Sie fiel in eine tiefe Krise. Was sollte sie noch in Amerika? Sie hatte kaum noch Freunde, fühlte sich einsam, vergessen, auf einem Abstellgleis, von dem kein Zug abfuhr, zumindest keiner in die richtige Richtung. Vielleicht war sie auch in Wien nicht mehr zu Hause. Sie grübelte über ihr Leben nach. Was hatte sie wirklich erreicht? Was war aus ihr geworden? Eine verbitterte Alte, die nicht zurückschauen wollte, nach vorn in die Zukunft aber noch weniger. Und das bisschen Gegenwart? Trostlose Öde.

Sie nahm sich Ludwigs „Philosophische Untersuchungen“ vor, erwartete ähnlich kryptische Sentenzen wie beim „Tractatus“, aber Ludwig selbst deutete im Vorwort an, er liefere hier einen Gegenentwurf zu seinem früheren Werk. Nun operierte er mit dem Begriff Sprachspiel, das alle Formen des menschlichen Handelns umfasst, sprachliches und nichtsprachliches Verhalten und alle mit Sprache verknüpften Tätigkeiten. Geistig-seelische Zustände einer Person seien abhängig davon, wie sie in ihre soziale Umgebung eingebettet seien. *Jedes Zeichen scheint allein tot. Was gibt ihm Leben? – Im Gebrauch lebt es. Hat es da den lebenden Atem in sich? – Oder ist der Gebrauch sein Atem?* Bedeutung sei keine der Sprache vorausgehende Idee, etwas erlange Leben durch Gebrauch, durch Tätigkeit, durch Handeln. *Das Wollen, wenn es nicht eine Art Wünschen sein soll, muß das Handeln selber sein. Es darf nicht vor dem Handeln stehenbleiben.*

Hatte Ludwig mit solchen Sätzen auf sie verwiesen, die allein im tätigen Sein sich selbst erkannte?

Für eine kurze Zeit las sie Anerkennung aus seinem Buch. Dann war sie sich nicht sicher, ob sie Ludwig richtig interpretierte.

Die besseren Zeiten kamen nicht, es kamen schlechtere. 1948 erreichte sie die Nachricht, Hermine sei an Krebs erkrankt. Sie fuhr im Frühjahr 1949 nach Wien und bliebt bis zum Herbst bei ihrer Schwester. Das lange Abschiednehmen stärkte die innige Verbundenheit der beiden, so unterschiedlich an Temperament und Energie, so ähnlich an künstlerischer Sensibilität und altruistischem Engagement. Vielleicht war Mining die wichtigste Person in Margarets Leben, ein Mensch von fragloser Treue und unbedingter Liebe. Mit dem Tod des „Goldkinds", der „Herzensalten", allen *unentbehrlich und unersetzlich*, ging eine Ära in der Geschichte des Hauses Wittgenstein zu Ende.

Einmal, während des ersten Weltkriegs, als alle Geschwister im Feld oder im Exil waren, hatte Hermine ihrer Schwester Margaret gestanden, sie fühle sich einsam. Margaret hatte zurückgeschrieben: *Erstens bist Du einsam, weil Du es so willst zweitens ist ein Mensch, der so viel geliebt wird wie Du nicht einsam + Drittens sind alle Menschen einsam.*

Nach Hermines Tod verkaufte Margaret ihre Wohnung in New York, beendete ihr Exil und kehrte endgültig nach Österreich zurück. Das Weihnachtsfest 1950 wurde noch einmal nach traditionellem Familienritual in der Kundmanngasse gefeiert. Ludwig war aus Cambridge gekommen. Es war sein letzter Besuch in Wien, vier Monate später starb auch er in England an Krebs, liebevoll gepflegt von der Familie seines Arztes Dr. Edward Bevan. Nach Aussage von Joan Bevan waren seine letzten Worte: *Sagen Sie ihnen* [den Freunden], *daß ich ein wundervolles Leben gehabt habe.*

Margaret kam aus dem Trauern nicht heraus. Lukerl und sie waren sich auf die Nerven gegangen, hatten sich aneinander gerieben, lautstark Meinungsverschiedenheiten ausgetragen, die umso heftiger waren, als sie sich wie Zwillinge fühlten: auf Gedeih und Verderb einander überantwortet. Jetzt gab es von den acht Wittgenstein-Geschwistern nur noch sie und Lenka und unerreichbar fern: Paul, auf Long Island.

Aber Heinrich Postl war noch da. Zum Empfang nach langem Exil sang er ihr „Jauchzet Gott in allen Landen“. Sie erbat sich als Zugabe „Ich bin vergnügt mit meinem Glücke“, ein Loblied auf die Bescheidenheit, die angesichts ihrer klammen Finanzen jetzt vonnöten war.

LOB DER BESCHEIDENHEIT

Sie hätte ein Haus verkaufen müssen, entweder die Kundmanngasse oder die Villa Toscana. Aber wer würde jetzt, unmittelbar nach dem Krieg, einen Preis bieten, der auch nur halbwegs angemessen wäre? Wer hätte in Wien Sinn für eine Stadtvilla im kubischen Stil? Niemand. Wenn überhaupt, waren Häuser aus der Kaiserzeit gefragt, die nicht ausgebombt waren. Und vom Anwesen in Gmunden konnte sie sich nicht trennen, dann hätte man ihr gleich das Herz bei lebendigem Leibe herausreißen können.

Aber die finanziellen Probleme wuchsen in den Himmel und erreichten die Gipfelhöhe des Traunsteins. Beide Immobilien hatten während des Krieges Schaden erlitten, teure Reparaturen waren notwendig, die Ressourcen, von denen Margaret gelebt hatte, weitgehend aufgebraucht. Was hatte gerettet werden können, das ausgegrabene Familiensilber, einige Antiquitäten, Schmuck, wenige Bilder, das alles kam zu Antiquitätenhändlern, die einen Bruchteil des eigentlichen Werts boten. „Only the rich are wealthy“, kommentierte Margaret bitter, wenn sie wieder einmal erfolglos von einem Besuch bei einem Wiener Händler zurückkam.

Der Verkauf der noblen Wohnung in New York hatte einige Entspannung gebracht, aber es war abzusehen, wann auch dieses Polster ausgedünnt wäre.

Und ganz ohne Dienstboten konnte sie nicht leben, nicht ohne den getreuen Postl, ohne eine Zofe und Köchin, nicht ohne Chauffeur.

Kaum war sie nach Wien zurückgekehrt, meldete Postl eines Tages einen Gast an. Sie staunte nicht schlecht, als sie in dem Besucher ihren alten Chauffeur Kucera erkannte, der sie vor neun Jahren am Bahnhof mit NS-Dienstwagen und Hakenkreuz-Standarte abgeholt hatte. „Ich wollt' fragen, gnädige Frau, ob ich eventuell wieder bei Ihnen arbeiten könnte." Margaret schaute ihn entgeistert an, aber in den Augen des Mannes lag keine Frechheit, nur blanke Not. Sie versagte sich jede Demütigung, sagte nur: „Nein, das geht nicht!" und kehrte ihm den Rücken. Auch Postl erinnerte nicht daran, dass er vorhergesagt hatte, der Chauffeur würde nach Ende des „Tausendjährigen Reiches" wieder auf der Schwelle stehen: „Er war ein Hund, jetzt ist er ein armer Köter!", sagte er nur. Mitleid lag nicht in seiner Stimme.

Sie beratschlagte sich mit Freunden, wie sie zu Geld kommen könnte. Viele, deren Urteil sie vertraut hatte, waren inzwischen verstorben, Oscar Wollheim, Direktor Groller, ihr Schwager Max Salzer. Tommy war schon früh nach dem Krieg nach Österreich zurückgekehrt, er sprach von europäischen Wurzeln, auf die er sich besinne, meinte aber wohl eine neue Lebensgefährtin. Er war in finanziellen Dingen genauso unbegabt wie sein Vater, als Ratgeber taugte er wenig.

Plötzlich stand der Gedanke im Raum, Gmunden völlig neu zu organisieren und als landwirtschaftliches Gut zu betreiben. Ideen liefen heiß: weg mit dem Gewächshaus, in dem Margaret exotische Pflanzen gezogen hatte, statt Blumenrabatten Kartoffel- und Krautfelder, Ziegen und Schafe auf die Weiden, Hühner in den Stall. Aber Ställe mussten erst gebaut werden, oder? Die Vorschläge überstürzten sich: Hühner konnten doch in der Haupthalle der Villa untergebracht werden, die war groß genug.

„Auf den Boden mit Mamormosaiken wird Stroh geschüttet, die goldenen Balustraden, die der Perco um die Halle gezogen hat, sind ideale Hühnerstangen. Da lachen die Hühner, solch nobles Ambiente haben sie noch nie gehabt. Wetten, dass die bald goldene Eier legen?" Not gebar absurde Rettungsversuche, aber diese bizarren Ideen ließen Margaret nur ungläubig lachen.

Trotzdem wurde die Umwidmung der schönen Residenz in ein nützliches Bauerngut in Angriff genommen. Die Hühner durften sich aber beim Eierlegen nicht von jugendstiliger Ornamentik inspirieren lassen, sondern wurden in einem Wirtschaftsgebäude untergebracht, wo sie eifrig ihren Geschäften nachgingen. Auf Ziegen und Schafe verzichtete man, Heu konnte man den Nachbarn verkaufen. Der Gemüseanbau florierte nicht, es gab zu viele Anbieter auf dem Markt in Gmunden, das Verschicken nach Wien hätte eine aufwendige Logistik erfordert. So blieb mit der Zeit nur ein kleines Beet übrig, in dem die Köchin Petersilie und Liebstöckel zog. Und auch die Hühner landeten stillschweigend im Kochtopf. Die Villa wurde wieder re-nobilitiert, und allen war es recht.

Doch Margaret machte sich einen Spaß daraus, jeden Morgen vor Milli das Frühstücksei zu loben: „Man schmeckt doch die Herkunft, die frische Luft des Traunsees, das gesunde Gras, die Kräuter, die schmackhaften Würmer. Ein unvergleichliches Aroma!“ Milli ging auf das Spiel ein und erklärte ausführlich, wie sie vor einer Stunde das Ei unter einem Hühnerpopo wegstibitzt hatte.

Die Geldsorgen wurden mit der Zeit erfolgreich verdrängt. Irgendwie taten sich immer wieder Quellen auf, und Frau Stonborough verfügte in Wien und Gmunden fast unbegrenzt über Kredit.

Und im Sommer entfaltete sich wieder ein beinahe so buntes Leben in Gmunden wie vor dem Krieg. Die Zahl der Familienmitglieder war gewachsen, und alle pilgerten zur Tante Gretl in die Toscana-Villa, um es sich nach der Zeit der Entbehrungen gutgehen zu lassen. Auch Tommy kam mit Mireille und deren Töchtern für einige Wochen aus Frankreich angereist. Einmal brachten sie ihre Köchin mit, Germaine, nicht, damit diese Milli ins Handwerk pfuschte, was diese auch nicht zugelassen hätte. Es war eine Form der Dankbarkeit gegenüber der reizenden Person, die sich in Versailles um den Haushalt der Stonboroughs kümmerte.

Germaine war entzückend, sie sprach nur Französisch, es war reine Musik, ihr Lachen ein Divertimento in Es-Dur, ihr Lächeln glich dem des Engels an der Fassade der Kathedrale von Reims. Die Kinder umringten sie, sobald sie auftauchte, die Erwachsenen, sofern des Französischen mächtig, suchten ihre Nähe. Nur Mireille entwickelte Anflüge von Eifersucht.

Margaret brauchte eine Weile, bis sie wahrnahm, dass in diesem Sommer etwas anders war als sonst. Dann fiel der Groschen: Postl, der tagaus, tagein bei jedem Wetter in Gmunden immer in kurzen Hosen herumlief, trug plötzlich lange Hosen. Auch das Oberhemd, aus dem sonst sein üppiges Brusthaar quoll, war bis zum Hals zugeknöpft. Die Mütze aber, die die Kahlheit seines Schädels verbarg, legte er nicht ab. Margaret machte sich zunächst keinen Reim auf die Verwandlung ihres „Haushofmeisters", bis eines Tages eine von Mireilles Töchtern beim Abendessen erzählte, sie habe beim Versteckspiel in der hintersten Ecke des Parks Germaine und Postl entdeckt: Hand in Hand auf der Böschung des Sees sitzend. Das schlug ein wie ein Meteorit. Heinrich Postl, der wie ein guter Geist über allen Niederungen, Leidenschaften und Verwerfungen des Hauses und der Familie schwebte, hatte sich verliebt? In eine Frau, mit der er kein Wort sprechen konnte? Es war nicht zu glauben. Aber wer Augen hatte zu sehen, konnte Anzeichen in Fülle entdecken. So diskret sich das ungleiche Paar auch verhielt, die Blicke, die es sich zuwarf oder verschämt in eine andere Richtung lenkte, erzählten die Geschichte einer zarten Zuneigung, die alles versprach und der doch eines fehlte: die Zukunft.

Als sich Tommys Familie mit Germaine in Richtung Versailles verabschiedete, standen alle Gäste der Villa Toscana Spalier zum Winken, nur Postl war nirgends zu sehen. Margaret umfasste herzlich beide Hände Germaines und sagte: „Du bist uns jederzeit herzlich willkommen!" Germaine schenkte allen noch einmal ihr anmutiges Lächeln, bevor sie im Auto verschwand.

Für immer entschwand. Im nächsten Sommer war Tommy von Mireille geschieden und hatte Frankreich verlassen.

ACH, DIE SÖHNE!

Ach, die Söhne. *Denn wir können die Kinder nach unserem Sinne nicht formen; So wie Gott sie uns gab, so muß man sie haben und lieben, Sie erziehen aufs beste und jeglichen lassen gewähren.*

Hatte sie sich nicht oft diesen Satz Goethes aus „Hermann und Dorothea“ vorgesagt? Dass sie die Buben geliebt hatte und liebte, stand außer Frage. Dass sie sich bemüht hatte, sie aufs Beste zu erziehen, auch. Aber: sie gewähren lassen? Das wäre ihr wie ein Versagen vorgekommen. Sie hatte versucht, sie nach ihrem Sinne zu formen – auch wenn Goethe das als eitles Bemühen hinstellte. Jetzt im Alter gestand sie sich ein, dass sie gescheitert war. Die Söhne waren anders, waren nicht nach ihrem Bilde gewachsen, nicht die Männer, die in herausragender Position in die Welt wirkten und die Welt zu einem menschlicheren Ort machten, wie sie sich das erträumt hatte.

Tommy und Ji, Ji und Tommy. Sie waren ihre eigenen Wege gegangen. Auch wenn sie sich sagte, sie habe diese Wege toleriert, wusste sie im Innersten, dass das nicht stimmte. Eine Großnichte aus der Salzer-Familie hatte ihr einmal in entwaffnender Fröhlichkeit gesagt: „Wir finden das alle so lustig, wenn du unsere alten Onkel ermahnst.“ Die „alten Onkel“ waren ihre Söhne Thomas und John. So, lustig war das also, dass sie immer noch gute Ratschläge austeilen musste. War sie schon die alte Trottelin, deren Gebrabbel niemand mehr ernst nahm, nur noch mit milder Nachsicht belächelte?

Ihrem Herzen am nächsten, dem kummervollen vor allem, blieb Tommy. Er kam nach seinem Vater: immer ruhelos, immer neue Projekte im Kopf, einmal sprach er sogar davon, sich in Afrika eine Existenz aufzubauen, immer nur Wege, nie ein Ziel, immer mit neuen Frauen beschäftigt. Sie liebte den „Herzpinkel", aber sie verstand seine Unstäte nicht. Er bewegte sich im Labyrinth seines Lebens, nach jeder Kurve von einem neuen Anblick begeistert, steuerte er sorglos das nächste Dead End an, suchte nie nach einem Schritt ins tätige Leben. Dass er so gar keinen Ehrgeiz aufbrachte, etwas aus seinem geistigen Potenzial herauszuholen, sich nützlich zu machen in der Gesellschaft!

Im Jahr 1949 schrieb sie ihm: *I don't believe, that the life you are leading now is the one you were destined to live. Der Mensch darf sich nie aus Schwäche, Bequemlichkeit oder Angst vor Enttäuschungen bescheiden. Bescheiden darf man sich nur aus Kraft. It is elementary that you have to get back on the horse immediately, when you have fallen off.*

Er würde den Brief lesen, ihn in irgendeine Schublade werfen und genau das tun, was er wollte, nicht, was seine Mutter wünschte.

Noch mehr verschlechterte sich das Verhältnis zu Tommy, als er ihre Gesellschafterin Marielies Ludwig heiratete – es war seine fünfte Ehe – und mit ihr die oberen Räume der Kundmanngasse bezog. Die räumliche Nähe eröffnete neue Konflikte.

Wohnte Tommy zu nah, war ihr Ji entrückt. Der verbauerte als Landedelmann im Süden Englands, verknöcherte in seinen Ansichten, fand Genügen in seiner engumgrenzten Welt. Wenn sie ihn besuchte, wurde sie nach wenigen Tagen so nervös, dass sie rasch abreisen musste: So viel selbstzufriedene Idylle erregte ihr Ärgernis – auch die Enkelkinder konnten sie dann nicht halten.

Blieb noch ihr Ziehsohn Jochen von Zastrow. Er hatte sich nach dem Krieg wieder in Deutschland niedergelassen. Bei den Nürnberger Prozessen wurde er von amerikanischer Seite als Dolmetscher eingesetzt. Die Deutschen sahen den amerikanischen Offizier als Verräter an.

Er heiratete ein adeliges deutsches Fräulein, Marianne von Zedwitz. Margaret ließ es sich nicht nehmen, dem jungen Paar eine Hochzeit in der Kundmanngasse auszurichten. Ein formidables Fest, das noch einmal für alles stand, was den Glanz und Stil des

Hauses Stonborough-Wittgenstein ausmachte: erlesene Gerichte und Getränke, ausgetüftelte Dekorationen und Arrangements, musikalische Intermezzi, geistvolle Reden. Jochen war stolz, seiner Braut ein Umfeld zu zeigen, das ihrem ebenbürtig war.

Am nächsten Morgen saß Margaret schon früh im tadellos aufgeräumten Haus am Schreibtisch, um Ji und Tommy, die sich beide entschuldigt hatten, von der Hochzeit zu berichten. Postl servierte schweigend den Tee.

„Ich bin enttäuscht, Postl", wandte sich Margaret plötzlich an ihn. Dieser erschrak sichtlich: „Gnädige Frau, ist etwas nicht zu Ihrer Zufriedenheit gewesen?" Die gnädige Frau runzelte missbilligend die Stirn. „Aber Postl", sagte sie schließlich, und da entdeckte dieser die ersten Anzeichen von ironischem Mutwillen in ihren Augen, „gibt es denn heute Morgen gar keinen musikalischen Gruß aus der Hochzeitskantate unseres geschätzten Johann Sebastian Bach?"

Das ließ sich Postl nicht zweimal fragen, aus dem Stand konnte er eine Sopran-Arie singen:

Wenn die Frühlingslüfte streichen
Und durch bunte Felder weh'n,
Pflegt auch Amor auszuschleichen,
Um nach seinem Schmuck zu seh'n,
Welcher, glaubt man, dieser ist,
Dass ein Herz das andre küsst.

Margaret lächelte. Es fiel wehmütig aus. Sie sah Postl an – und entdeckte auch in seinen Augen einen Anflug von Melancholie. Er aber hatte die Gabe, diese Anmutung wegzusingen …

Jochen tauchte Stunden später auf – allein. Seiner Braut habe das Fest „impressioniert", sagte er. Am Nachmittag verabschiedete sich das Paar.

In der Folge kamen ab und an Nachrichten aus Deutschland nach Wien, Jochen und seiner Familie gehe es gut.

BIN FREUND, UND KOMME NICHT, ZU STRAFEN

Margaret zog sich in ihren letzten Lebensjahren immer häufiger nach Gmunden zurück. Ihr Enkelsohn Pierre, inzwischen erwachsen und Student, kam jedes Jahr aus Amerika, um einige Wochen mit ihr in der Villa Toscana zu verbringen. Er wurde, was sein Vater einmal für sie gewesen war, ihr Herzensjunge, ihr Vertrauter, ihr Glück.

Sie wurde nicht „altersfromm", das hätte sie für eine unverzeihliche Schwäche gehalten, hatte sie sich doch ihr Leben lang ihre eigene Religion zusammengebastelt, die aus vielen Quellen gespeist war: österreichischem Katholizismus, Nietzsche und Schopenhauer, Tolstoi und Dostojewski – die Eklektikerin konnte nicht nur bei der Wahl ihrer Kunstwerke souverän zusammenfügen, was eigentlich nicht zusammengehörte.

Mit dem Pfarrer von Orth war sie befreundet, seit sie 1938, als die Nazis Fronleichnamsprozessionen verboten, ihren Park für den feierlichen Umzug geöffnet und geholfen hatte, blumenbekränzte Altäre und Stationen aufzubauen. Sie hatte eine diebische Freude gehabt, den Nazis eine Nase zu drehen, denn über ihren privaten Grund konnte sie verfügen. Noch.

Jetzt, in den fünfziger Jahren, vertiefte sich die Freundschaft zum Pfarrer Ernst Aigner. In ihm fand sie einen gebildeten Gesprächspartner, er vermochte sie wohl auch hin und wieder in die Sonntagsmesse zu locken. Vielleicht war diese Hinwendung zu ihrem katholischen Erbe auch ein später Protest gegen die, die sie zur Jüdin gemacht hatten. In einem Brief an Tommy aus dem Jahr 1953 schrieb sie begeistert von dem *guten, lieben Pfarrer*, der morgens eine wunderbare Predigt gehalten und abends mit ihr über die Brüder Karamasow diskutiert habe.

Ihre Gesundheit verschlechterte sich. „Richtig gesund war ich mein ganzes Leben lang nicht", wiegelte sie ab, wenn jemand fand, sie sehe krank aus. „Immer hatte ich Herzprobleme, immer Kopfschmerzen, die Gallensteine haben nie Ruhe gegeben. Und der Schlaf, ach Gott, gibt es auf der Welt überhaupt eine Frau, die sieben Stunden ohne Störung schlafen kann? Wer immer durchschläft, der denkt nicht, in dem arbeitet nichts, der führt ein langweiliges Leben. Gepriesen sei die Schlaflosigkeit, sie macht den Menschen zu einem lebendigen Wesen!"

Nicht alle teilten dieses Loblied auf die Insomnie, die meisten aber ahnten, dass es Margarets charmante Art war, mit ihren Defiziten umzugehen.

Immer öfter musste sie immer länger das Bett hüten. Trost fand sie in der Musik. Mit Postls Hilfe hatte sie sich eine erkleckliche Schallplattensammlung angeschafft, das Grammofon wurde nicht kalt. „Neutöner" wie Arnold Schönberg, Alban Berg oder Anton von Webern konnte sie beim besten Willen nicht anhören, auch wenn sie in Fachkreisen geschätzt wurden. „Was braucht's eine Wiener Moderne, wenn's eine Wiener Klassik gibt?", fragte sie aufmüpfig und griff zu Streichquartetten von Haydn und Mozart. Am liebsten aber hörte sie den Schubert Franz, seine Musik hatte Wiener Galanterie, verbunden mit abgründiger Traurigkeit.

Medikamente dämpften ihre Sinne. Sie, die ihr Leben lang immer dominanter Mittelpunkt von Gesellschaften gewesen war, vereinsamte. Nach Minings Tod fühlte sie sich gänzlich alleingelassen. „Ich habe mich überlebt", sagte sie manchmal. „Jetzt sollte es dann gut sein."

„Man kann nicht sterben, wann man will", begütigte Heinrich Postl.

Schuberts Lied und Streichquartett „Der Tod und das Mädchen" entsprachen mehr und mehr ihrer Seelenlage. Der Tod empfahl sich in der Musik als Freund, breitete schon sanft die Arme aus.

Ließ sie dennoch lange warten. Zu Ostern 1958 unterzog sie sich einer Operation, im Mai wurde sie erneut ins Spital eingeliefert. Sie raffte sich noch einmal auf, als ihr Enkel Pierre sie auf einer Durchreise in den Nahen Osten im Spital besuchte. Tagelang nahm sie keine schmerzlindernden Medikamente, um bei seinem Besuch geistig wach zu sein. Perfekt gekleidet und frisiert empfing sie ihn, befragte ihn über seine beruflichen Absichten, erzählte lebhaft von ihrer Hochzeitsreise nach Ägypten über fünfzig Jahre zuvor.

Nach diesem letzten Aufbäumen fiel sie in sich zusammen. Sie dämmerte noch vier Monate im noblen Spital des Wiener Rudolfinerhauses vor sich hin, starb am 27. September 1958.

Vor ihrem Tod hatte Margaret verfügt, im Grab ihres Ehemanns Jerome auf dem Friedhof in Gmunden begraben zu werden. Heute ruhen in der Stonborough-Gruft neben Margaret und Jerome der Sohn Thomas und seine fünfte Ehefrau Marielies und der als Kleinkind verstorbene Enkel Christopher, dessen sterbliche Überreste sein Bruder Pierre aus Amerika hat umbetten lassen.

EPILOG

„Hätt' ich mich vor siebzig Jahren nicht so despektierlich über Klimts Bild geäußert, hätte meine Großmutter mir vielleicht ihr Porträt vermacht", sagt lachend Margarets heute fünfundachtzigjähriger Enkel Pierre Stonborough. „Schad' drum! Aber sie hat mir andere Andenken überlassen. Ganz besonders wert ist mir diese goldene Uhr." Er weist auf eine kleine, zierlich verarbeitete Tischuhr im Stil des französischen Rokoko. Goldene Karyatiden flankieren das Ziffernblatt.

Uhren müssen kostbar sein, sie müssen uns erinnern, dass Zeit kostbar ist. Geld darf man verschwenden, aber nicht die Zeit, das war Margarets Standpunkt.

Wahrscheinlich hat sie die Uhr in ihrer Pariser Zeit um 1910 gekauft. Immer stand sie auf ihrem Nachtkastl, sie hat sich nie von ihr getrennt. So hat das gute Stück zwei Weltkriege, Emigration und viele Reisen heil überstanden.

Vermutlich hatte Margaret die Uhr auch bei sich, als sie ihre letzten Lebensmonate im Spital verbrachte und ihrem Ende entgegensah, nahm sie manchmal in die Hand und zitierte für sich die Marschallin aus dem Rosenkavalier. Ihren Hofmannsthal kannte sie in- und auswendig:

Mir ist zu Mut,
daß ich die Schwäche von allem Zeitlichen recht spüren muß,
bis in mein Herz hinein:
wie man nichts halten soll,
wie man nichts packen kann,
wie alles zerlauft zwischen den Fingern,
alles sich auflöst, wonach wir greifen,
alles zergeht, wie Dunst und Traum.

ZEITTAFEL

1882 Am 19.09. wird Margherita Anna Maria Wittgenstein als siebtes Kind des Ehepaars Karl und Leopoldine Wittgenstein in der Sommervilla der Familie in Neuwaldegg bei Wien geboren. Sie wird von Hauslehrern erzogen.

1902 Ihr Bruder Hans wird in den USA vermisst, vermutlich hat er sich selbst getötet.

1904 Am 2. Mai nimmt ihr Bruder Rudi als 23-jähriger Student Zyankali und stirbt in einem Berliner Lokal.

1905 Margarethe Wittgenstein heiratet am 7. Jänner den amerikanischen Industriellensohn Jerome Stonborough und anglisiert ihren Vornamen in Margaret. Sie zieht mit ihrem Mann nach Berlin.

1905 Gustav Klimt malt ein Porträt Margaret Stonborough-Wittgensteins.

1906 Sohn Thomas, genannt Tommy, wird am 9. Jänner geboren.

1907 Dreimonatiger Aufenthalt in New York bei Jeromes Verwandten.

1907 Die Familie Stonborough zieht nach Zürich. Margaret bereitet sich auf die Matura vor.

1909 Margaret besteht die Externistenmatura und schreibt sich zum Sommersemester in den Fächern Mathematik und Physik am Polytechnikum in Zürich ein.

1909 Ende des Jahres zieht die Familie Stonborough nach Paris. Margaret nimmt Privatunterricht in Mathematik und Physik.

1911 Umzug nach Wien.

1912 Im Juni wird Sohn John, genannt Ji, geboren.

1913 Der Vater Karl Wittgenstein stirbt am 20. Jänner.

1913 Margaret erwirbt die Villa Toscana in Gmunden.

1913 Im Herbst übersiedelt die Familie Stonborough nach Oxford.

1914 Mit der Kriegserklärung Österreich-Ungarns an Serbien und Deutschlands an Russland und Frankreich beginnt der Erste Weltkrieg. Die Brüder Paul und Ludwig, später auch Kurt werden Soldaten. Im Oktober wird Paul verwundet, sein rechter Arm wird amputiert.

1917 Nach dem Eintritt der USA in den Krieg im April besteht Jerome darauf, ins Exil in die Schweiz zu gehen. Die Familie zieht in das Hotel „National" in Luzern, ab 1919 nach Tribschen.

1918 Bruder Kurt erschießt sich kurz vor dem Waffenstillstand Ende Oktober an der italienischen Front, Bruder Ludwig gerät in italienische Kriegsgefangenschaft, kommt 1919 frei.

1919 Im Februar schickt Margaret eine Hilfssendung von mehr als 100.000 Dosen Kondensmilch nach Österreich.

1919 Im Dezember fährt Margaret mit ihrer Familie nach Amerika, wo sie als Repräsentantin einer von Herbert Hoover gegründeten Hilfsorganisation Gelder für das kriegsgeschädigte Österreich sammelt.

1923 Margaret und Jerome Stonborough trennen sich. Jerome zieht nach Paris. Margaret nimmt die Brüder Jochen und Wedigo von Zastrow als Pflegekinder auf.

1926 Die Mutter Leopoldine stirbt.

1926 Margaret plant den Bau einer Stadtvilla in der Kundmanngasse. Architekt ist Paul Engelmann, ab 1927 leitet das Projekt weitgehend Bruder Ludwig, Ende 1928 wird das Haus bezogen.

1929 Beim Börsenkrach im Oktober verliert Margaret einen Großteil ihres Vermögens, das in amerikanischen Wertpapieren angelegt war.

1932 Geburt des Enkels Pierre, Sohn von Thomas Stonborough und Helen Engelhardt, in Wien.

1938 Nach dem „Anschluss" Österreichs an das Deutsche Reich werden die Wittgensteins wegen ihrer Abstammung zu

„Geltungsjuden“ und damit zu Betroffenen der Nürnberger Gesetze. Margaret versucht, durch „Arisierung“ eines Großvaters einen Mischlingsstatus für ihre Schwestern zu erreichen.

1938 Bei einem Besuch in Gmunden im Juni erschießt sich Jerome Stonborough.

1938 Zusammen mit Marie Bonaparte verhilft Margaret Sigmund und Anna Freud zur Emigration nach London.

1939 Die Söhne kämpfen im Zweiten Weltkrieg an verschiedenen Fronten. Thomas und John überleben, auch Jochen von Zastrow. Wedigo fällt.

1940 Anfang Jänner emigriert Margaret in die Vereinigten Staaten, lässt sich in New York nieder.

1946 Erster Besuch Margarets nach dem Krieg in Wien. Die Villa in Gmunden und das Haus in der Kundmanngasse werden restituiert.

1949 Schwester Hermine stirbt.

1950 Endgültige Rückkehr Margarets nach Wien.

1951 Im April stirbt Ludwig Wittgenstein in Cambridge.

1958 Am 27. September stirbt Margaret Stonborough-Wittgenstein in Wien.

LITERATURLISTE

(Editorische Anmerkung: Alle im Text kursiv gesetzten Passagen sind wörtliche Zitate.)

PRIMÄRQUELLEN

Stonborough-Wittgenstein, Margaret: *Briefe und Tagebücher*. Brenner-Archiv Innsbruck, Signaturen 196/ 1; 196/ 2; 196/ 3.

Stonborough-Wittgenstein, Margaret: Archivalien, Österreichische Nationalbibliothek Wien, Signaturen: 1275/ 25-1, 37.621/ 1440/30-1.

Wittgenstein, Ludwig: *Tractatus logico-philosophicus – Logisch-philosophische Abhandlung*, Frankfurt/Main 1964.

Wittgenstein, Ludwig: *Philosophische Untersuchungen*. Berlin 2011.

Wittgenstein, Ludwig: *Denkbewegungen. Tagebücher 1930-1932/ 1936-1937*, hg. von Ilse Somavilla, Innsbruck 1997.

Wittgenstein, Hermine: *Familienerinnerungen*, hg. von Ilse Somavilla, Innsbruck/Wien 2003.

SEKUNDÄRQUELLEN

Aggermann-Bellenberg, Sabine: „Die Gewandfigur der Margarete Stonborough-Wittgenstein", in: *Anton Hanak*. Wien 1997, S. 243ff.

Baum, Wilhelm (Hg.): *Wittgenstein, Ludwig: Geheime Tagebücher 1914-1916*, Wien 1991.

Bernhard, Thomas: *Wittgensteins Neffe, eine Freundschaft*. Frankfurt/ Main 1982

Ders.: *Ritter, Dene, Voss*. Frankfurt/Main 1988, S. 200.

Bettauer, Hugo: *Die Stadt ohne Juden*. Wien 2008.

Dobai, Johannes: „Das Bildnis Margaret Stonborough-Wittgenstein von Gustav Klimt", in: *Alte und moderne Kunst*, Heft 8, 1960.

Drury, M.O'C.: „Bemerkungen zu einigen Gesprächen mit Wittgenstein", in: Drury, M.O'C. (Hg.): *Ludwig Wittgenstein. Porträts und Gespräche*, Frankfurt/Main 1992.

Freud, Sigmund: „Das Unbehagen in der Kultur", in: Studienausgabe Band IX, *Fragen der Gesellschaft – Ursprünge der Religion*. Frankfurt/Main 1974, S. 197-270.

Gay, Peter: *Freud. Eine Biographie für unsere Zeit*, Frankfurt/Main 1989.

Iven, Mathias (Hg.): *Ludwig sagt … Die Aufzeichnungen der Hermine Wittgenstein*, Berlin 2006.

Janik, Allan / Toulmin, Stephen: *Wittgensteins Wien*. Wien 1998.

Janik, Allan / Veigl, Hans: *Wittgenstein in Wien*. Wien/New York 1998.

Kraus, Karl: *Die Fackel*, Bd. 4, Dezember 1914, Bd. 5, Februar 1915. München 1968.

Kierkegaard, Sören: *Entweder – Oder. Ein Lebensfragment*, München 1975.

Leitner, Bernhard: *Das Wittgenstein-Haus*. Ostfildern-Ruit 2000.

McGuiness, Brian / Ascher, Maria Concetta / Pfersmann, Otto (Hg.): *Wittgenstein –Familienbriefe*. Wien 1996.

Natter, Tobias / Frodl, Gerbert (Hg.): *Klimt und die Frauen*. Ausstellungskatalog, Köln 2000, S. 108-110.

Nedo, Michael: *Ludwig Wittgenstein: ein biographisches Album*, München 2012.

Prokop, Ursula: *Margaret Stonborough-Wittgenstein. Bauherrin, Intellektuelle, Mäzenin*, Wien/Köln/Weimar 2003.

Schalek, Alice: *Tirol in Waffen*. München 1915.

Schopenhauer, Arthur: *Aphorismen zur Lebensweisheit*. Stuttgart 2007.

Ders.: *Die Welt als Wille und Vorstellung*. Berlin (u.a.) 2014.

Schorske, Carl. E.: *Geist und Gesellschaft im Fin de Siecle*. München 1997.

Singer, Lea: *Konzert für die linke Hand*. Romanbiografie über Paul Wittgenstein, München 2011.

Somavilla, Ilse (Hg.): *Ludwig Wittgenstein – Ludwig Hänsel: Eine Freundschaft*, Innsbruck 1994.
Dies. (Hg.): *Wittgenstein – Engelmann: Briefe, Begegnungen, Erinnerungen*, Innsbruck/Wien 2006.
Turnovský, Jan: *Die Poetik eines Mauervorsprungs*. Braunschweig/Wiesbaden 1987.
Waugh, Alexander: *Das Haus Wittgenstein. Die Geschichte einer ungewöhnlichen Familie*, Frankfurt/Main 2009.
Weininger, Otto: *Geschlecht und Charakter: eine prinzipielle Untersuchung*, München 1980.
Weinzierl, Ulrich: „*Der schlimme Fluch des Hauses Wittgenstein*", in: *Die Welt*, 26. 11. 2008.
Wijdeveld, Paul: *Ludwig Wittgenstein, Architekt*. Basel 1994.
Zaunschirm, Thomas: *Gustav Klimt, Margaret Stonborough-Wittgenstein. Ein österreichisches Schicksal*, Frankfurt/Main 1987.
Zweig, Stefan: *Die Welt von Gestern. Erinnerungen eines Europäers*, Stuttgart/München (u.a.) 1981.

HERZLICHER DANK GEBÜHRT:

Pierre Stonborough, Margaret Stonborough-Wittgensteins Enkel, heute fünfundachtzigjährig in Wien lebend, der mir in vertrauensvollen Gesprächen Einblicke in das Leben und Wesen seiner Großmutter geschenkt und aus seinem Privatarchiv viele Bilder zu diesem Buch beigesteuert hat.

Ilse Somavilla, Wissenschaftlerin am Brenner-Archiv in Innsbruck, in dem ein großer Teil des Nachlasses der Wittgensteins untergebracht ist. Sie hat mir freundlich und hilfsbereit die Briefe und Tagebücher Margaret Stonborough-Wittgensteins zur Verfügung gestellt. Ihren bisherigen Veröffentlichungen verdanke ich viele Anregungen.

Der Österreichischen Nationalbibliothek in Wien, wo ich im historischen Handschriftenlesesaal Archivalien studieren konnte.

Ursula Prokop, deren verdienstvolles und detailreiches Buch mir den Zugang zu einer Reihe von Quellen eröffnet hat.